法典化研究丛书

私法领域法典化专题研究

徐 静 徐奕斐 钱宁峰 邹成勇 牛博文 著

东南大学出版社
SOUTHEAST UNIVERSITY PRESS
·南京·

图书在版编目(CIP)数据

私法领域法典化专题研究 / 徐静等著. —南京：东南大学出版社，2024. 7

ISBN 978-7-5766-0985-1

Ⅰ.①私… Ⅱ.①徐… Ⅲ.①私法—法典—研究—中国 Ⅳ.①D90

中国国家版本馆 CIP 数据核字(2023)第 224411 号

责任编辑：陈佳　责任校对：子雪莲　封面设计：顾晓阳　责任印制：周荣虎

私法领域法典化专题研究

Sifa Lingyu Fadianhua Zhuanti Yanjiu

著　　者：徐静　徐奕斐　钱宁峰　邹成勇　牛博文
出版发行：东南大学出版社
出 版 人：白云飞
社　　址：南京四牌楼 2 号　邮编：210096　电话：025-83793330
网　　址：http://www.seupress.com
电子邮件：press@seupress.com
经　　销：全国各地新华书店
印　　刷：广东虎彩云印刷有限公司
开　　本：700 mm×1000 mm　1/16
印　　张：14.25
字　　数：263 千字
版　　次：2024 年 7 月第 1 版
印　　次：2024 年 7 月第 1 次印刷
书　　号：ISBN 978-7-5766-0985-1
定　　价：58.00 元

习近平法治思想中法典观的历史意义(代序)

钱宁峰*

当前,习近平法治思想作为习近平新时代中国特色社会主义思想的重要组成部分,已经成为全面依法治国的基本指导思想,并不断得到阐发和体系化。由于习近平法治思想具有丰富的内涵,因此无论是从理论层面还是实践层面,均需要对其进行深入研究。值得注意的是,随着民法典的编纂,"法典"一词重新进入全面依法治国视野之中,进而使法典观在习近平法治思想中逐渐获得一席之地。尽管法典概念因民法典而出现,但是并不能将法典观念局限于民法典领域。所以,这就需要探讨一下法典观在习近平法治思想中所具有的历史意义。

一、法典观在习近平法治思想中的表现形式

从历史来看,习近平法治思想中的法典观并不是从民法典编纂开始的。实际上,法典观起源于宪法,因为在宪法学中通常将《中华人民共和国宪法》称为宪法典。特别是十八大以来,宪法和民法典是习近平法治思想中法典观论述最为集中的法律对象。因此,有必要首先从法典观角度总结习近平总书记对宪法和民法典的基本认识。

(一)习近平法治思想中的宪法观

十八大以来,习近平总书记围绕宪法发表了一系列讲话和批示。这些宪法论述虽然并不是从法典观角度阐发的,但是蕴含着对宪法本身的法典化认识。虽然宪法在法律体系中的定位通常是从法律位阶角度来认识的,但是这种认识实际上自觉不自觉地将宪法看作一种法典形式。从法典观角度来看,宪法观在习近平法治思想中主要围绕以下方面展开:

一是宪法的性质。宪法的性质关系到宪法在国家法律形式中的定位。其通常将宪法表述为"国家的根本法""总章程""国家根本大法"。例如:"宪法是

---

* 钱宁峰,江苏省社会科学院法学研究所所长、研究员。

国家根本大法，是全国各族人民共同意志的体现，是特别行政区制度的法律渊源。”[①]“宪法是国家的根本法，是治国安邦的总章程，是党和人民意志的集中体现，具有最高的法律地位、法律权威、法律效力。”[②]“宪法是国家的根本法，是治国安邦的总章程，是党和人民意志的集中体现。”[③]“宪法是国家的根本法，坚持依法治国首先要坚持依宪治国，坚持依法执政首先要坚持依宪执政。”[④]之所以将宪法如此定位，一方面来源于新中国成立初期宪法制定的历史经验认识，另一方面实际上凸显了宪法的重要性。

二是宪法的地位。宪法的地位关系到宪法的效力。在习近平法治思想中，通常使用“最高”来予以表述。例如：“我国宪法以国家根本法的形式，确立了中国特色社会主义道路、中国特色社会主义理论体系、中国特色社会主义制度的发展成果，反映了我国各族人民的共同意志和根本利益，成为历史新时期党和国家的中心工作、基本原则、重大方针、重要政策在国家法制上的最高体现。”[⑤]“宪法是国家的根本法，是治国安邦的总章程，具有最高的法律地位、法律权威、法律效力，具有根本性、全局性、稳定性、长期性。”[⑥]“宪法集中体现了党和人民的统一意志和共同愿望，是国家意志的最高表现形式，具有根本性、全局性、稳定性、长期性。”[⑦]最高性必然使宪法不仅和其他法律形式产生差别，同时也必然使宪法在部门法领域中独树一帜。

三是宪法的权威。宪法的权威关系到宪法在人们心目中的认知层次。在习近平法治思想中，通常以“权威”“尊严”予以表述。例如：“维护宪法权威，就是维护党和人民共同意志的权威。捍卫宪法尊严，就是捍卫党和人民共同意志

---

① 习近平：《依法保障“一国两制”实践》(2014 年 11 月—2019 年 12 月)，载习近平：《论坚持全面依法治国》，中央文献出版社 2020 年版，第 121 页。

② 习近平：《坚持依法治国首先要坚持依宪治国，坚持依法执政首先要坚持依宪执政》(2014 年 12 月—2018 年 12 月)，载习近平：《论坚持全面依法治国》，中央文献出版社 2020 年版，第 126 页。

③ 习近平：《宪法修改要充分体现人民的意志》(2017 年 12 月 15 日)，载习近平：《论坚持全面依法治国》，中央文献出版社 2020 年版，第 187 页。

④ 习近平：《在庆祝全国人民代表大会成立六十周年大会上的讲话》(2014 年 9 月 5 日)，载习近平：《论坚持全面依法治国》，中央文献出版社 2020 年版，第 72 页。

⑤ 习近平：《在首都各界纪念现行宪法公布施行 30 周年大会上的讲话》(2012 年 12 月 4 日)，载习近平：《论坚持全面依法治国》，中央文献出版社 2020 年版，第 8-9 页。

⑥ 习近平：《在首都各界纪念现行宪法公布施行 30 周年大会上的讲话》(2012 年 12 月 4 日)，载习近平：《论坚持全面依法治国》，中央文献出版社 2020 年版，第 10 页。

⑦ 习近平：《谱写新时代中国宪法实践新篇章——纪念现行宪法公布施行 40 周年》，《人民日报》2022 年 12 月 20 日第 1 版。

的尊严。保证宪法实施,就是保证人民根本利益的实现。”[①]“宪法是国家的根本法。法治权威能不能树立起来,首先要看宪法有没有权威。必须把宣传和树立宪法权威作为全面推进依法治国的重大事项抓紧抓好,切实在宪法实施和监督上下功夫。”[②]“要在全社会牢固树立宪法法律权威,弘扬宪法精神,任何组织和个人都必须在宪法法律范围内活动,都不得有超越宪法法律的特权。”[③]“维护宪法法律权威就是维护党和人民共同意志的权威,捍卫宪法法律尊严就是捍卫党和人民共同意志的尊严,保证宪法法律实施就是保证党和人民共同意志的实现。”[④]“不论过去、现在还是将来,维护宪法权威,就是维护党和人民共同意志的权威;捍卫宪法尊严,就是维护党和人民共同意志的尊严;保证宪法实施,就是保证人民根本利益的实现。”[⑤]权威性必然意味着不能与之抵触,违者必然承担相应的责任。

四是宪法的变迁。宪法的变迁关系到宪法的稳定性和适应性。在习近平法治思想中,通常会从宪法发展规律角度来予以阐述。例如:“宪法只有不断适应新形势、吸纳新经验、确认新成果,才能具有持久生命力。”[⑥]“宪法修改,既要顺应党和人民事业发展要求,又要遵循宪法法律发展规律。”[⑦]“宪法作为上层建筑,一定要适应经济基础的变化而变化。任何国家都不可能制定一部永远适用的宪法。我国宪法是治国理政的总章程,必须体现党和人民事业的历史进步,必须随着党领导人民建设中国特色社会主义实践的发展而不断完善发展。”[⑧]变迁性意味着宪法不能和其他法律形式相提并论。

---

① 习近平:《在首都各界纪念现行宪法公布施行 30 周年大会上的讲话》(2012 年 12 月 4 日),载习近平:《论坚持全面依法治国》,中央文献出版社 2020 年版,第 9 页。

② 习近平:《关于〈中共中央关于全面推进依法治国若干重大问题的决定〉的说明》(2014 年 10 月 20 日),载习近平:《论坚持全面依法治国》,中央文献出版社 2020 年版,第 94 页。

③ 习近平:《在法治下推进改革,在改革中完善法治》(2013 年 11 月—2019 年 7 月),载习近平:《论坚持全面依法治国》,中央文献出版社 2020 年版,第 39 页。

④ 习近平:《加快建设社会主义法治国家》(2014 年 10 月 23 日),载习近平:《论坚持全面依法治国》,中央文献出版社 2020 年版,第 108 页。

⑤ 习近平:《切实尊崇宪法,严格实施宪法》(2018 年 1 月 19 日),载习近平:《论坚持全面依法治国》,中央文献出版社 2020 年版,第 200 页。

⑥ 习近平:《在首都各界纪念现行宪法公布施行 30 周年大会上的讲话》(2012 年 12 月 4 日),载习近平:《论坚持全面依法治国》,中央文献出版社 2020 年版,第 8 页。

⑦ 习近平:《宪法修改要充分体现人民的意志》(2017 年 12 月 15 日),载习近平:《论坚持全面依法治国》,中央文献出版社 2020 年版,第 188 页。

⑧ 习近平:《关于我国宪法和推进全面依法治国》(2018 年 2 月 24 日),载习近平:《论坚持全面依法治国》,中央文献出版社 2020 年版,第 213 页。

（二）习近平法治思想中的民法典观

自十八届四中全会将民法典编纂纳入决定之后，习近平总书记先后主持三次中央政治局常委会会议，分别审议民法总则、民法典各分编、民法典三个草案；在民法典通过之后，又主持中央政治局集体学习。习近平总书记在这些讲话中涉及对民法典本身的认识，主要包括以下方面：

一是民法典的政治地位。习近平总书记指出：民法典"是新中国成立以来第一部以'法典'命名的法律，是新时代我国社会主义法治建设的重大成果"①。这说明民法典在国家发展中具有里程碑的意义。

二是民法典的法律地位。习近平总书记指出："民法典在中国特色社会主义法律体系中具有重要地位，是一部固根本、稳预期、利长远的基础性法律。"②"基础性法律"突出了民法典的法律地位。"基础性法律"不同于"基本法律"，因此，民法典应该是基本法律中的基本法律，这种地位只有法典才可以获得。

三是民法典的特色。习近平总书记指出："民法典系统整合了新中国成立七十多年来长期实践形成的民事法律规范，汲取了中华民族五千多年优秀法律文化，借鉴了人类法治文明建设有益成果，是一部体现我国社会主义性质、符合人民利益和愿望、顺应时代发展要求的民法典，是一部体现对生命健康、财产安全、交易便利、生活幸福、人格尊严等各方面权利平等保护的民法典，是一部具有鲜明中国特色、实践特色、时代特色的民法典。"③这系统地总结了民法典的突出特点。

二、习近平法治思想中法典观的基本框架

虽然上述关于宪法和民法典的论述在习近平法治思想中非常有限，但是从中还是可以勾勒出习近平法治思想中法典观的基本框架。目前，在阐述民法典编纂的意义时通常较多从政治和法律两个方面进行阐述。例如，有学者认为，编纂实施民法典是习近平法治思想的生动实践：党的领导是编纂实施民法典坚

---

① 习近平：《充分认识颁布实施民法典重大意义，依法更好保障人民合法权益》(2020 年 5 月 29 日)，载习近平：《论坚持全面依法治国》，中央文献出版社 2020 年版，第 277 页。

② 习近平：《充分认识颁布实施民法典重大意义，依法更好保障人民合法权益》(2020 年 5 月 29 日)，载习近平：《论坚持全面依法治国》，中央文献出版社 2020 年版，第 278 页。

③ 习近平：《充分认识颁布实施民法典重大意义，依法更好保障人民合法权益》(2020 年 5 月 29 日)，载习近平：《论坚持全面依法治国》，中央文献出版社 2020 年版，第 279 页。

强有力的政治保障；以人民为中心是编纂实施民法典的根本宗旨；中国特色社会主义法治道路是编纂实施民法典的必由之路；编纂实施民法典是在法治轨道上推进国家治理现代化的重要成果；编纂实施民法典是建设中国特色社会主义法治体系的重要内容①。无论是从政治层面的阐释还是从法律层面的理解，对于推动民法典实施均具有重要作用。不过，若局限于民法典领域来认识法典观，可能会忽视法典观在习近平法治思想中的定位。根据前述宪法观和民法典观，可以归纳出习近平法治思想中法典观的基本框架。

首先，法典形式。虽然法典概念在学术研究中经常使用，但是法典作为法律名称却是从民法典开始的。一旦将其纳入立法之中，必然要考量法典这种形式的界定问题。有学者认为："一般我们所说的法典这一词语具有广狭两种意义。广义的法典是从一种宽泛的意义上来说的，这个意义上的法典既包括近代大陆法意义上的部门法典，如《瑞士民法典》，古代综合性的法典（或'律典'），如《汉谟拉比法典》《十二铜表法》，也包括英美法系冠以法典名称的各种法律汇编，如《美国法典》。狭义的法典专指大陆法系意义上的部门法典，是指在有关理论的指导下，由专门的立法机构制定并实施的某一法律部门比较集中系统的总体规定，例如《法国民法典》《德国民法典》，我国的刑法典、诉讼法典等。"②因此，要理解习近平法治思想中的法典观，需要专门确定法典这种形式在中国特色社会主义法律体系中的基本定位。

其次，法典内容。法典在内容上是不是和一般法律内容有所差异？对此，通常关注不多。例如有学者从宪法典角度分析我国宪法应该规定哪些内容，提出以宪法内容与保障人权目的之契合度以及对其稳定性之影响作为衡量标准③。虽然这种认识对于法典的归类具有一定的启发作用，但是法典内容究竟如何安排仍值得研究。值得注意的是，宪法和民法典内容具有许多类似之处，其中最为明显的就是对公民权利种类的规定。因此，要理解习近平法治思想中的法典观，可能需要从权利角度来分析。正如马克思所言，"法典就是人民自由的圣经"④。虽然这里所说的自由显然具有有限性，但是其也反映了法典的确和

---

① 王轶：《编纂实施民法典是习近平法治思想的生动实践》，《中国法学》2021年第3期。

② 张小军：《新中国法典化的历程及其价值与贡献》，《新疆社科论坛》2008年第2期。

③ 安晨曦：《修宪背景下我国宪法典内容结构的完善——以"宪法典宜规定哪些内容"为视角》，《长春工业大学学报（社会科学版）》2012年第4期。

④ 《马克思恩格斯全集（第一卷）》，人民出版社1956年版，第176页。

人民的关系密切。例如:"宪法集中体现了党和人民的统一意志和共同愿望,是国家意志的最高表现形式。"[①]"宪法是党和人民意志的集中体现,是通过科学民主程序形成的国家根本法。"[②]"宪法是人民的宪法,宪法修改要广察民情、广纳民意、广聚民智,充分体现人民的意志。"[③]"宪法是统治阶级意志的产物。我国是工人阶级领导的、以工农联盟为基础的人民民主专政的国家,我们党是中国工人阶级的先锋队,同时是中国人民和中华民族的先锋队,因而能够制定真正意义上的人民宪法。"[④]

最后,法典技术。民法典的编纂显然具有高度的技术性,其不仅体现在概念范畴,而且在于法条的数量上,更在于法典内部的逻辑性安排。同样,宪法制定和修改也需要考虑其内在的立法技术。虽然目前宪法条文数量和民法典条文数量不可同日而语,但是宪法的制定和修改在技术上显然也具有一定的考量。正因为如此,1982 年宪法在公民基本权利和义务上采取了和以往宪法章节不同的结构。那么,法典是不是具有不同的立法技术?从应然层面来看,由于法典具有非常重要的地位,其内容的丰富性必然决定了其技术上的复杂性,因此,要理解习近平法治思想中的法典观,需要进一步考量法典技术问题。例如,民法典在结构上采用分编模式,在物权、合同两编进一步采用分编模式,这种做法显然是由法典数量规模所决定的。因此,法典通常要求条文数量能够达到分编的程度,否则就不能视为法典。不过,宪法虽然被称为宪法典,但是在条文数量上似乎过少。随着法典化的展开,需要进一步整合宪法相关法,如立法法、监督法,以实现宪法的再法典化。

三、习近平法治思想中法典观的历史价值

认识习近平法治思想中的法典观,具有重要的历史意义。目前,法典编纂已经成为国家推动法治建设的重要方式。习近平总书记指出:"民法典为其他领域立法法典化提供了很好的范例,要总结编纂民法典的经验,适时推动条件

---

① 习近平:《深刻认识宪法修改的重大意义》(2018 年 1 月 19 日),载习近平:《论坚持全面依法治国》,中央文献出版社 2020 年版,第 198 页。

② 习近平:《宪法修改要充分体现人民的意志》(2017 年 12 月 15 日),载习近平:《论坚持全面依法治国》,中央文献出版社 2020 年版,第 188 页。

③ 习近平:《宪法修改要充分体现人民的意志》(2017 年 12 月 15 日),载习近平:《论坚持全面依法治国》,中央文献出版社 2020 年版,第 188 页。

④ 习近平:《关于我国宪法和推进全面依法治国》(2018 年 2 月 24 日),载习近平:《论坚持全面依法治国》,中央文献出版社 2020 年版,第 214-215 页。

成熟的立法领域法典化编纂工作。”[①]《法治中国建设规划（2020—2025年）》提出：“对某一领域有多部法律的，条件成熟时进行法典编纂。”全国人大常委会2021年度立法工作计划也提出：“研究启动环境法典、教育法典、行政基本法典等条件成熟的行政立法领域的法典编纂工作。”法典化问题已经成为理论和实践普遍关注的热点。因此，这就需要确立法典观在习近平法治思想中的应有地位。

第一，从历史来看，确立法典观有助于形成法典思维。习近平总书记多次从历史角度提到法典问题，在谈到中国传统法典时，多次肯定法典在我国传统中的突出地位。“我们的先人们早就开始探索如何驾驭人类自身这个重大课题，春秋战国时期就有了自成体系的成文法典，汉唐时期形成了比较完备的法典。”[②]即使涉及世界历史，其也多次提到法典。法典承载着历史记忆，特别是面对中华民族伟大复兴的历史课题，必须通过法典观的确立倡导法典思维。

第二，从现在来看，确立法典观有助于推动法律体系法典化。从前述内容来看，法典编纂已经成为立法工作的重要组成部分。从民法典编纂历程来看，可以说几经波折。因此，法典编纂不可能一蹴而就。正如有学者指出，法典编纂不能陷入“立法浪漫主义”，而应当具备一些基本条件：一是应当具有法典化的现实需求，即该领域存在需要通过编纂法典的方式来解决的现实问题。二是应当具有法典化的基础条件，即该领域的主要法律规范相对充分，法律关系相对稳定，学理储备较为丰富，学术界和实务界对于法典编纂的认知相对统一[③]。事实上，从历史来看，法典化的确是推动法律体系系统化的重要手段。这就需要相应的法典观予以科学指导。

第三，从未来来看，确立法典观有助于实现法治现代化。法治现代化蕴含于国家治理现代化之中。“现代化与法治化是内在地联结在一起的，一个现代化的国家必然是法治国家。推进法治现代化，是实现国家治理现代化的内在要求。”[④]随着我国现代化国家新征程的启动，法治现代化必须随之展开。国家现

---

① 习近平：《以科学理论为指导，为全面建设社会主义现代化国家提供有力法治保障》（2020年11月16日），载习近平：《习近平谈治国理政》（第四卷），外文出版社2022年版，第293页。

② 习近平：《加快建设社会主义法治国家》（2014年10月23日），载习近平：《论坚持全面依法治国》，中央文献出版社2020年版，第110页；习近平：《全面做好法治人才培养工作》（2017年5月3日），载习近平：《论坚持全面依法治国》，中央文献出版社2020年版，第176页。

③ 马怀德：《迈向“规划”时代的法治中国建设》，《中国法学》2021年第3期。

④ 公丕祥：《习近平的法治与国家治理现代化思想》，《法商研究》2021年第2期。

代化必然意味着中华文化的引领。在这一过程中，法律文化的引领是重要的一环，其最重要的载体就是法典。因此，确立法典观必将推动法典编纂的兴起，使法典编纂惠及我国现代化，同时，法典也是展示我国法治现代化成就的重要形式。

前言 | PREFACE

《中华人民共和国民法典》(简称《民法典》)于 2021 年 1 月 1 日起施行，这部唯一以“法典”命名的法律，正式成为中国法律体系的一员，中国的民法典时代同时开启。无论学者、专家与民众如何评价这部法典，它的制定、通过与实施被普遍认为是个巨大的法律成就。《民法典》的制定和实施是中国法治进程的里程碑，由此也开启了其他部门法法典化的进程。我国学者对私法领域法典化的研究聚焦于《民法典》的居多，大致从两个方面进行研究：一方面，对《民法典》的内容和立法技术进行宏观整体上的评价；另一方面，对《民法典》中具体条文或者具体问题进行研究探讨。在这两种研究当中，后者占据的比例较大。

除了《民法典》之外，在私法领域进行法典化研究较多的学者主要聚焦在商法领域和国际私法领域。

首先，对于商法学者而言，民商合一与民商分立的争论从未停止过，哪怕《民法典》已经颁布实施。在后民法典时代，学界关于立法层面如何处理民商关系存在较多争议。对于民商合一，民法典之外是否还有商法典的生存空间，理论界和实务界更是未能达成一致意见。商法学者认为，在国家持续优化营商环境的大背景下，民商合一，民法典和商法典的制定并不矛盾，商法典立法需要具有现代性品格，应以“企业”概念为核心建构商法制度体系，对优化我国营商环境具有重大利好意义①。

① 夏小雄：《民商合一民法典和商法典的生存空间——以巴西私法立法结构变迁为例》,《拉丁美洲研究》2020 年第 5 期；夏小雄：《商法体系化与商法典立法的关系思辨》,《河北法学》2022 年第 10 期。

其次，民法法典化带动国际私法学者对国际私法法典化的热潮，学者认为民法典在方法论层面所展现的科学逻辑与价值导向值得我国在构建国际私法典时加以借鉴。有学者认为国际私法应明确法典化的立法选择，并应当充分吸收民法典立法技术的先进性，推动国际私法的立法走向包含管辖权、法律适用以及送达与判决的承认和执行等程序性事项在内的具有完整逻辑体系框架的国际私法典①。

再次，中国婚姻家庭立法（1950年至今）历时七十多年，实现了体系优化、制度创新与价值遵循。婚姻家庭立法的体系优化表现为立法体系的完善与协同。婚姻法属于私法，又有其独特的个性，《民法典》的出台标志着我国当代的婚姻家庭立法在理念和技术上都提高到了一个新的层次。然而，《民法典》的出台只能说明，婚姻家庭法在形式上回归了民法体系，并不能说明婚姻家庭法完全具有私法的属性。法典化时代的婚姻家庭法仍然需要通过不断修正的方式来弥合其与社会之间的张力，仍然需要借助司法解释和案例制度来弥补自身的局限，仍然需要借助习惯、伦理等社会规范来解决纠纷。当代婚姻家庭立法的步伐并不会因为法典化的到来而停止②。

另外，知识产权法一直是私法中特殊的存在，其主要以私法规范为主，但同时充斥着大量的行政管制规范，其一直被认为是民法的重要组成部分之一，尽管它有不同于民法的独特性。《民法典》颁布之前，学界一直有知识产权法"入典""成典"的呼声。吴汉东教授认为："知识产权法法典化是现代民法法典化运动的重要组成部分，……进入20世纪以来，经历了体系化、现代化改造的知识产权法'入典'，成为'范式'民法典的历史坐标。与此同时，知识产权立法从单行法到法典法，已成为法律现代化的一个重要趋向。"③《民法典》颁布之后，知识产权编并未被纳入其中，全国人大经研究认为目前条件还不成熟，知识产权制度仍处于快速发展变化之中，国内立法执法司法等需要不断调整适应，知识产权相关立法修法处于活跃的阶段，为了保持《民法典》的稳定性，暂时不设知识产权编。但知识产权法法典化的研究并未止步，保护知识产权即是保护创新，也是优化营商法治环境的重要内容，知识产权法法典化是我国未来法律现代化

---

① 姚天冲、周智琦：《民法典编撰背景下国际私法法典化立法技术研究》，《重庆理工大学学报（社会科学）》2021年第11期。

② 李拥军：《民法典时代的婚姻家庭立法的突破与局限》，《法制与社会发展》2020年第4期。

③ 吴汉东：《民法法典化运动中的知识产权法》，《中国法学》2016年第4期。

的趋势。

最后，随着数字经济的快速发展，用法律手段规制和促进数字经济高质量发展的需求愈发强烈。面向数字经济发展的不同立法、规定和政策，由于治理目标、视角、方法方面存在区别，在规则设定上需要进一步协调一致。数据属于民事权益，除了《民法典》对其有规定之外，近年来，不仅省级层面出台了数字经济促进条例，地市层面亦是如此。但是地方层面的立法具有分散性、不协调性，研究国家层面的数字经济立法，有利于从法治建设层面进一步完善数字经济治理体系，全方位深入推进数字经济发展。

基于上述理由，本书选择了侵权法、婚姻家庭法、知识产权法、数字法四个领域，既研究既有法典领域的法典化问题，也积极拓展新领域法典化课题，以此观察和阐述私法领域法典化规律。

目 录 | CONTENTS

第一编

侵权法法典化研究

私法包罗万象，涉及私人生活的方方面面。侵权法是《民法典》的重要组成部分，承载着私权利保护的重要功能，通过调和加害人与受害人矛盾关系来实现其正义的价值，侵权法努力成为权益保护与行为自由之间的平衡器。它有着自己的前世今生，本编对侵权法法典化的起源以及欧美、日本以及我国侵权法法典化过程进行梳理总结，并对未来侵权法法典化的发展进行展望。由于各国法律文化传统的差异，对侵权法的称谓不尽相同，加之由于翻译的问题，中文表述也存有差异，既有从行为法视角将侵权法称为侵权行为法，也有从责任角度将之称为侵权责任法。《中华人民共和国民法通则》(简称《民法通则》)将侵权法放在民事责任部分，2009 年颁布《中华人民共和国侵权责任法》(简称《侵权责任法》)，《民法典》亦采用“侵权责任”的称谓。本书由于拟采取面向世界的视角，宏观全面介绍侵权法的前世今生，因此采用“侵权法”兼顾各国及整体的状况，并无特别所指，在此说明。

第一章　侵权法法典化起源

侵权法法典化并不是与生俱来的，它是一个社会政治、经济水平发展到一定程度的产物。侵权的概念起源于罗马法中的同态复仇，之后随着罗马法的思想影响到整个欧洲大陆法系，甚至英美法系。总体而言，侵权法的法典化，在政治上，必须存在一个政治权威，其有强烈的编纂愿望，并且有足够的力量实施法典，同时，经济方面需要国家的市场经济成熟到一定的程度。此外，法典的编纂还需要深厚的法律文化条件、大量的法学家和成熟的法典编纂技术才能成行。

第一节　侵权法法典化的历史条件

法典化与法典是一对密切联系的概念。从词源考察，"法典化"是"法典"的派生词。现代汉语中的"化"字，有多种含义，如变化、消化等。它也可以加在名词后面，使名词成为一种动词形态，如物化、气化、机械化等，或者使其成为某种性质和某种状态，如近代化、国际化、本土化、资本主义化等。因此，法典化是一种运动，法典编纂是一种技术①。"法典""法典法"是静态的，"法典编纂""法典化"是动态的②。英国法学家杰里米·边沁首创 codification 一词，他将拉丁语 codex 和动词 facisfacere 合二为一，在 1815 年致俄国沙皇的一封信中第一次使用这种表达方法③。法典和法典化这两个概念表达了人类法治文明的进化与进步的过程。侵权法的法典化概念是建立在狭义的法典概念基础上的，是系统

① 彭峰：《法典化的迷思——法国环境法之考察》，上海社会科学院出版社 2010 年版，第 14 页。

② 封丽霞：《法典编纂论——一个比较法的视角》，清华大学出版社 2002 年版，第 15-16 页。

③ ［德］茨威格特、［德］克茨：《比较法总论》，潘汉典等译，贵州人民出版社 1992 年版，第 178 页。

地、综合地、有机地编纂侵权法领域的一般的和持久的法律规则。侵权法法典化是一个极其复杂的历史演变过程。

法典的体系化难度决定了法典化必须具备一定的历史条件，包括政治条件、经济条件以及文化条件。在人类社会之初，并不存在法律，人们的行为受“习惯”约束和指引，因此，最初也并不存在所谓的“侵权法”规则，甚至“侵权”这个概念也不存在。随着原始社会演进到阶级社会，法律规则开始出现，并且不断发展。“侵权”概念起源于罗马法中的“私犯”，即私人之间的“同类复仇”，受害人及其血亲用对加害人进行同态复仇的方式进行“救济”，主要表现为私人复仇制度，借以解决部族成员之间的矛盾和冲突①。在世界侵权法源流中，罗马法中侵权法出现最早，也最为完善，适应了自然经济条件下简单的商品经济发展的需要，确立了私权本位主义和较完备的私权保护体系。其对侵权行为作了详细规定，尤其是罗马法在事实上实行过错归责、区分私犯和准私犯的界限等基本制度，为后世侵权法立法在一般侵权行为与特殊侵权行为的分类、一般化的立法方法等方面，奠定了坚实的理论基础。同时，罗马法关于侵权法在法典中的编排位置、关于侵权损害赔偿责任规则等方面，对现代侵权法的理论和立法都有重大影响。世界侵权法的上述传统渊源是十分清晰的，界限亦十分清楚，具有鲜明的特点和规则。随着经济的发展和文明的进步，世界侵权法初步形成了两大法系，即普通法系侵权法和大陆法系侵权法。

罗马法中有关私犯“不法行为”的概念对欧洲大陆侵权法影响极为深远。英美法中的“tort”概念在大陆法系并没有直接的对应，传统大陆法系通常采取“delict”的概念。随着比较法研究的深入，二者逐渐趋同，但因各国整体法律框架、历史传统等因素的影响，两大法系在诸多方面上仍然存在较大差别。在两大法系中，侵权法的发展轨迹并不相同，英美侵权法（law of torts/tort law）并不以法典形式存在，其法律渊源主要为单行的制定法与法官在长期审判实践中积累的判例法，在判例法中各种侵权诉因大致可以分为有名侵权和过失侵权两大类。依学者统计，英国侵权法中的有名侵权大概有 72 种②。在有名侵权之外，存在一个“无名侵权”集合的“过失侵权”类别。英格兰最早的法律是地方的

① 杨立新：《侵权法论》，人民法院出版社 2013 年版，第 85、65-76、68 页。

② 英国学者鲁登（Rudden）在 20 世纪 90 年代初的统计，原载 Tulane Civil Law Forum 6/7（1991—1992）. pp. 105，111-120，转引自［德］冯·巴尔：《欧洲比较侵权行为法》（上卷），张新宝译，法律出版社 2001 年版，第 338 页及该页注。

各种非专门化的惯例和习惯。征服者威廉当时承认先前的人们所留下的各种法律,而这些法律最初来自更早的征服者。这些做法在基督教的影响下,为适应行政管理和处理偶发事件的需要,不断地进行着修改和完善。当公元 11 世纪诺曼人来到英伦岛的时候,这些就已经成为统治英格兰人的法律了。诺曼人通过国王委派的法官巡回审判,把原来的地方习惯法有选择地通过判例的形式加以提炼,成为通行于全国的普通法;随着商品经济的发展,于 14 世纪又形成了与普通法并列的衡平法。它们都采取判例的形式,实行遵循先例的原则。英国侵权法是一项古老、分类精细、内容广泛的侵权法律制度,与大陆法系把侵权行为视为债的一种发生行为即侵权行为之债的做法完全不同,缺少对统贯全部侵权法的一般原则的理论归纳,有的只是对各种各样的特定侵权行为的规定。其放弃了集各种侵权行为于一体的任务,是一种类型化的侵权法,没有一般性的概括性规定。属于非成文化的判例法、没有一般性规则的类型化侵权法,就成了英吉利法系侵权法的基本特点。美国的情况与英国大致相同,其特殊之处在于,判例法(普通法)在侵权法中居于主导地位的同时,州(判例)法又大大多于联邦(判例)法。从法典化的角度来看,英美侵权法的历史和现状提供给我们的经验较少。但是,其过失侵权理论和司法实践的发展,实际上是侵权法规范抽象化倾向的体现,我们可以从法典化程度的角度观察和追踪这一发展进程①。

大陆法系以成文法为主,因此侵权法亦以成文法为主,而且很多国家都是以民法典的形式出现的,最具代表性的是《法国民法典》和《德国民法典》。《法国民法典》是现代意义上的第一部民法典,是拿破仑组织编纂的。它一直被称为"模范法典",因为它是 1789 年法国资产阶级革命的产物,体现的是自由与平等这一现代民法典最基本的价值。它的价值和理念在全球范围内被广泛继受,是近现代自由主义在社会领域的经典法律表达。之后在几乎长达一百年的时间里,欧洲没有出现一部足以与《法国民法典》匹敌的民法典,直到《德国民法典》的出现才得到改变。《德国民法典》是德意志帝国制定的民法典,自 1900 年 1 月 1 日起施行。这是继《法国民法典》之后大陆法系国家第二部重要的民法典。它继承罗马法的传统,结合日耳曼法的一些习惯,并根据 19 世纪资本主义经济发展的新情况而制定,因而在内容上超出了自由资本主义时期法律原则的范围,在一定程度上适应了垄断资本主义时期的需要。

① 张新宝:《侵权责任法的法典化程度研究》,《中国法学》2006 年第 2 期。

中华法系具有悠久的法律传统，中国古代侵权法源于先秦，延续至清末。中华法系侵权法不断发展变化，形成了丰富多彩的侵权法律制度。中国古代侵权法以唐代为中心，由唐上溯至魏晋南北朝、两汉、秦朝，这个时期的中国古代侵权法不算完备，但秦代吸收了中国奴隶制社会侵权法立法的遗产和战国时期封建社会初期侵权法立法的思想和实践，创立了初步的中华法系侵权法体系。《唐律》中的侵权法规范在当时处于先进地位，某些规则达到了领先世界的水平。宋、元、明、清朝的侵权制度经过不断修改，越来越丰富，越来越完善，向着日益完善的方向发展。清朝《大清律例》删除不合理的惩罚性赔偿制度，确认损害赔偿的基本功能是填补损失，而不是以行为人的主观过错轻重来确定赔偿范围，概括了中国古代侵权法的全部精华，达到了中华法系侵权法的最高峰。

综上，考察完侵权法的起源以及在英美法系、大陆法系和中华法系的发展史之后，可以归纳出编撰法典的历史条件包含以下几个要件：首先，政治方面，必须存在一个政治权威，有强烈的编纂愿望，并且有足够的力量实施法典，因为编纂法典需要大量的人力、物力和财力，因此法典化编纂工作必须有权威力量的推动才能得以进行。《法国民法典》和《德国民法典》是国家为了巩固革命成果和管理统一国内大市场而颁布的，这些都需要强有力的政治支持。其次，经济方面，民法典的编纂工作是由客观经济条件促成的，欧洲各国编纂民法典的核心理由之一就是建立统一大市场，消除封建势力对国内经济的主导地位，民法典成为市场交易规则之后，统一市场的形成就水到渠成，这意味着编纂民法典需要国家的市场经济成熟到一定的程度。最后，法典的编纂需要深厚的法律文化条件。法典的编纂是一项复杂的系统工程，需要大量的法学家和成熟的法典编纂技术才能成行。因此，只有法律文化足够成熟，还有一大批深谙法学知识和法律技术的专业人士，且具备浓厚的法学氛围，才有可能编纂一部法典，才能编纂一部成功的法典。

第二节　侵权法法典化的观念条件

世界上，除英国以及英美法系其他成员国之外，大部分国家都选择了法典和法典化的道路，除了《法国民法典》和《德国民法典》之外，还有《瑞士民法典》《日本民法典》等，甚至英美法系各国现在逐渐颁布的成文法律规范也越来越多，比如《侵权法重述》《统一商法典》等。这一历史事实和实践经验大致表明，大多数国家认为，通过确定的规则和制度治理国家和社会是较理想的选择，而法典和法典化是一种最佳的治理方式。选择英美法系判例法的国家大多数曾经是英国殖民地，而至今没有一个国家是自发、自动地学习、模仿、移植英国判例法的，世界上有一大批国家在主动地学习、移植、加入大陆法系，走上法典化道路，这是因为其统治者和法学家认为体系性的规则是治理国家和社会最好的方式。如果说最初世界侵权法被大陆法系和英美法系主宰是因为“大陆法系侵权法和英美法系侵权法对殖民地、半殖民地国家和地区的法律入侵”的话①，那么发生在20世纪60年代至今的世界侵权法的融合与统一则是大陆法系和英美法系侵权法的相互融合与借鉴。大陆法系国家或者地区在制定民法典或者再法典化时，在成文法侵权法中大量地借鉴英美法系侵权法的立法经验，从立法模式的类型化到具体侵权行为类型和责任分担规则等等。同样，在英美法系国家和地区中，也有大量借鉴大陆法系立法经验制定成文法的做法，例如加拿大魁北克民法典、美国加州民法典等，都在成文法的民法典中规定侵权法，而未使用判例法的模式。如此的融合与借鉴除了说明两大法系不是相互孤立而是相互影响的之外，也似乎表明了大陆法系的立法优势逐渐显现。成文法的优势在于它的确定性、逻辑性和体系性，体现在国家和社会治理上，则使治理的稳定性符合一般人的逻辑习惯。大陆法系侵权法运用抽象的立法方法，着重于规定侵权行为的一般条款和一般性规则，因此更凸显了大陆法系侵权法立法简明、规则简化、普遍适用等立法优势。但同时侵权法立法的一般化模式也成了成文侵权法的弱点：一般性规定是大陆法系侵权法立法的主体，缺陷在于规定具体侵权行为的类型化不够。比如《法国民法典》的侵权法原来只有5个条文，其中第1382条和第1383条这两个条文是一般条款的规定，其他三个条文是关于具体侵权行为的规定，这样简单的立法，随着社会的发展，显然是不足以应对社会生活中的各种侵权纠纷。因此，按照侵权法的一般性规定，难以应对千姿百态、纷繁复杂的具体侵权行为的法律适用问题。随着两大法系的互相融合，大陆法系的侵权法逐渐吸纳了英美法系的类型化立法模式，规定了具有可操作性的具体侵权行为类型，对于不同类型的侵权行为适用不同的具体规则，对于法律适用具有更大的便利性。这样虽然改变了大陆法系的传统立法方法，但实际上并未摒弃大陆法系的一般化立法方法，将一般化和类型化相结合，创造出新的侵权法

① 杨立新：《世界侵权法的历史源流及融合与统一》，《福建论坛（人文社会科学版）》2014年第6期。

立法模式，从而使得侵权法更加具有适用性，完善了原先侵权法适用的不足。

除了成文法的稳定性和适用性之外，侵权法在世界范围内具有普世性和同质性，这亦是侵权法法典化的重要观念条件。尽管世界各国和地区的侵权法存在较多的差异，但是侵权法有两个最重要的根本点是相同的，即通过赔偿的方法救济侵权行为造成的损害，使受到损害的私权利得到法律保护。其中救济权利损害是侵权法的共同价值，用赔偿的方法进行救济是侵权法的共性。侵权法在这两个根本点上所具有的共同价值和同质性，是世界大部分国家和地区将侵权法归入民法典的最重要原因。从权利保护和权利救济的立场出发，世界侵权法的基本观念和基本原则几乎统一，无论是在英美法系中还是在大陆法系中，只是形式不同而已，大陆法系在民法典中纳入侵权法规则，均是基于侵权法的共同价值和同质性。

第三节　侵权法法典化的文化条件

侵权法法典化需要深厚的文化基础才能实现。将侵权法纳入民法典，立法者有大量的工作需要总结和概括，因为涉及生活中的方方面面，需要对各种材料进行发掘、梳理和提炼，不但要使侵权法规则本身逻辑通畅，还要使整部法典具有逻辑性和体系性，这就决定了法典编纂者要通文达理、博采众长。站在历史的长河中来看，事实亦是如此。在罗马统治时期，如果没有格外重视法学教育和法学家，开设法律院校、编订法典，官僚大臣都重视法律规则，甚至授予法学家“公开解答权”，这些解答对各个具体的案件发生拘束力，树立了法学家的权威，那么，之后的罗马法不会对后世产生如今这般重要的历史影响，尤其是罗马私法几乎对全世界的法律都有或多或少的影响。罗马法时代私法高度发达，现代民法基本制度如侵权法中的过失责任、法人制度、时效制度、失踪制度等，基本来源于罗马法。同样，《法国民法典》也处于类似浓厚的法律文化环境当中，《法国民法典》的诞生除了政治和经济以及拿破仑个人因素之外，还有一个就是文化思想因素。当时的法国正处于欧洲启蒙运动的中心，一大批思想家如伏尔泰、卢梭、孟德斯鸠、狄德罗等人，纷纷以理性主义为起点，高举自然法的理论武器，提倡民主、自由、平等、人权等思想，强调个体权利、社会契约、有限权力等政治理念，为法国的制典运动奠定了牢固的自然法基础[1]。《德国民法典》编

① 张玉涛：《论 1804 年法国民法典的历史逻辑》，《上海法学研究》集刊 2020 年第 22 卷，总第 46 卷。

撰时代亦是集结了萨维尼和蒂堡等法学大师,他们可以在宽容的环境中争鸣达成共识。在民法典的编纂历史上,有的国家还会聘请其他国家或者其他法域的民法学者助力,甚至会向全民公布草案,面向社会征求意见,这些都是法学文化繁荣的一种体现。因此,侵权法法典化,需要强大的法学智识支撑,法学教育、法学家甚至社会的文化氛围都是法典化的必备基础条件。

第二章　国外侵权法法典化研究

法典化，不是成文法国家的专利。无论是英美法系还是大陆法系，都在研究和推进侵权法法典化。在两大法系融合的大背景下，无论是法律制度的内容还是法的渊源形式，两大法系都有互相借鉴的趋势，在侵权法法典化的实践和研究上也不例外，英国、美国、法国、德国、其他欧盟国家、日本等国家和地区均有共性和独特个性。

第一节　英美法系国家侵权法法典化研究

提到英美法系，很多人第一反应是非成文法，所以乍听起来英美法系侵权法法典化是一个伪命题。实则不然，非成文法国家亦有法典化问题。英美侵权法是一种普通法体系，其发展和演变是基于法庭判例和司法先例，而不是基于明文法规和法典，因此，英美侵权法并没有像法典化的法律体系那样严格的法规和规范。不过，有一些领域的侵权法被部分法律体系进行了法典化，例如美国路易斯安那州的民法典中规定了一些关于侵权法的法律条款。此外，英美侵权法也受到一些法律规范的限制，例如联邦和州立法、司法程序规则、行业标准和行为准则等。因此，虽然英美侵权法本身没有法典化的问题，但在实践中，其应用和适用受到一些法律规范和标准的限制。

英美两国历史上都出现过法典化运动。在英国，19 世纪初期出现了法典化运动，旨在将英国普通法系统中的法律规则归纳成一部完整的法典。该运动的背景是当时英国法律系统中存在着许多法律规则不统一、难以理解、不够明确等问题，这给司法实践和法律教育带来了诸多困难。因此，一些法学家和政治家开始呼吁对英国法律进行法典化改革，以便让法律规则更加系统化和规范化。然而,由于英国的法律体系具有深厚的历史和传统,以及普通法具有弹性和适应性,因此最终未能实现全面的法典化改革。在美国,19 世纪后期也出现了法典化运动,旨在将美国各州中的法律规则统一归纳成一部完整的法典。该运动的背景是当时美国法律系统中存在着各州之间法律规则不一、缺乏一致性的问题,这给跨州法律交易和法律实务带来了不便。因此,一些法学家和政治家开始呼吁对美国法律进行法典化改革,以便让法律规则更加一致和规范化。虽然法典化运动并未完全实现其宏伟目标,但是它为美国法律的统一化和规范化提供了一定的推动力量,并在某些领域产生了重要的法律文本,例如《统一商法典》和《统一商业秘密法》等。

英美侵权法主要用于维护个人和财产的非合同权利。普通法系中以英国和美国为典型代表,任何一个普通法系其法律制度都发源于英国或者以英国法为基础展开,美国曾经是英国的殖民地,在制度和文化上有诸多的相似之处,尤其是法律制度,侵权法的讨论和阐述都是围绕具体的案例而展开,这些侵权行为包括过失(negligence)的侵权行为、滋扰(nuisance)的侵权行为、转换(conversion)的侵权行为、诽谤(defamation)的侵权行为等。事实上,有学者曾列出了一个包含 70 个条目的"按字母顺序编排的已知侵权行为清单"①。这种普通法系的侵权法模式与大陆法系所采用的成文法方法形成了鲜明的对比。英美侵权法虽然没有如同大陆法系般形成逻辑性和体系性极强的法典,但亦逐渐吸收大陆法系的体系化的优点。在经济全球化的大背景下,两大法系出现逐渐互相借鉴、互相融合的趋势,比如英美法系国家或者地区制定一些单行法或者一些示范法,最为典型的代表是美国路易斯安那州的《路易斯安那民法典》(Louisiana Civil Code)、《侵权法重述》等。虽然大部分英美法系国家和大陆法系国家的侵权法形式不同,但是侵权法的内容存在极大的相似之处,因为侵权法是以个人基本的生活轨迹为依托的,尽管各国的政治、经济、文化和科技发展水平不同,不同国家和社会的侵权案件类型却存在很大的相同之处,所以有必要对英美侵权法的发展进行梳理和再认识。

一、英国侵权法法典化

英国侵权法的发展史可以追溯到中世纪时期,当时主要是关于土地和财产

① B. Rudden (1991—1992) 6/7 Tulane Civil Law Forum. p. 105. 转引自[澳]彼得·凯恩:《侵权法解剖》,汪志刚译,北京大学出版社 2010 年版,第 3 页。

所有权的争端。随着社会的发展和经济的繁荣，法律逐渐扩展到了更广泛的领域，包括个人权利和商业交易。在18世纪，英国的侵权法开始建立起一些基本原则，如无过失责任原则等。这些原则被广泛接受，并在19世纪得到了进一步发展。在19世纪中期，英国颁布了许多关于财产、责任和损害赔偿的法律，这些法律逐渐形成了现代侵权法的框架。20世纪初，英国的侵权法开始受到批评，人们认为它过于复杂和缺乏一致性。因此，在20世纪40年代和50年代，英国进行了一系列法律改革，旨在简化侵权法和加强受害人的权利。随着时间的推移，英国的侵权法继续发展和完善。例如，1974年通过的《消费者信用法》明确规定了消费者在购买商品时的权利，1998年颁布的《竞争法》规定了对不正当竞争行为的监管措施。同时，法院也在具体案例中制定了一些新的侵权法规则和原则。总之，英国的侵权法是一个不断发展和完善的领域，它旨在保护个人权利和促进商业交易的公平和诚信。

英国侵权法制度大多数以具体的案例法形式出现，普通法律师可能会以判断一个特定的事实情形是否符合那些被定义的"单个侵权行为"的构成要件为规则。他们更多的是把这些单个侵权行为的构成要件看成是法律技术的要件，而不是指引人们行为的规则。这种被定义的"单个侵权行为"的具体规则型侵权法律制度通过众多"诉因"得以运行，每个诉因对应一个侵权行为的一般事实情况和责任的法律构成要件。每个构成要件规定得十分精确，可以通过简单的涵摄来建立，而无需作任何进一步的评价。这种普通法思维模式历史性地回溯到诉讼程式制度，在英国程式诉讼的全盛时期，一项诉讼请求只有被适当地包装(packaged)一个诉讼程式(即令状)，法庭才会处理该项请求。没有令状，诉讼必将失败。在19世纪，英国的程式诉讼逐渐被现代诉讼制度取代。在现代诉讼制度之下，注重的不再是侵权诉讼请求的令状形式，而是诉讼请求是否有一个"好的诉因"，即此时的侵权法更注重的是诉因(cause of action)，每一个诉因都为法庭提供原告以救济贡献一个法律依据。这种转变相当重要，因为它表示法庭从注重程式转换到注重实体和法律依据上，典型的现代法律文本，无论是侵权法还是合同法都很少包含程序法的内容，程序法只是作为法院判处法律救济的依据。虽然英国侵权法中的许多规则和原则实际上源于法院判决，但也有相当一部分的侵权法规则和原则是包含在由国会和其他从国会获得立法授权的立法机关制定的制定法之中的，立法机关在发展法律方面扮演了一个特殊的角色，哪怕是在侵权法这样一个很大程度上是司法活动产物的领域中，比如，知识产权和反歧视法，法律规则基本上都是由立法机关创制的。总之，在英国，英国侵权法是英国普通法体系的一个分支，没有像其他国家那样被规范在法典中，而是通过法庭判例和司法先例进行发展和演变。英国普通法中的侵权类型主要包含以下几类：①误导：这种侵权类型也被称为虚假陈述或欺诈，指的是一个人通过故意或不慎提供虚假信息来欺骗他人，导致他人受到经济损失。②过失：过失侵权是指一个人在不合理或疏忽的情况下，对他人造成了损害，例如交通事故或医疗事故等。③违反人身权利：这种侵权类型是指一个人侵犯了他人的个人权利，例如侵犯隐私、诽谤或诬告等。④产品责任：这种侵权类型是指生产商或销售商向消费者出售的产品存在缺陷或危险，导致消费者受到损害。除了这四种类型之外，英国的侵权法还涉及其他一些特定领域的规定，例如土地使用、著作权和专利等。每种类型的侵权都需要满足一定的法律要求和标准，这些标准在不同的法律案例中有所变化。在英国侵权法中，常见的诉因(cause of action)包括以下几种：①损害赔偿：这是最常见的诉因，也是最基本的诉因之一。当一个人的权利受到侵犯并因此遭受经济损失时，他可以向法院提起诉讼，要求被告赔偿他的损失。②禁令令状：在某些情况下，受害人可以要求法院发布禁令令状，禁止侵权行为的继续发生。例如，当一个人的隐私受到侵犯时，他可以要求法院发布禁令令状，禁止侵犯者继续侵犯他的隐私权。③公共利益：在某些情况下，诉讼可能不是为了个人或组织的经济利益，而是为了公共利益而提起的。例如，一些非政府组织可能会提起诉讼，以保护环境或消费者权益等公共利益。④停止不当得利：当一个人通过违反他人的权利而获得了不当得利时，受害人可以向法院提起诉讼，要求对方停止获得不当得利，并赔偿受害人的损失。⑤肖像权：当一个人的肖像权受到侵犯时，他可以要求法院颁布禁令令状，防止肖像权被进一步侵犯，同时要求赔偿损失。⑥特殊救济：在一些特殊的情况下，法院可以颁布一些非常规的救济措施。例如，当一个人的商业秘密被泄露时，他可以向法院提出诉讼，要求颁布保密令，防止商业秘密继续泄露。总之，在英国侵权法中，诉因是多种多样的，取决于侵权行为的性质和受害人所需的救济。

英国侵权法是一种动态的、发展中的法律体系，它的发展和演变是基于实践和经验的。法院根据先例和现实情况来解释和适用侵权法，这样侵权法就能够保持与时俱进，并能够适应社会和经济变化的需求。此外，英国的侵权法也受到一些法律规范和标准的限制，例如欧盟法、人权法、行业标准和行为准则等。这些法律规范和标准对侵权法的适用和解释提供了参考和借鉴。例如,罗马法是欧洲大陆法系的基础,其对英国侵权法的发展有着深刻的影响,英国侵权法中的很多概念和原则都来自罗马法,例如过失、不法行为、原则等。英国是欧洲的重要国家,《欧洲人权公约》对英国侵权法的发展也有着重要的影响。公约规定了对个人和财产权利的保护和维护,为英国侵权法的发展提供了参考和借鉴。英国曾经是欧盟成员国之一,在加入欧盟期间,英国侵权法受到了欧盟法的影响。欧盟法中的很多原则和规则也被纳入了英国侵权法中,例如消费者保护、环境保护等。英国虽然没有单独的侵权法典,但存在零星的关于侵权的法律和法规。例如 1945 年,英国颁布了《法律改革(共同过失)法令 1945》[Law Reform (Contributory Negligence) Act 1945],其规定如果某人的行为违反了一个关键的法定标准,并导致他人受到损害,该行为人应承担侵权责任。《法律改革(共同过失)法令 1945》是为了解决英国法律中的"共同过失"(contributory negligence)原则的问题而制定的法律,在旧的英国法律中,如果原告在事故中有一定程度的责任,则其赔偿金额将相应减少。这种"共同过失"原则通常被认为是不公平和不合理的,因为它可能导致原告无法得到完全的赔偿,即使被告也有一定的责任。因此,在 1945 年通过了《法律改革(共同过失)法令 1945》,旨在限制共同过失原则的适用,并确保原告在合理情况下能够获得完全的赔偿。该法律规定,如果原告对事故负有一定责任,但被告也有责任,则应根据双方的过失程度来确定赔偿金额。这种方法被称为"比例责任"(proportionate liability)原则。该法律的通过有助于确保在民事责任案件中公平地分配责任,并促进公正的赔偿。此外,该法律也促进了英国法律的现代化和简化。

除了前面提到的法律之外,英国还有一些其他法律规定了侵权责任的相关规定。比如,《货物与服务提供法 1982》(Supply of Goods and Services Act 1982),该法律规定了消费者在购买商品或服务时的权利和卖家的责任。如果卖家没有按照合同要求提供商品或服务,或者提供的商品或服务有缺陷,消费者可能有权获得赔偿。《职业安全与健康法 1974》(Health and Safety at Work etc. Act 1974),该法律规定了雇主和雇员在职业场所中保持安全和健康的责任。如果雇主没有提供安全的工作场所或工具,或者雇员没有遵守安全规定,可能会构成侵权行为。1990 年推出了综合性的《环境保护法案》,该法律规定了环境污染和破坏的责任。如果个人或组织对环境造成了损害,可能需要承担相应的法律责任并赔偿受损方。《数据保护法 2018》(Data Protection Act 2018),

该法律规定了个人数据保护的责任。如果个人或组织处理个人数据时违反了法律规定,可能会构成侵权行为并需要承担相应的法律责任。这些法律规定了不同领域中的侵权责任和相关赔偿规定,旨在保护公民的权益并促进社会公正,只是没有如同大陆法系那样,将与侵权行为有关的法律规范系统性地编入一部逻辑性强的成文法典当中。

总之,英国侵权法是一个由法官法和制定法构成的复杂混合体,立法机关和法院在其中具有不同且相互补充的造法功能,因此,在解释英国侵权法时,只有将普通法和制定法结合起来,才能对侵权法有一个全面的理解。

二、美国侵权法法典化

美国侵权法的发展可以追溯到英国传统的侵权法,但在美国独立后,侵权法开始发展出自己的特色。在 19 世纪初期,美国的侵权法主要受到英国传统法的影响,这些法律主要是基于针对物质损害的诉讼,例如财产损失或人身伤害。然而,在 19 世纪中期,随着美国经济的发展和工业化的兴起,侵权法逐渐开始涉及更广泛的领域,例如知识产权、商业竞争和公共安全等。在 20 世纪初期,美国侵权法进一步发展,出现了一些重要的法律原则和诉讼方式。其中最具影响力的是"理性人标准"(reasonable person standard),这是一个评估行为是否构成过失侵权的标准。根据这个标准,一个人的行为必须符合"理性人"的标准,如果行为没有达到这个标准,就可能构成过失侵权。此外,20 世纪还出现了一些重要的侵权案例,例如帕斯格拉芙诉长岛火车站案(Palsgraf v. Long Island Railroad Co.),这个案件涉及一个女士在火车站被一个失控的行李箱撞伤的情况,法院在审理中强调了过失侵权的标准和范围,这成了美国侵权法的重要判例之一。随着时间的推移,美国侵权法在不断发展和演变,出现了越来越多的专门领域的法律规定,例如医疗事故责任、产品责任、环境污染等。同时,随着技术和社会的不断变化,侵权法也在不断面临新的挑战和调整,以适应不断变化的现实情况。

美国普通法中侵权的类型有多种,主要包含以下几种:①过失侵权(negligence):这是最常见的一种侵权类型,指的是行为人由于疏忽或不小心而导致他人受到损害。在过失侵权中,要求行为人必须符合"理性人"的标准,也就是说,他们必须采取合理的预防措施来避免对他人的损害。②故意侵权(intentional torts):这种侵权类型是指行为人有意识地做出损害他人的行为,例如故意伤害、侮辱、诽谤等。③产品责任(product liability):这种侵权类型是指制造商或销售商因为在设计、制造、销售产品时出现瑕疵而导致他人受到损害的责任。产品责任通常涉及产品的设计、制造、标签、说明等方面的问题。④职业责任(professional liability):这种侵权类型通常涉及专业人士的责任,例如医生、律师、会计师等。职业责任的主要问题是专业人士是否在他们的职业范围内行事,并且是否按照通常的标准和注意事项行事。⑤非法监禁(false imprisonment):这种侵权类型是指行为人非法限制他人的自由,例如将他人锁在一个房间里或阻止他人离开某个区域。⑥侵犯隐私(invasion of privacy):这种侵权类型通常指对隐私空间的侵入、窃用他人的姓名或肖像、公开私生活、公开地扭曲他人形象。总的来说,美国侵权法中的侵权类型非常多,随着社会和技术的发展,可能还会出现新的侵权类型。

美国侵权法也像英国侵权法那样包含诉因,美国民事侵权诉因包含以下几种:①过失侵权(negligence):行为人由于疏忽或不小心而导致他人受到损害。②故意侵权(intentional torts):行为人有意识地做出损害他人的行为。③产品责任(product liability):制造商或销售商因为在设计、制造、销售产品时出现瑕疵而导致他人受到损害的责任。④职业责任(professional liability):专业人士在行使职业责任时出现的过失或违反职业标准导致他人受到损害的责任。⑤侵犯隐私(invasion of privacy):行为人在未经授权的情况下公开披露他人的私人信息、虚假陈述、侵犯人格权和侵犯私人生活领域。

今日的美国法亦已非往日法学者的普通法国家的样貌,从20世纪开始,尤其是从20世纪30年代开始,大量的法规相继被制定,州法的重心也由普通法转变为法规,但是普通法并未消逝,尤其是美国各州的司法领域,比如契约和侵权行为、财产法领域,仍然是由被法规修正过的普通法规范占主导地位。美国曾经在19世纪后期展开普通法法典化的尝试,1847年在纽约州展开,但最终以失败而告终,只制定了民事诉讼和刑事诉讼两种法典。不同于其他普通法体系,美国所有的州都将部分或全部成文法编入法典。法典化是在美国律师大卫·达德利·菲尔德(David Dudley Field)的努力下从大陆法系中借鉴而来的概念。纽约州的法典叫作"法律",而加利福尼亚州和得克萨斯州则叫作"法典"。其他大多数州使用诸如"法规校订"(revised statutes)或"法律汇编"(compiled statutes)的术语来称呼自己的法典。加利福尼亚、纽约和得克萨斯州有按主题分类的法典,其他州与联邦政府只有分标题编号的单一法典。在美国，每个州都有自己的法律体系，包括民法典，例如加利福尼亚州、路易斯安那州、新墨西哥州、华盛顿特区等州拥有自己的民法典。其中，《路易斯安那民法典》被中国民法学者熟知，其他地区相对陌生。加利福尼亚是一个借鉴了很多大陆法特色的普通法地区，它有一个关于婚姻行为人的共同财产制度，另外，《加利福尼亚民法典》(California Civil Code)中的合同法被作为债务法的一部分，显然受到大陆法影响的痕迹很重。很多西部的州，包括加利福尼亚、科罗拉多、新墨西哥和怀俄明都使用一套源自西班牙大陆法体系的被称为优先占有原则的水利权分配原则。

美国的侵权法在各州之间相差很大。比如说，某些司法系统不追究在没有对原告造成人身伤害情况下的过失精神损害，但是大多数州并不如此。对任何特定的侵权行为，各州之间对行为动机、侵权类型、补救余地、诉讼时效与被告辩护时所需的证言规定各不相同。对于几乎每一种侵权法，大多数州实际遵循"多数议决制"，仅有一州或数州实行"少数否决制"。

在某些州，法典经常被视为普通法的简单重述。法官可以自由解释法典条文，除非他们的解释被立法机构指名否决。其他州则有着严格遵循法典文本的传统。法典化的优势在于，一旦州立法机关习惯于将制定的新法作为现有法典的修正案，法典就会经常反映出对现有法律的民意(虽然整个法规体系必须由复杂判例法确定法官怎样解释法典中某项特定的法律才能得知)。相反，在没有法典的法律体系，如英国法律中，确定什么是法律会比较困难。必须先追溯到最早的国会法案，然后找出所有对早先的法案进行修改或者直接替换的法案。比如，当英国决定建立英国最高法院时，立法者必须找出每一个关于上院的仍然有效的法案，然后修改所有这些法案，将上院改成最高法院。

《路易斯安那民法典》是一部广为中国学者所熟知的美国民法典，路易斯安那州法律大部分源自拿破仑法典，它从法属北美殖民地时期就对法国法律传统忠贞不渝。其中关于侵权责任的规定主要包括两个方面：过失责任(negligence)和无过失责任(strict liability)。根据该民法典中的规定，过失责任是指行为人由于疏忽、不小心或没有履行合理的注意义务而导致他人受到损害的责任。在路易斯安那州，要确定过失责任是否成立，需要考虑以下四个因素：①行为人是否有注意义务；②行为人是否违反了注意义务；③行为人的违反行为是否直接导致了他人的损害；④行为人的行为是不是原因之一。如果以上四个因素都成立，那么行为人就应该对他人受到的损害负责。在路易斯安那州，过失责任通常是通过民事诉讼来解决的。与过失责任相对的是无过失责任(strict liability),也称为绝对责任。在路易斯安那州,如果某种活动或行为具有特定的危险性或可能导致特定的损害,那么从事这种活动或行为的行为人就应该对可能发生的损害负责,无论行为人是否有疏忽或不小心。这种情况下,行为人就需要承担无过失责任。在路易斯安那州,无过失责任通常适用于一些特殊领域,例如危险品运输、宠物饲养等。《路易斯安那民法典》中的侵权责任条款主要集中在第3编第5题非协议之债第3章中的侵权及准侵权规定,条文从第2315条至第2324条,通过明确规定行为人的责任和损害的范围,保护了公民的合法权益,促进了社会公正和谐的发展。

美国《加利福尼亚民法典》是加州法律体系的核心法典之一,其中包括了关于合同、侵权、财产、家庭和遗产等方面的规定。《加利福尼亚民法典》的制定背景可以追溯到1850年加利福尼亚成为美国第31个州的时候。在成为州之前,加利福尼亚曾是墨西哥的一部分,当时的法律基础是西班牙和墨西哥的民法。为了将旧有的民事法律进行整合和更新,并将其纳入一个统一的法典中,以便更好地维护加州居民的权益,加州法律制定者参考其他州的民法典以及其他国家的民法体系,制定了该民法典。至今,《加利福尼亚民法典》仍然有效,经常被用于加州的民事诉讼案件中。该法典对侵权责任的规定包括侵权行为的构成要件、赔偿范围、免责事由等方面内容。例如,在《加利福尼亚民法典》第1714条中规定:"每个人都应按照法律要求行事,不得危害他人的人身、财产或其他权益。"这意味着,任何人都有义务不损害他人的人身或财产,否则可能会构成侵权行为,并可能面临相应的法律责任。此外,《加利福尼亚民法典》还规定了多种侵权行为的类型,例如,失职侵权、诽谤侵权、侵犯知识产权、侵犯私人信息、不正当竞争、侵犯财产权等,其还对侵权行为的损害赔偿、惩罚性赔偿等进行了明确规定,以保护公民的合法权益,并促进商业活动的诚信公正进行。

美国《侵权法重述》严格意义上并不是一部法典,但是它在美国发挥着不可替代的作用,它是由美国法学家根据对美国法律系统中侵权法的研究和总结所编写的一部非正式法律文书。其目的在于概括和总结各州在侵权法方面的法律规则,以提供一种基本的参考框架。该法律文书不具有强制性,不具备法律约束力,但在实践中被广泛应用于法律实务和司法判例中。美国《侵权法重述》的制定背景可以追溯到20世纪初期。当时,美国侵权法存在着一些问题,比如不同州的法律规则差异大、法律规则不够明确、司法判例不一致等,这些问题使得侵权案件的处理变得复杂和不确定。为了解决这些问题，美国法学家开始研究和总结各州在侵权法方面的法律规则，以便为实务和司法判例提供一个参考框架。经过几十年的不断完善和更新，美国《侵权法重述》已经成为美国法律界的一个重要参考文献。虽然该文书不是法律规则的正式表述，但它的影响力在某些情况下可以与法律规则本身相媲美。例如，法官在审理案件时可以引用其中的规则和注释，以确定合适的法律解释。同样地，律师在起草法律文件时也可以参考其规则和注释，以确保自己的工作符合最新的法律标准和最佳实践。总的来说，美国《侵权法重述》对美国的侵权法体系发挥了积极的作用。它的出现和不断完善，为美国法律界提供了一个更加完善和系统的侵权法框架，并为法律实务和司法判例提供了一个重要的参考文献。

第二节　大陆法系国家侵权法法典化研究

大陆法系国家是成文法系国家，是法典化的倡导者及主力军。大陆法系国家大多数在民法典中规定侵权法条文，然后辅以具体领域的侵权法规则。《法国民法典》用 5 个条文规定了侵权法的内容；《德国民法典》比《法国民法典》晚了将近 100 年，立法技术更加成熟，在《德国民法典》中的侵权法有 31 个条文。《日本民法典》继受《德国民法典》而来，侵权法自然打上德国法的烙印，但也体现了日本特色。欧盟国家政治独立和经济联合的独特气质影响了法律的理论和实践。欧盟并不存在统一的民法典，但其经济的联合却呼唤统一的规则体系，于是欧洲侵权法专家小组尝试编制了《欧洲侵权法基本原则》和《共同参考框架草案》。欧盟还颁布了一系列与侵权责任相关的指令，这些指令旨在协调和统一欧洲各国的侵权责任制度，促进欧洲内部市场的一体化和发展。

一、法国侵权法法典化

法国是典型的成文法系国家，法国侵权法的历史可以追溯到罗马法，但现代法国侵权法的发展主要是在 19 世纪和 20 世纪进行的。《法国民法典》在世界民法典史上具有重要的地位。以《法国民法典》颁布为分水岭，在《法国民法典》颁布之前，法国存在一些规定民事侵权责任的法律文件和判例。在民法典颁布之前，法国的司法系统一直是基于罗马法和地方传统法而建立的。因此，法官和法院的判决和决策被认为是非正式的司法惯例和判例法，它们通过司法实践逐渐形成了对侵权责任的规范。当时许多地方都有自己的法律体系，比如普罗旺斯地区就有《普罗旺斯习俗》(Provencal Coutume)。这些地方传统法规定了一些基本的侵权责任原则和规则。而罗马法也规定了一些基本的侵权责任原则。例如，侵权责任的基础是违反了一个人的权利，因此，任何人因过错或疏忽而造成他人受到损害，都应该承担赔偿责任。法国还制定了许多各自适用于不同领域的法律和条例，例如，商业法规定了商业领域的侵权责任，劳动法规定了工人和雇主之间的侵权责任等。19 世纪，法国采用了一系列基于保护财产权和民事责任的法律。例如，1807 年通过的《商法典》强调了商业侵权的法律保护。1881 年颁布的《出版法》规定了知识产权侵权的法律保护。20 世纪，法国的侵权法得到了进一步的发展和完善。20 世纪 70 年代末，法国出台了保护消费者权益的法律，包括《消费者权益法》和《广告法》，这些法律对于禁止虚假广告和保护消费者权益起到了重要作用。进入 21 世纪以来，法国制定了一系列新的法律来应对数字化时代的侵权行为，包括《数字共和国法》《5G 网络安全法案》等。总的来说，法国的侵权法历史漫长，在《法国民法典》颁布之前，法国的侵权责任规则是相对分散和混乱的，随着法律制度的不断完善和发展，法国逐渐建立了较为完整的民事侵权责任制度，使其更具规范性和实用性。

《法国民法典》是 19 世纪初期拿破仑政府时期(1804 年)颁布的一部法典，是当时法国重要的立法成果之一，也被称为"拿破仑法典"。该民法典成为法国民法体系的核心法律，并对其他法律的制定产生了重要的影响。法国大革命推翻了旧制度，开启了法国现代化的历程。在这一时期，出现了许多思想家和法学家，他们试图将法律与人权和自由相结合，反对旧有的封建主义和专制主义。在法国大革命后，拿破仑成为法国的掌权者，他推行了一系列改革，旨在重建法国的政治、经济和社会体系。其中，最重要的改革之一就是民法典的制定。为了制定民法典，拿破仑政府成立了一个法律委员会，由 12 名法学家和法官组成。该委员会经过多年的起草和修订，最终于 1804 年完成了民法典的草案。草案的基础是罗马法和自由主义法学的理论。1804 年 3 月 21 日，法国政府正式颁布了民法典。该法典由总则和 3 编组成，共 36 章、2281 条，涵盖了婚姻、家庭、财产、继承、债务和合同等方面内容。民法典的颁布对法国的社会和经济产生了深远的影响，它为法国的现代化建设奠定了法律基础，对其他国家的法律制定也产生了很大的影响。此外，《法国民法典》的理念和原则也被认为是现代西方法律体系的重要组成部分，对现代法律学术研究产生了深远的影响。《法国民法典》中关于侵权行为的条文总共有 5 个，即第 1382 条到第 1386 条。其中，第 1382 条规定："人的任何行为给他人造成损害时，因其过错致该行为发生之人有义务赔偿损害。"该条被普遍认为是《法国侵权法》的一般条款，确立了过错责任原则，即故意造成他人损害的，承担侵权责任。第 1383 条规定："任何人不仅对其行为造成的损害负赔偿责任，而且对其因懈怠或疏忽大意造成的损害负赔偿责任。"一般认为过错包含故意和过失，此条规定的是过失侵权责任。第 1384 条第 1 款是准侵权行为的规定："任何人不仅对其自己的行为所造成的损害，而且对应由其负责的人的行为或在其照管之下的物所造成的损害负赔偿责任。"1922 年 11 月 7 日通过的法令所增加的第 2 款是动产和不动产持有人的责任，"但是，不论以何名义，持有不动产或动产之全部或一部的人，在此不动产或动产内发生火灾的情况下，仅在证明火灾的发生应归咎于该财产持有人的过错时，或者应归咎于其当负责之人的过错时，始就火灾造成的损害，对第三人负赔偿之责任。前款规定不适用于所有人与承租人之间的关系，此种关系受该部法典第 133 条与第 1734 条之规定调整"。1970 年 6 月 4 日第 70-459 号法令修改后的第 3 款规定的是监护人责任，"父与母，只要其行使（2002 年 3 月 4 日第 2002-305 号法律）'亲权'（原规定为'行使对子女的照管权'），即应对与其一起居住的未成年子女造成的损害，连带承担责任"。第 4 款规定雇主责任，主人与雇主，对其家庭佣人和受雇人在履行受雇的职责中造成的损害，负赔偿责任。第 5 款规定教师对学生、手工艺人对学徒的责任，小学教师与家庭教师及手工艺人，对学生与学徒在受其监管的时间内造成的损害，负赔偿之责任。1937 年 4 月 5 日法令修改后的第 6 款规定父母和手工艺人的免责条件，"如父母与手工艺人能够证明其不能阻止引起责任的行为，前述责任得免除之"。第 7 款规定教师的一般过错责任和举证责任，涉及小学教师与家庭教师时，其被指造成损害事实之过错、轻率不慎或疏忽大意，应由原告按照普通法于诉讼中证明之。第 1385 条明确规定动物所有人和使用人的儿女，动物的所有人，或者使用人，在使用牲畜的时间内，对动物或牲畜造成的损害应负赔偿之责任，不论该动物或牲畜是在其管束之下还是走失或逃逸。第 1386 条规定的是建筑物所有人的责任，建筑物的所有人对建筑物因维修不善或者因建筑瑕疵而倒塌造成的损害负赔偿责任。

需要注意的是，在法国的侵权法中，与损害赔偿有关的不仅有民事责任，还包括刑事责任和行政责任等不同的层面。除了以上规定之外，法国还制定了其他一些法律规定，如《出版法》《商法典》《消费者权益法》等，以保护知识产权、商业利益、消费者权益等方面的利益。法国《商法典》(Code de Commerce)规定了商业领域内的侵权行为，例如虚假宣传、商业诽谤和商业秘密侵犯等。法国《消费法典》(Code de la Consommation)规定了消费者保护和商业行为规范的问题，其中也包括了一些与民事侵权责任相关的规定，例如虚假宣传和欺诈等。法国《劳动法》(Code du Travail)规定了雇主和雇员之间的权利和义务，其中也包括了一些与民事侵权责任相关的规定，例如工伤赔偿和雇主的安全责任等。法国《知识产权法典》(Code de la Propriété Intellectuelle)规定了知识产权的保护和侵权责任等问题，例如专利、商标和著作权等。法国《运输法》(Code des Transports)规定了运输行业内的一些规范和责任，其中也包括了一些与民事侵权责任相关的规定，例如运输安全责任和货运保险等。这些法律的规定内容各不相同，但都涉及了民事侵权责任的问题，包括侵权行为的定义、违法行为的证明、损害赔偿的计算方法等。如果在实际生活中受到侵权行为的损害，受害人可以依照《法国民法典》和这些特殊侵权法律的相关规定向侵权人追究赔偿责任(如表 2-1)。

表 2-1 《法国民法典》中侵权法的主要内容

条款	主要内容
第 1382 条	关于过失侵权责任的一般规定(过错责任)(故意侵权的一般条款)
第 1383 条	在自己没有实施积极行为的情况下对过失或疏忽所造成损害的责任(过失侵权的一般条款)
第 1384 条第 1 款	对准侵权行为的一般性规定
第 1384 条第 2 款	动产和不动产持有人的责任
第 1384 条第 3 款	监护人责任
第 1384 条第 4 款	主人、雇主对仆人、雇员所造成损害的责任
第 1384 条第 5 款	教师、手工艺人对学生、学徒所造成损害的责任
第 1384 条第 6 款	父母、手工艺人责任免除条件，证明其不能防止损害发生，为过错推定责任
第 1384 条第 7 款	教师的责任(一般过错责任，过错由原告负举证责任)
第 1385 条	动物所有人或者使用人的责任
第 1386 条	建筑物所有人的责任(只有在 1998 年该条才发展出有缺陷产品引起的责任条款)

二、德国侵权法法典化

《德国民法典》是德国侵权法的主要表现形式。在《德国民法典》颁布实施之前，德国各州实行的是罗马法原则，即对于故意和过失造成的侵权行为，应当对受害人进行赔偿。不过，这种赔偿的形式和标准并没有明确规定，需要根据案件具体情况来确定。此外，在一些地区，还存在一些特殊的侵权行为法律制度。因此，在《德国民法典》颁布实施之前，德国的侵权法并没有统一的规定。侵权行为的责任和赔偿标准主要是通过德国各州的法律和法院判决来解决的。这种情况导致了德国各州之间存在着不同的法律规定和司法实践，缺乏统一性和稳定性。在德意志帝国建立后，德国开始着手建立全国性的统一法律体系。然而，由于当时德国各地法律体系不同，难以实现统一法律的制定和适用；此外，工业化的发展使得新的商业和经济问题涌现出来，需要通过明确的法律规定来解决。因此，德国政府决定制定一部全面的民法典，以取代分散的地方法律体系。《德国民法典》的制定过程始于 1874 年，最终于 1896 年通过，并于 1900 年 1 月 1 日开始实施。在制定过程中，德国参考了其他国家的民法典，如法国的民法典和意大利的民法典，同时也吸取了自己地方习惯法的经验教训。《德国民法典》的颁布实现了德国全国范围内的法律统一，对德国的法律体系产生了深远的影响，并被许多国家借鉴和模仿。它不仅对德国的政治、经济、社会和文化发展产生了重大影响，也成为世界范围内民法典制定的典范之一。

德国侵权法的发展可以追溯到《德国民法典》的制定过程，《德国民法典》规定了侵权行为的责任和赔偿等方面的内容，为德国的侵权法奠定了基础。随着时间的推移，德国侵权法得到了不断发展和完善。在“二战”结束后，德国政府对侵权法进行了全面的修改和重构，从而使得德国的侵权法更加完善和现代化。此外，德国法院在实践中也对侵权法进行了不断的解释和适用。例如，德国联邦最高法院在 1959 年颁布了《柏林公交线路判决》（Berliner Linien Bus Urteil），规定了在道路交通事故中，被害人可以要求赔偿的具体内容和标准。这些法院判决对于德国侵权法的发展和适用具有重要的指导作用。总的来说，德国侵权行为法的发展脉络可以概括为：《德国民法典》的制定奠定基础→不断进行修正和完善→法院的解释和适用促进法律的发展。《德国民法典》[①]中侵权

① 参见台湾大学法律学院、台大法学基金会：《德国民法典》，北京大学出版社 2017 年版。

法的主要规定在第2编债之关系法中的第8章中，主要集中在第823条至第853条，一共31个条文(如表2-2)。

表2-2 《德国民法典》中侵权法的主要内容

条款		主要内容
第823条	第1款	侵害五种绝对权利
	第2款	违反保护性规范
第826条		违背善良风俗的侵权(背俗侵权)
第827～829条		责任能力的相关规定及赔偿义务
第830～832条		对特殊责任关系的规定(事务辅助人和监督义务人责任)
第833～839条		特殊侵权责任的列举(动物持有人责任、土地占有人责任、建筑物占有人责任、建筑物维护义务人责任、违反公务义务之责任)
第840～853条		赔偿规则(数人侵权的责任，公务人的责任分担，赔偿范围，金钱赔偿的支付方式，死亡情形的第三人之赔偿请求权，丧失劳动能力的赔偿请求权，受害人共同过失对第三人赔偿请求权和丧失劳动能力赔偿请求权的适用、抚慰金，对赔偿金额的利息支付，费用偿还，对无权利人的给付赔偿，侵权赔偿的时效及对欺诈的抗辩)

《德国民法典》较之《法国民法典》存在很多不同，比如《德国民法典》开始承认人格权，体系构造和《法国民法典》也存在很大的不同。《德国民法典》编纂之前，萨维尼和蒂堡之间的法典论战促使德国理论界和实务界重新审视了法国的法典编纂和民法理论。经过历史法学派的系统梳理和潘德克顿学派的体系建构，私法理论更加强调历史因素和体系因素的交融，私法制度构造亦是侧重规范结构的完善、时代精神的反映，这在侵权行为的法律规制之中亦可看出①。《德国民法典》强调一般条款构造的重要性，但在设计具体内容之时却遵循了与《法国民法典》不一样的思路，构造了不同的体系。《德国民法典》根据侵害利益的种类安排侵权行为的构成要件，形成不同的规范条款进而给予不同程度的保护。根据《德国民法典》第823条，如果侵害的利益为生命、身体、健康、自由、所有权以及其他权利，对于受害人必须给予较高程度的保护，此时侵权责任的构

① 夏小雄：《侵权法的发展：理论移植和经验借鉴——以德国法对法国法的影响为例》，《北方法学》2011年第6期。

成要件相对而言较为宽松。如果侵权行为满足损害性、违法性、因果性等基本要件，加害人必须承担相应侵权责任。根据第 823 第 2 款和第 826 条的规定，如果侵害的利益并非绝对性权利，而是相对性权利、纯粹物质损害或纯粹精神损害，此时对受害人可以提供一定程度的保护，而侵权责任的构成要件相对而言较为严格，民法典要求侵权的利益必须为法律所保护的内容或者侵害的方式违反公共秩序、侵害善良风俗。任何法典不可能是完美无缺的，《德国民法典》虽称得上完善的规范体系，但侵权法制度依然存在瑕疵，德国理论界和实务界不得不扩展解释第 823 条第 1 款中的“其他权利”，进而发展出“一般人格权”“营业权”“缔约过失责任”等制度应对规范体系的漏洞和司法实践的挑战。

三、日本侵权法法典化

日本侵权法的发展经历了从保护财产权利到保护人身权利和知识产权的转变，反映了社会、经济和技术的发展变化。在《日本民法典》制定之前，侵权法主要由法官判决来解决，此时期以个人权利保护为主，侵权法的发展相对缓慢。在《日本民法典》颁布之后，侵权法得到了更加系统和完备的规定，此时期除了保护人身权利之外，还保护财产权利。在“二战”结束后，日本政府重视个人权利和人格权利的保护，侵权法也相应地得到了加强和完善。20 世纪 90 年代以后，在知识经济时代的背景下，知识产权的保护成为侵权法的新焦点，此时期侵权法的规定逐渐偏向保护知识产权和商业秘密等内容。

“二战”爆发前，日本在侵权法领域的立法不多，主要有《关于失火责任的法律》(1899 年)、《矿业法》(1905 年制定，1939 年修改，规定了矿业权人的无过失责任)、《工厂法》(1916 年)、《劳动者灾害辅助法》(1931 年)。《日本民法典》中关于侵权行为的规定只有 16 条(第 3 编第 5 章第 709 条至第 724 条)，但侵权法所涉及的社会生活领域却是极其广泛的。在日本学术界，民法学中问题最多、争论较多、研究成果较丰富的是侵权法学。

在日本明治维新之前，各地的法律制度不尽相同，制定一部全国性的民法典可以统一国内法律制度，增强国家法律体系的权威性。1868 年明治维新标志着日本社会从封建社会向现代社会转变，为日本现代民法制定奠定了基础。19 世纪中叶以来，日本开始向西方国家学习其法律制度和学说，以适应国内的现代化进程。随着日本社会现代化进程的推进，旧有的法律制度已经不能满足现代社会的需要，因此制定一部适应现代社会需要的民法典显得尤为重要。19 世纪70年代至80年代，日本开始引进西方的法律制度和学说，先后成立了司法省和最高裁判所等机构。因此，明治维新后不久面临的是条约修改的问题。要修改条约，日本就要在国内法中制定与欧美相当的交易规则，于是委托时任巴黎大学教授的博瓦索纳德(Gustave Boissonade)起草民法典，博瓦索纳德以《法国民法典》为蓝本，开展了起草工作，并于1890年公布，历史上称这部民法典为"旧民法"，旧民法未得到施行就寿终正寝了。在旧民法起草完成之后，日本产生了一场"法典论战"，就旧民法是否施行，在施行派和延期施行派之间展开了大规模的论战，主要体现为法国法学派和英国法学派的对立、自然法学派和历史法学派的对立。法国法学派所依据的是自然法思想，该学派主张坚决实施民法典。英国法学派却依据历史法思想分庭抗礼。按照这种思想，法这种东西因国家、时代的不同而不同，需要重视当时当地的习惯。其认为旧民法是建立在神的面前人人平等的基督教的个人主义之上的，与日本传统的忠孝思想不容。于是，日本在1893年重新设置了法典调查会，起草工作以旧民法为基础，另外将体例改为潘德克顿式，开始向《德国民法典》的经验看齐，于1896年公布了总则、物权、债权编，接着在1898年公布了亲属编和继承编，并于1898年7月16日正式施行①。总之，在《日本民法典》的制定历程中，政府借鉴了西方的法律制度和学说，同时结合了日本自身的传统文化和社会实践，最终形成了一套适合日本国情的现代民法体系。

《日本民法典》实施100多年以来，侵权法规则经历过两次大的转折。一次是20世纪20年代，学界通过将民法第709条中的"权利侵害"解释成"违法性"，克服了条文的僵硬和拘束，使应该得到保护的利益的范围扩大到"权利"以外的对象，从而在一定程度上实现了扩大保护民事主体的民事权益的目的。另一次是20世纪60年代以后，经济高速增长给侵权法提出了许多前所未有的新课题，为了救济因现代化大规模工业生产和高科技的普遍应用造成的各种具体的损害，判例、学说在责任要件的认定、因果关系的证明、损害赔偿范围的确定等方面进行了大量的法解释工作，努力修正过错责任原则的不足。这形成了比较完善的类型化的损害赔偿制度，从而有效地对应了机动车事故、公害以及各种各样的消费者权益受损(制造物责任、医疗事故、不正当引诱交易)等具体的侵权行为。《日本民法典》是在继受《法国民法典》和《德国民法典》的基础上而

① 参见山本敬三：《民法讲义Ⅰ总则(第三版)》，解亘译，北京大学出版社2012年版，第19-20页。

来的，因此全面继受了侵权法中的“过失”“违法性”“相当因果关系”等概念，之后在大陆法系的基本框架之上，吸收英美法系的做法，建立起日本独特的侵权法制度①。

20 世纪 50 年代中期以后，日本社会在侵权行为领域里发生了各种各样的问题，为应对这些问题，其制定了一些相关的法律。在机动车事故的领域里，1955 年制定了《机动车损害赔偿保障法》；因原子能产生的损害而制定了《关于原子能损害赔偿的法律》（1961 年），规定了原子能事业者的无过失责任。从 20 世纪 60 年代中期起，大气污染、环境保护越来越受到人们关注与重视，人们呼吁强化企业的公害责任，但直到 1972 年《大气污染防治法》《水质污油防止法》相关条文才得以修正。修正后排放的污染物质造成的人身损害，对污染物质的排放者课以无过失责任，对修正前公害造成的损害，依据《公害健康受害补偿法》，对被认定为在指定污染区域内患指定公害病的患者，设置了行政上的补救制度。对由水质污染造成的渔业损害，制定了《油污损害赔偿保障法》（1975 年）。直至 1994 年 11 月 19 日，《环境基本法》公布施行。由于 20 世纪 60 年代不断发生因制造物缺陷引起的严重损害事故，日本国民的产品安全意识普遍得到提高，消费者的利益逐渐受到重视，从而于 1968 年制定了《消费者保护基本法》。对制造物责任，提倡无过失责任立法，但至 1994 年 7 月 1 日才公布《制造物责任法》（1995 年 7 月 1 日开始施行）。

尽管日本法律没有明文规定判例具有法律效力，但是，一些判例，例如最高法院裁判的判例常涉及法律的具体适用中的解释问题，而且，由于作为终审法院的判决具有的既判力作用，实际上，一些判决所发挥的作用可以等同于法律。在日本侵权行为法的发展历史上，判例同样发挥了法律意义上的重要作用，从而被视为法律渊源的重要部分。一些有名的判决，例如云石卫门案件（大审院大正三年 7 月 4 日判决）涉及著作侵权中权利侵害的要件构成问题，大阪碱案件（大审院 1916 年 12 月 22 日判决）涉及过失的构成及界定问题，以及 20 世纪 50 年代的交通事故诉讼案件、70 年代的公害诉讼案件等，都对日本侵权法的发展产生了不可忽略的影响。

日本民法第 5 章第 709～724 条是侵权法的主要条款，这些条款基本确定了日本侵权法的体系和结构，就侵权法的一般原则、义务、责任范围、损害赔偿、

① 参见于敏：《日本侵权行为法》（第 2 版），法律出版社 2006 年版，作者序言。

免除条件等内容作了规定。其中第709条规定了过失责任的基本原则，第714～718条分别规定了无责任能力人的监督义务责任、使用人等的责任、定作人的责任、土地工作物等的占有人及所有人的责任、动物占有人等的责任，第719条规定了共同侵权人的责任，第720条以后主要规定免责、损害赔偿请求权等内容(如表2-3)。这些基本规定对日本侵权法后来的发展产生了重要作用。

表2-3　日本民法中的侵权法条款(第709～724条)

条款	主要内容
第709条	“因故意或过失侵害他人权利者负赔偿因此所生损害之责”。该条规定一般侵权责任，侵权行为的要件要求故意或过失
第710条	财产以外损害的赔偿
第711条	对近亲属的损害赔偿
第712～713条	有责任能力者以及缺乏责任能力者造成损害的赔偿
第714条	无责任能力人的监督人等的责任
第715条	使用人等的责任
第716条	定作人的责任
第717条	土地工作物等的占有人及所有人的责任
第718条	动物占有人等的责任
第719条	共同侵权人的责任
第720条	正当防卫及紧急避险
第721条	胎儿损害赔偿请求权的权利能力
第722条	损害赔偿的方法及过失相抵
第723条	名誉毁损的原状回复
第724条	侵权行为损害赔偿请求权的期间限制

四、欧盟侵权法法典化

欧盟并非一个联邦国家，它是在欧洲27个国家(原先28个国家)之间形成的一种独特的经济和政治合作关系，这27个国家只是欧洲大陆的部分疆域而非全部，例如瑞士、挪威、塞尔维亚、土耳其和俄罗斯就不属于欧盟。在欧盟追求人才、商品、服务和资金等要素自由流动的同时，统一侵权法制度对于统一经济有助益。在私法领域，欧洲的法律体系最初有一部分是以罗马法为基础的①。但欧洲各国历史上彼此独立，各国政治、经济、文化各有特色，发展道路亦非趋同，法律文化与思维习惯不尽相同，因此欧盟国家之间既有共性亦有个性，要在27个欧盟国家之间形成统一的侵权行为法绝非易事。尽管如此，欧盟形成了一种独特的法体系，一种与国际法和国内法都不同的法律体系，它的主要目的是保障欧洲内部的自由、平等和公正，并确保成员国之间的一致性和合作。其由三个主要的元素组成：第一，欧盟的条约，是欧盟成员国之间达成的协议，它们规定了欧盟的组织结构和职责，并确定了欧盟成员国之间的权力关系。第二，欧盟的法规，是欧盟制定的直接适用于成员国的法律，其内容涉及从公共市场竞争规则到环境保护等广泛领域的规定。例如，在消费者保护、合同法和知识产权等领域，欧盟制定了一些法规，这些法规适用于欧盟内的所有成员国。第三，欧盟的指令，是欧盟制定的规定，要求成员国在特定领域制定国内法律以达到欧盟设定的目标。

欧盟并没有一套完全统一的民法，每个成员国仍然保留自己的民法体系。欧盟的法律制度是建立在成员国民法的基础上的，其主要目的是协调不同国家的法律，以便在欧盟内部的贸易、劳动力和资本流动等方面实现一定程度的统一和协调。欧洲法院对欧盟法律体系的发展和实施起着关键作用，该法院在欧盟内的所有成员国中具有最终解释权。总的来说，欧盟的法律制度是建立在欧盟条约和欧盟法规的基础上的，其目的是在不同的国家之间实现一定程度的法律协调和一致性，而并非完全统一化的民法体系。

欧盟没有统一的侵权法，但存在多个涉及侵权责任方面的指令。欧盟颁布了一系列与侵权责任相关的指令，这些指令旨在协调和统一欧盟的侵权责任制度，促进欧洲内部市场的一体化和发展。其中，最具代表性的是《产品责任指令》(Product Liability Directive)，该指令规定了在欧盟范围内销售的产品发生损害时，生产商应承担的侵权责任。此外，欧盟还颁布了《电子商务指令》

① Cf. R. Zimmermann. The Law of Obligations: Roman Foundations of the Civilian Tradition (2nd edn, 1996); ibid, Savignys Vermächtnis. Rechtsgeschichte, Rechtsvergleichung und die Begründung einer Europäischen Rechtswissenschaft, Juristische Blätter (JBl) 1998, 273. 转引自[奥]赫尔穆特·考茨欧：《欧盟统一侵权法是否可行?》，焦清阳译，《中国应用法学》2017年第3期。

(E-Commerce Directive)、《知识产权指令》(Intellectual Property Rights Enforcement Directive)、《环境责任指令》(Environmental Liability Directive)等一系列指令,这些指令也都涉及侵权责任方面的规定和规范。此外,欧洲法院的判例也对欧洲的侵权责任制度产生了深远的影响。例如,欧洲法院在埃莫特诉迈克尔·威尔逊合伙公司(Emmott v. Michael Wilson & Partners, Ltd.)案中,对于欧洲联合国家的侵权法做出了解释和补充,对侵权责任的适用范围和损害赔偿的计算方法等问题提出了指导性的判决。欧盟虽然没有统一的侵权法,但通过指令和法院的判例,对侵权责任制度做出了一定的规范和指导,有助于促进欧洲内部市场的一体化和发展。

欧洲民法典运动根源于欧盟经济、政治两个一体化之间的矛盾:飞速发展的经济一体化要求与市场有紧密关联的法律超越国家疆界,在欧盟层面上形成统一的法律制度。这场运动始于20世纪80年代初,目前已发展为当今世界最引人瞩目的法律事件之一。一方面,具有超国家性质的欧共体/欧盟不仅在欧洲层面上发展出一种新型法律——欧洲私法(European private law),并逐渐侵蚀各个成员国自成一格的私法体系,而且这种"私法欧洲化"(Europeanization of private law)的日益积累会最终汇成一种不可逆转的发展趋势,即欧洲私法的法典化,其结果将导致传统私法的形态和格局发生一场"突变"。另一方面,一大批法学者参与了这场运动,他们通过各种形式推动私法一体化事业,这场规模空前的学术动员使欧洲成为创造一种跨国法制的"实验室"和"竞技场"。这两方面发展交汇在一起,使欧洲民法典运动成为20世纪以来引发国际性法制转型和法律全球化问题的一个重要范例。

欧洲侵权法小组,这个没有官方委任和公共资助的私人团体是由荷兰的施皮尔(Jaap Spier)教授于1993年召集学者组织起来的,尽管名为"欧洲侵权法小组",但该小组现有的大约30名学者中也有来自美国、南非和以色列的成员。该小组着手起草了《欧洲侵权法基本原则》(PETL,简称《基本原则》),它将构成未来欧洲侵权法的基础①。欧洲侵权法有志于将英国判例法与大陆法系相结合,可要使两者运行不悖并非易事。美国法律的演进在相当程度上对欧洲侵权法颇有影响,因此将美国法律纳入考虑范围以明晰。欧洲侵权法小组运用典型

① 参见[奥]赫尔穆特·考茨欧:《欧盟统一侵权法是否可行?》,焦清阳译,《中国应用法学》2017年第3期。

案例，针对案例提出一个问题，然后让相关国家的学者根据自己国家的法律对这同一问题作答和解释。倘若各国真的存在这样一个共同核心，对欧洲而言这是不是最好的解决方案？如果答案为否，则会尝试继续寻找更好的方案。小组希望《基本原则》能够通过充实未来或许冗长的讨论内容和通过“刺激”各国立法机关和法院，为欧盟树立指令如何融入现有普遍体系的榜样，从而为未来统一的欧洲侵权法奠定基础，最终促进统一进程质量的提高。欧洲侵权法小组在某种程度上已经获得了成功，因为《基本原则》不仅受到了学者的广泛关注与深刻讨论，还被立法机关和法院纳入了考虑范围。

冯·巴尔(Christian von Bar)教授成立了由他领导的欧洲民法典研究小组。该小组设计了《共同参考框架草案》(DCFR，简称《草案》)，该《草案》于2008年被公布于众，其涵盖了更多的私法内容而非局限于侵权法。但冯·巴尔教授强调，欧洲民法典研究小组的工作仅是为未来发展提供可能的模式。

对于如何起草欧洲侵权法，考茨欧(Helmut Koziol)小组和冯·巴尔小组在最关键的问题上达成了共识，即欧洲未来统一侵权法不可能是如同美国般的“重述”，因为欧洲不具备“重述”的基础，只能在国别比较的基础上，尽量提取各国法律的“公因式”，选择大多数成员认为最好的方法。但对于如何达成这一目的，考茨欧小组和冯·巴尔小组的路径却大不相同。

《基本原则》最重要的特色之一是采取了弹性制度。它其实是一种立法方法，试图解决的是立法中一个永恒的矛盾——抽象还是具体。如果立法者致力于网罗社会生活中的一切重要事实，势必会选择一个“巨无霸”的法律数据库；如果立法者希望法律能够适应社会生活的流变，则会选择微言大义，规定抽象的一般条款。英国著名法学家哈特把这两种情形分别称为“青蝇之眼”和“苍鹰之眼”，可谓形神兼备；德国法学家拉伦茨则分别称之为“决疑式”和抽象概括式立法风格。这两种方法都有致命缺陷。网罗一切的立法模式最大的问题在于，法律条文看似整全，但其边界过于明确，虽然对法制统一颇有助益，但面对现实生活难免捉襟见肘，还可能漏洞百出。抽象概括式立法通过法官释法使法律适应社会生活，其适用首先要求法官有极高的理论素养(这类法典往往类似于一部理论专著)，尤其熟悉法律类推、准用等司法技术，但法官较大的能动性却可能使民众难以放心，法律的安定性也可能不如人意。为解决这一问题，《基本原则》采取了奥地利法学家沃尔特·威尔伯格(Walter Wilburg)提出的“动态系统论”。这种方法必须明确规则的价值基础，规定法官在个案中应考虑的各种因素，法官可以权衡个案各个因素的不同影响。

民法典的制定有一个麻烦的问题，是如何处理特别民法与普通民法的关系。传统民法典通过抽象规定来处理全部私法事务，但很多特殊的民事规范散落在特别法中。在侵权法方面，这一问题尤为突出，铁路、航空、核能、环境污染等规定很多散落在其他法律规范当中。民法典是否要整合这些规范？就《基本原则》的背景而言，欧盟与侵权相关的条例和指令较多，深刻影响了各国的侵权法制度。《基本原则》对“严格责任”只提供了一个共同框架，并未实质性解决这一问题。相对而言，《草案》则列举了很多严格责任的具体类型，如动物、产品、机动车与危险物质造成的责任等，其中第 3：206 条（危险物质或散发物造成的损害之责任承担）则统合了一些特别法规定的侵权责任，避免了对特殊侵权的琐碎列举（如表 2-4）。

表 2-4　欧洲侵权法原则的基本框架和主要内容

<table>
<tr><th>编数</th><th colspan="2">条款</th><th>主要内容</th></tr>
<tr><td>第一编
基本规范</td><td colspan="2">第 1：101 条</td><td>基本规范
过错、从事极其危险的活动、其附属者在职责范围内造成损害</td></tr>
<tr><td rowspan="3">第二编
责任的一般要件</td><td colspan="2">第二章　损害
第 2：101～2：105 条</td><td>可损害赔偿的利益、受保护的利益、损害的合法性、预防费用、损害的证明</td></tr>
<tr><td rowspan="2">第三章</td><td>第一节
第 3：101～3：106 条</td><td>必要条件与限定性条件
必要条件、并存原因、替代原因、潜在原因、不确定的部分因果关系，
受害人支配领域内的不确定原因</td></tr>
<tr><td>第二节
第 3：201 条</td><td>责任范围
取决于理性人预见该损害的可能性，
受保护利益的性质和价值，
生活中通常风险的程度，
被违反之规则的保护性目的</td></tr>
<tr><td rowspan="2">第三编
责任的基础</td><td rowspan="2">第四章
过错责任</td><td>第一节
第 4：101～4：103 条</td><td>过错责任的构成要件
过错、必需的行为标准、保护他人免受损害的义务</td></tr>
<tr><td>第二节
第 4：201～4：202 条</td><td>过错证明责任的倒置
过错证明责任倒置的一般规定，
企业责任</td></tr>
</table>

（续表）

<table>
<tr><th>编数</th><th colspan="2">条款</th><th>主要内容</th></tr>
<tr><td rowspan="2">第三编
责任的基础</td><td>第五章
严格责任</td><td>第 5：101～5：102 条</td><td>异常危险的活动(异常危险活动的判断：已尽注意义务，仍然具有可预见的极高风险；并非通常做法)，
造成损害的大小视损害的严重程度及其发生的可能性而定，
其他严格责任</td></tr>
<tr><td>第六章
对他人造成的损害承担责任</td><td>第 6：101～6：102 条</td><td>对未成年人或精神障碍者造成的损害承担责任
对辅助人造成的损害承担责任</td></tr>
<tr><td rowspan="2">第四编
抗辩</td><td colspan="2">第七章
第 7：101～7：102 条</td><td>一般抗辩、合理抗辩、严格责任中的抗辩</td></tr>
<tr><td colspan="2">第八章
第 8：201 条</td><td>受害人促成损害的行为或活动</td></tr>
<tr><td>第五编
多个侵权行为人</td><td colspan="2">第九章
第 9：101～9：102 条</td><td>连带责任和分别责任：受害人与多个侵权行为人的关系，
连带责任人的相互关系</td></tr>
<tr><td rowspan="4">第六编
救济</td><td rowspan="4">第十章
损害赔偿</td><td>第一节
第 10：101～10：104 条</td><td>损害赔偿的性质和目的，
一次性支付或者定期支付，
因损害事件受益，
恢复原状</td></tr>
<tr><td>第二节
第 10：201～10：203 条</td><td>财产损害
财产损害赔偿的性质与确定，
人身伤亡，
物的毁损灭失</td></tr>
<tr><td>第三节
第 10：301 条</td><td>非财产损害</td></tr>
<tr><td>第四节
第 10：401 条</td><td>损害赔偿金的减缩</td></tr>
</table>

欧洲以罗马法为基础，长期存在普通法或共同法(ius commune)，它并非成文法，而是靠口传心授传承。随着民族国家的形成，各国都有了自己的民法典，现代欧洲已不存在这种法律了。民法典项目的推进，多少是新形势下朝着共同法传统的回归。它是否能够通过，何时能够通过，最终当然是个政治问题。

第三章　我国侵权法法典化研究

我国传统法制具有诸法合体、刑民不分的特点。1911 年《大清民律草案》是我国历史上第一部民法典草案，至此我国开始了近代民法法典化运动，民法开始独立于刑法而存在。民国时期是中国法律制度发展的一个重要时期，中国开始引进西方法律，包括欧美法系的法律制度和法律思想。这些法律制度和思想对中国法律的发展产生了深远的影响，成了中国法律制度现代化的一个重要推动力。新中国成立之后，前后进行过四次民法典的制定工作，但都因为各种原因而最终搁置，《民法通则》中民事责任的相关条款在很长时间内调整了我国侵权责任关系。2010 年 7 月 1 日开始实施的《侵权责任法》前后一共有过三次审议稿，最终通过的《侵权责任法》共计 12 章 92 个条文，在内容和条文数量上都超出了《民法通则》第六章“民事责任”的范围。《中华人民共和国民法典》是新中国成立后第五次制定的民法典，侵权责任被置入《民法典》中的第七编，《民法典》的制定采取先制定总则，之后再制定各分编，最后再汇编成典的方式。

第一节　清末时期侵权法法典化研究

清朝末期，不存在现代意义上的真正法典，法律依据主要是基于历代法令和案例积累而形成的通行法。在缺乏完善法律制度的情况下，民间仲裁是解决纠纷的主要方式，而官府对此往往不予干预。清朝末期的侵权法立法相对较少，而且刑律居多，刑律中对于一些侵权行为有明确的规定，例如盗窃罪、故意伤害罪、侵占罪等，对于这些犯罪行为，法律规定了相应的刑罚和赔偿标准。清朝末期实行了一些土地法规，规定了土地权的保护和转让，以及一些限制性规定，例如禁止砍伐山林和毁坏河道等，以保护土地和环境。但清朝末期的法律对于侵权行为的分类不够明确，例如对于“侵犯财产”的范围和标准没有明确规定、侵权赔偿标准较低，一些侵权行为甚至只需要赔偿物品的实际价值，无法完全恢复受害人的损失。官府往往不会积极执法，或者在判决结果上存在收受贿赂、强权干预等问题。许多侵权纠纷往往通过民间仲裁解决，民间仲裁也有一些规范，例如根据惯例，如果斗殴导致对方死亡，需要支付赔偿，而赔偿标准则因不同地区和时间而有所不同。在商业活动中，各种商会也制定了一些规定来维护商业秩序，例如对于欺诈和假冒伪劣产品的处理，以及对于商业纠纷的仲裁规定等。总之，清朝末期的侵权责任立法相对较少。

清朝时期并没有像现代国家那样制定一部完整的民法典，但是一些法律文件和条款对民法方面的内容进行了一定的规定。清末时期的民法主要由《大清律例》和《大清会典》组成。清朝的法律制度是以《大清律例》和《大清会典》为基础的。这些法律规定了一些刑法、行政法和民法方面的内容，但是对于民法来说，这些法律规定相对较少，也比较零散。例如，《大清律例》中规定了一些与婚姻、继承、契约等相关的法律条款，但是这些条款比较简单，没有形成一个完整的民法体系。此外，《大清律例》有一些类似于现代民法典的法律文件，这些法律文件也涉及一些民法方面的内容，但是并没有形成一个完整的、系统的民法典。《大清律例》和《大清会典》中都有一些关于侵权责任的规定，但是这些规定主要是针对一些具体的情形，而没有形成一个完整的侵权责任制度。比如，《大清律例》规定：造谣中伤他人名誉者，按照情节轻重处以笞刑、流放、监禁或者死刑不等的处罚；民间因私斗殴致人受伤、死亡者，应由斗殴者赔偿医药、丧葬、损失等费用；同时，如果当事人之间已经约定了“补偿金”，则应按照约定执行。《大清律例》规定：因职务疏忽或者过失造成他人伤害或者死亡的官员，应负责赔偿损失。《大清会典》对侵权责任作出了一些规定，其中《刑律·伤害罪》规定：侵害他人身体、健康、名誉、财产权等，应承担相应的赔偿责任；诽谤、毁谤他人者，应按照情节轻重处以笞刑、流放、监禁或者死刑不等的处罚；在酒肆、茶肆等公共场所殴斗，致人受伤或死亡者，应由肇事者赔偿医药、丧葬、损失等费用。《民律·不当得利罪》规定：通过不当手段获取财物、地位等利益的行为，也应承担相应的赔偿责任。这些规定虽然都涉及侵权责任的问题，但是并没有形成一个完整的侵权责任制度，而是根据具体情形进行处理。此外，在清朝时期，这些法律规定的适用也存在一些局限和不足之处，因为清朝时期侵权责任制度还不够完善。

以 1911 年完成的中国历史上第一部民法典草案——《大清民律草案》为标

志，我国开始了近代民法法典化运动，民法开始独立于刑法而存在。其始议于光绪二十八年（1902年），沈家本、伍廷芳被任命为修律大臣，拟制定刑律民律。光绪三十年（1904年）设修订法律馆，专门负责拟订各项法律和专门法典，删订旧有法律、章程。改律之初，“以刑法为切要”。民事立法于光绪三十三年（1907年）民政部大臣善耆给朝廷奏折中提出制定民法的主张后方受重视。1908年10月，修订法律馆延聘日本法学士松冈义正为顾问，正式起草民法。宣统元年二月（1909年3月）应内阁侍读学士甘大璋所请，将亲属、继承二编交由礼学馆起草。草案于1911年8月完成，全文共36章1569条，仿照德国式民法草拟，分总则、债权、物权、亲属、继承5编。草案的制定由修订法律馆与礼学馆共同承担：修订法律馆负责起草草案前三编总则、债权、物权，后两编亲属与继承由礼学馆制定。草案前三编与后两编的迥异，使整部法典的风格难以统一。从整体上来说，由于急功近利，草案一味强调对最先进民法理论和立法成果的吸收，故而在许多方面与中国实际严重脱节。就法典本身来说，草案虽然不太成熟，但作为中国历史上第一部民法典草案，对以后的民事立法产生了重要影响。在《大清民律草案》完成后仅2个月，辛亥革命爆发，清王朝覆灭。因此，这部民律草案并未正式颁布与施行。《大清民律草案》主要效仿德日民法，该草案是晚清统治者试图借助西方资本主义民商法律振兴工商业、实现国家振兴而制定的。该草案第二编第二章规定“不法行为”，是依据《德国民法典》侵权责任法的立法模式，将归责原则分为3个小的一般条款，即第九百四十五条规定的过错责任、第九百四十六条规定的违反保护他人法律的侵权责任以及第九百四十七条规定的因违反善良风俗原则致他人损害的责任。该草案还规定了一些如国家公职人员侵权、监护责任等类型的特殊侵权。它带有浓厚的半殖民地半封建社会色彩，着重维护的是地主、资产阶级的利益以及封建传统。北洋政府司法总长江庸曾评价《大清民律草案》“多继受外国法，于本国固有法源，未甚措意……于社会经济消长盈虚，影响极巨，未可置之不顾”。

虽然《大清民律草案》有许多局限和不足，且最终未能实施，但这次民法典制定对于当时的中国却有着巨大的积极作用。在该草案的制定过程中，大陆法系民法尤其是德国民法的编纂体例以及法律概念、原则、制度和理论被引入中国，打破了我国传统的中华法系，使中国民法产生了划时代的历史转变。在文化观念上，民法典的编纂摒弃了中国传统法律的封建礼教核心，采用了公平、正义等先进民法观念。虽然这是西方列强对中国意识形态渗透和文化侵略所带来的客观结果，但是，不可否认，这在一定程度上使自由、平等、权利义务等观念在民众心中逐渐“扎根”“发芽”，促进了我国法律文化观念的转变。此外，该草案吸收了大量的西方先进民事制度，如民事主体制度、物权制度、债权制度，在吸收借鉴的过程中，促进了我国民法理论的发展与进步，为我国民法的近代化和现代化奠定了基础，也为我们研究近代中国民法的发展史，留下了重要的参考资料。同时，因制定该草案而刮起的学习西方法律文化之风，使得许多学生开始将目光转向国外的法律制度与法学理论。这些到国外学法的人归国后在各大学法学院与各级法院工作，很多人在中国民法学研究方面取得了卓越成就，为我国民法典的制定以及民法体系的构建奠定了学术基础。

总之，清朝时期的法律制度相对较为简单，侵权责任的立法也相对较为薄弱，与现代的法律制度存在较大的差异。

第二节　民国时期侵权法法典化研究

民国时期，中国政府对法律进行了大量的编纂和修订，制定了许多新的法律，如民法、刑法、商法、劳动法等。这些法律的制定和修订，标志着中国法律体系进入了现代化阶段。这一时期，中国开始推行司法独立和审判公正的原则，建立了相对独立的司法机构和审判程序，使司法机构能够更好地维护公正和正义。中国开始强调对个人权利的保护，包括人身自由、财产权、知识产权等方面。总体来说，在民国时期，中国的民法制度逐步得到了完善。

1927 年蒋介石集团在南京成立政府，史称南京国民政府，在形式上实现了国家的统一，为当时编纂民法典奠定了政治基础。1927 年 4 月至 1928 年底，南京国民政府按照大陆法系的样式先后拟定完成多种法典草案，在整个法律体系之中只有民法典草案尚未成稿。1928 年 12 月 5 日，国民政府立法院成立后，为了构建六法体系，加快民事立法活动，民法典的制定采取了分编起草、分别通过的方式。立法院院长胡汉民、副院长林森拟定了民法总则编，由立法院指定委员傅秉常、史尚宽、焦易堂、林彬、郑毓秀组成民法起草委员会，且聘任司法院院长王宠惠、考试院院长戴传贤和法国人宝道(Georges Padoux)为顾问，起草民法总则编草案，提出要“在一年内完成民法”的计划。1929 年 5 月，国民政府立法院院长胡汉民、副院长林森向国民党中央政治会议提议编订民商合一法典，并陈述了八项理由，提经该会第 183 次会议议决审查通过，一并通过的还有民法债编15项立法原则。后民法债编、债编施行法、民法物权编、物权编施行法也相继通过实施。由于民法亲属、继承两编关涉到社会秩序的稳定，民法起草委员会十分慎重，一方面调查各地习惯，一方面对前习惯调查报告加以整理，并将各种重要问题与外国法制相比较，详为研究。物权编于1929年11月30日公布，自1930年5月5日施行。亲属编及继承编于1930年12月26日公布，自1931年5月5日施行。至此，我国历史上第一部正式的民法典出台。它是在《大清民律草案》《中华民国民律草案》的基础上完成的，大量借鉴了以德国为代表的法典法国家民事立法经验，吸收了当时世界上最先进的民事理论成果，是比较法学运用于民事立法实践的成功典范。如果单纯从法典的条文体系及理论构造来看，《中华民国民法》堪称中国20世纪最好的民法典。1949年《中华民国民法》被国民党带去台湾地区使用，经过半个世纪的运作及多次的"立法"修正，累积了相当丰富的实务案例学说及规范模式，对民法学的繁荣与进步具有一定的借鉴意义。但其在中国大陆却只存在了近20年(1929—1949年)，该法典对大陆的实施价值其实并不算大。然而，这部法典却充分"显示着一个古老民族如何在外来压力下，毅然决定抛弃固有传统法制，继受西洋法学思潮，以求生存的决心、挣扎及奋斗"①。因此，该法典的编纂过程更是我国抛弃传统法制，学习西方法学，以期变法图强的过程。该过程对我国民法制度的构建，民法理论的研究、教学，乃至我国法制体系的构建都有着深刻的影响。

自《大清民律草案》起草起，人们越来越重视对国外尤其是西方法律制度的学习和引进，大批学者出国留学，学习西方的政治、法律、教育等制度，但这些学习仅仅停留在理论阶段。《中华民国民法》的制定正好提供了一个契机和平台，让学者能够将学到的理论知识融入当时的社会实践之中，探索适合中国国情的法律制度，促进我国法律文化与国外法律文化尤其是法典法国家的法律文化的融合。可以说，《中华民国民法》是政府权威与法学权威合作的产物，也是比较法学运用于民法典编纂工作的一次成功尝试。此次民法典制定，不仅引发了很长一段时间内比较研究国外(尤其是德法)法典的热潮，而且通过政府精英与法学权威的合作，在一定程度上促使"拿来"的法律制度与本土的法律制度相融合。该法典虽然仍具有相当的局限性，但也具有了本土化色彩。此次民法典制定还设有专门的秘书部门，将各国的民法，包括英国、美国、德国、法国、瑞士、日

① 韩世远：《论中国民法的现代化》，《法学研究》1995年第4期。

本、苏俄、泰国、意大利等国民法译成中文,供立法委员们参考,为我国民法理论的研究与发展提供了大量宝贵的资料与素材。此外,民法典制定过程中,不仅比较研究了国外的法制,还对我国的地方习惯进行了调查。对继承编、亲属编的制定虽不可避免地带有封建文化色彩,却把妇女在权利能力和行为能力方面放在与男子同等的地位,抛弃了我国沿用数千年的男尊女卑、三从四德等规定,对当时社会秩序的稳定,以及法律与民俗习惯的平衡具有积极作用。

《中华民国民法》的制定和发展,受到了西方法律的影响,反映了当时中国法律制度现代化的努力。《中华民国民法》采取大陆法系的立法模式,共分为总则编、债编、物权编、亲属编及继承编 5 编;其中,总则编、债编及物权编由于规范了人民最基本的财产关系而被合称为财产法,亲属编和继承编则被称为家族法或身份法。

民法总则编,包含法例、权利主体、权利客体、法律行为、行为能力、意思表示、条件与期限、代理、无效及撤销、期日与期间、消灭时效及权利之行使等一般规范。民法总则编原则上皆适用于民法各编。但学说一般认为,民法总则编之规定多属财产法之规定,未必适用于身份法。因此,关于民法亲属编和继承编的事项,即有可能因为财产行为和身份行为的差异,而不适用民法总则编的规定,例如,身份行为不可代理,身份行为不得有附款。

债编体例上亦可分为总论(通则)及各论(各种之债),债编总论规范债权债务关系发生的一般规定,债编各论则列举各种契约。债编总论规范的是债法共通之原理原则,例如债之发生、债之标的、债之效力、多数债权人及债务人、债之移转与债之消灭等一般性规定。其中,债之效力更涉及了双务契约及债务不履行等重要法律制度。较为特殊的是,法定债之关系(无因管理、不当得利、侵权行为)列在债编总论之中。在日本民法与德国民法之体系中,将各种契约,乃至于无因管理、不当得利与侵权行为等法定之债均规定于各种之债(Besonderes Schuldrecht)中,《中华民国民法》则参考瑞士债务法之立法体系,将法定债之关系(无因管理、不当得利、侵权行为)与契约(总论)视为债之发生的原因,置于债编总论的债之发生一节中加以规范。

各种之债通称债编各论,主要是规范不同形态或不同目的之债的关系。侵权行为法的立法技术和规范内容因时而异,因各国(地区)情况而不同,反映了当时社会经济状态和伦理道德观念,并随着社会发展而调整变动。该法在体例上规定了一般侵权行为(第 184 条)及若干特别侵权行为(第 185 条以下),基本上采取过失责任原则(见表 3-1)。关于若干意外事故,则于特别法对其加以规定,例如“核子损害赔偿法”、“民用航空法”、“铁路法”、“公路法”、“消费者保护法”(产品责任、服务责任),采取推定过失责任或无过失责任(危险责任)。在我国台湾地区,近年来逐渐建构起无过失补偿及社会安全制度,形成多元损害补偿体系,以期调和个人责任及集体补偿的机制,更公平、有效地补偿各种损害①。

表 3-1　我国台湾地区所谓“民法典”中的侵权法条款②

条款	内　　容
第 184 条	因故意或过失,不法侵害他人之权利者,负损害赔偿责任。故意以悖于善良风俗之方法,加损害于他人者亦同 违反保护他人之法律,致生损害于他人者,负赔偿责任。但能证明其行为无过失者,不在此限
第 185 条	数人共同不法侵害他人之权利者,连带负损害赔偿责任,不能知其中孰为加害人者,亦同 造意人及帮助人,视为共同行为人
第 186 条	公务员因故意违背对于第三人应执行之职务,致第三人受损害者,负赔偿责任。其因过失者,以被害人不能依他项方法受赔偿时为限,负其责任 前项情形,如被害人得依法律上之救济方法,除去其损害,而因故意或过失不为之者,公务员不负赔偿责任
第 187 条	无行为能力人或限制行为能力人,不法侵害他人之权利者,以行为时有识别能力为限,与其法定代理人连带负损害赔偿责任。行为时无识别能力者,由其法定代理人负损害赔偿责任 前项情形,法定代理人如其监督并未疏懈,或纵加以相当之监督,而仍不免发生损害者,不负赔偿责任 如不能依前二项规定受损害赔偿时,法院因被害人之声请,得斟酌行为人及其法定代理人与被害人之经济状况,令行为人或其法定代理人为全部或一部之损害赔偿 前项规定,于其他之人,在无意识或精神错乱中所为之行为致第三人受损害时,准用之
第 188 条	受雇人因执行职务,不法侵害他人之权利者,由雇用人与行为人连带负损害赔偿责任。但选任受雇人及监督其职务之执行,已尽相当之注意或纵加以相当之注意而仍不免发生损害者,雇用人不负赔偿责任 如被害人依前项但书之规定,不能受损害赔偿时,法院因其声请,得斟酌雇用人与被害人之经济状况,令雇用人为全部或一部之损害赔偿 雇用人赔偿损害时,对于为侵权行为之受雇人,有求偿权

① 参见王泽鉴:《民法概要》,北京大学出版社 2009 年版,第 158-159 页。
② 我国台湾地区所谓“民法典”沿用了中华民国时期的《中华民国民法》的内容。

（续表）

条款	内　　容
第 189 条	承揽人因执行承揽事项，不法侵害他人之权利者，定作人不负损害赔偿责任。但定作人于定作或指示有过失者，不在此限
第 190 条	动物加损害于他人者，由其占有人负损害赔偿责任。但依动物之种类及性质已为相当注意之管束，或纵为相当注意之管束而仍不免发生损害者，不在此限 动物系由第三人或他动物之挑动，致加损害于他人者，其占有人对于该第三人或该他动物之占有人，有求偿权
第 191 条	土地上之建筑物或其他工作物所致他人权利之损害，由工作物之所有人负赔偿责任。但其对于设置或保管并无欠缺，或损害非因设置或保管有欠缺，或于防止损害之发生，已尽相当之注意者，不在此限 前项损害之发生，如别有应负责任之人时，赔偿损害之所有人，对于该应负责者，有求偿权
第 191-1 条	商品制造人因其商品之通常使用或消费所致他人之损害，负赔偿责任。但其对于商品之生产、制造或加工、设计并无欠缺或其损害非因该项欠缺所致或于防止损害之发生，已尽相当之注意者，不在此限 前项所称商品制造人，谓商品之生产、制造、加工业者。其在商品上附加标章或其他文字、符号，足以表彰系其自己所生产、制造、加工者，视为商品制造人 商品之生产、制造或加工、设计，与其说明书或广告内容不符者，视为有欠缺 商品输入业者，应与商品制造人负同一之责任
第 191-2 条	汽车、机车或其他非依轨道行驶之动力车辆，在使用中加损害于他人者，驾驶人应赔偿因此所生之损害。但于防止损害之发生，已尽相当之注意者，不在此限
第 191-3 条	经营一定事业或从事其他工作或活动之人，其工作或活动之性质或其使用之工具或方法有生损害于他人之危险者，对他人之损害应负赔偿责任。但损害非由于其工作或活动或其使用之工具或方法所致，或于防止损害之发生已尽相当之注意者，不在此限
第 192 条	不法侵害他人致死者，对于支出医疗及增加生活上需要之费用或殡葬费之人，亦应负损害赔偿责任 被害人对于第三人负有法定扶养义务者，加害人对于该第三人亦应负损害赔偿责任 第一百九十三条第二项之规定，于前项损害赔偿适用之
第 193 条	不法侵害他人之身体或健康者，对于被害人因此丧失或减少劳动能力或增加生活上之需要时，应负损害赔偿责任 前项损害赔偿，法院得因当事人之声请，定为支付定期金。但须命加害人提出担保

（续表）

条款	内容
第 194 条	不法侵害他人致死者，被害人之父、母、子、女及配偶，虽非财产上之损害，亦得请求赔偿相当之金额
第 195 条	不法侵害他人之身体、健康、名誉、自由、信用、隐私、贞操，或不法侵害其他人格法益而情节重大者，被害人虽非财产上之损害，亦得请求赔偿相当之金额。其名誉被侵害者，并得请求回复名誉之适当处分 前项请求权，不得让与或继承。但以金额赔偿之请求权已依契约承诺，或已起诉者，不在此限 前二项规定，于不法侵害他人基于父、母、子、女或配偶关系之身份法益而情节重大者，准用之
第 196 条	不法毁损他人之物者，被害人得请求赔偿其物因毁损所减少之价额
第 197 条	因侵权行为所生之损害赔偿请求权，自请求权人知有损害及赔偿义务人时起，二年间不行使而消灭。自有侵权行为时起，逾十年者亦同 损害赔偿之义务人，因侵权行为受利益，致被害人受损害者，于前项时效完成后，仍应依关于不当得利之规定，返还其所受之利益于被害人

第三节　新中国时期侵权法法典化研究

新中国成立后，百废待兴，国家积极起草民法典，侵权法的法典化历程主要包含在《民法通则》颁布前的三部民法典草案中，以及 1986 年颁布的《民法通则》第六章“民事责任”、2009 年颁布的《侵权责任法》和 2021 年施行的《中华人民共和国民法典》当中。下面将阐述新中国侵权法的历史变迁。

新中国成立之后，《民法通则》颁布之前，有关侵权责任法的立法主要体现在三次民法典草案中。新中国成立初期，为了巩固新政权，维护社会的稳定与统一，废除了包括旧民法在内的“国民党六法”，重新确立了新民主主义和社会主义法制原则。1957 年起草的我国民法典一稿中损害赔偿（因侵权行为所发生的债）总共以 15 个条款调整侵权之债，在体系上遵循了大陆法系法典化以来的侵权法体系，先规定责任法（第一条至第十条，其中第九条和第十条规定了不可抗力和紧急避险的抗辩事由），再规定损害赔偿法（第十一条至第十五条，其中第十一条规定了人身损害赔偿，第十二条确立了以恢复原状为中心的损害赔偿原则，即物理性的损害赔偿、补偿差额恢复原状和金钱损害恢复原状），确立了以过错责任为中心的归责原则，在第七条第一款中明确规定了动物侵权责任和建筑物侵权责任。20 世纪 60 年代，中央领导集体重新重视民法的起草工作，第二次民法典起草工作正式开展。此时的国际形势是我国正处于美国和苏联的双重压力之下。国家为强调独立自主，反对霸权主义，不愿借鉴西方民法典，也否定了苏联民法典，又排除了《大清民律草案》和《中华民国民法》，这样的立法理念严重限制了当时民法典的编纂工作。在既没有民法典借鉴模式又缺乏成熟的法学理论支撑的条件下，这次的民法典起草工作面临重重困难。1964 年 7 月，第二部"民法典草案"完成，包括总则、财产的所有、财产的流转三编，将侵权行为、继承、亲属等内容排除在外，使该民法典从体系结构到条文内容几乎很难找到侵权法的影子。在十年"文革"动乱中，我国法治建设进入了倒退时期，人格尊严、人格平等等基本的民法价值无法得到保障，民事立法受到制约。

1978 年中共中央召开了十一届三中全会，这是我国历史上重要的转折点，经济得到快速的发展，为了适应经济发展的需求，民法典的制定工作应运而生。20 世纪 70 年代末 80 年代初正值我国改革开放初期，我国的民事立法进入了一个新时期。我国社会逐步进入一个以经济建设为中心、强调依法治国的新时代，民法的地位日益重要，在 1980 年的民法典草案中，第五编专门规定了"损害赔偿"，其中第一章规定了"损害的预防"。这是传统欧洲大陆民法典中都不曾规定的内容，说明立法者已经尝试将预防功能纳入侵权责任法或者损害赔偿法中。体例上，其仍然以责任法和损害赔偿法的二重划分建构整个损害赔偿责任法。第二章规定了"损害责任的一般规定"，以一般条款确立了过错责任（第四百四十二条），规定了共同侵权（第四百四十三条）、共同过错（第四百四十四条）、责任抗辩事由（正当防卫和紧急避险）（第四百四十五条和第四百四十六条）以及时效（第四百四十七条），但在一般规定中没有无过错的危险责任。第三章规定了"损害责任的特殊规定"，以列举的方式规定了特殊侵权行为，其中包括高度危险责任（第四百五十五条）、交通工具侵权责任（第四百五十六条）、医疗侵权责任（第四百五十七条）以及环境侵权责任（第四百五十八条）等现代危险责任类型，在一定程度上填补了归责原则以过错责任为中心的不足。最后，该草案在第四章规定了"赔偿的范围和方法"，确立了以"恢复原状"为中心的赔偿方法。1981 年的民法典草案第二稿第四编"侵权损害的责任"基本延续了上述草案的内容。1981 年的民法典草案第三稿在第七编中规定了"民事责任"，自此开始统一调整违约责任和侵权责任，开创了我国民法中统一"民事责任"的体例，并在 1986 年《民法通则》第六章"民事责任"的立法体例和内容上对其加以沿用。1982年民法典草案第四稿以独立一编的模式即第七编“民事责任”，统一调整侵权责任和违约责任，确立了一并调整的“民事责任”体系，该编主要调整侵权责任，有关违约责任的规定仅仅体现在第四百一十三条的概括性条款以及第四百四十二条有关责任形态的规定中；在民事责任中仍然坚持责任法和赔偿法的二重划分，确定民事责任法的立法体系，即在该编第二章规定了“确定责任的规定”，在第三章规定了“承担责任的范围和方法”。在第二章“确定责任的规定”中，确立了以过错责任为中心的一元归责体系，在“特殊规定”中以列举的方式规定了各种无过错责任，如高度危险责任（第四百三十二条）、交通工具侵权责任（第四百三十三条）、环境侵权责任（第四百三十四条）等。最后，在第三章“承担责任的范围和方法”中，确立了12种承担责任的方式（第四百四十二条），实际上是1986年《民法通则》第一百三十四条的前身，在损害种类上区分财产损害和人身损害（第四百四十三条）。此外，还规定了适当减免赔偿范围和行政罚款性质的惩罚性赔偿（第四百四十八条和第四百四十九条）。

1986年的《民法通则》在《民法典》出台之前担当民事领域基本法的角色和功能。第五章“民事权利”部分第一次系统地规定了“人身权”，确立了各项重要的民事权利，《民法通则》在第六章“民事责任”第三节中规定了“侵权的民事责任”，较为系统地规定了侵权责任法的归责原则（第一百零六条第二款和第三款），确立了以过错责任为中心、以无过错责任为辅助的侵权归责原则体系。在立法模式上兼顾了“一般条款”与“列举式”的平衡，在第一百一十七条以下专门规定了“特殊的侵权行为”，适用“无过错责任”和“过错推定责任”。《民法通则》第六章第三节“侵权的民事责任”中适用无过错责任的“特殊侵权类型”包括职务侵权（第一百二十一条）、产品责任（第一百二十二条）、高度危险责任（第一百二十三条）、环境污染责任（第一百二十四条）、动物侵权责任（第一百二十七条）；适用过错推定责任的“特殊侵权类型”包括地面施工致人损害的民事责任（第一百二十五条）、建筑物等物件侵权责任（第一百二十六条）。

随着我国社会工业化的不断发展，“风险社会”到来，如何应对交通事故、产品责任、环境污染等成了迫在眉睫的焦点和话题。《民法通则》颁行之后，出现了很多形式上或内容上的侵权责任法，如1989年《中华人民共和国环境保护法》（2014年最新修订）、1993年的《中华人民共和国产品质量法》（2018年最新修正）、1993年的《中华人民共和国消费者权益保护法》（2013年最新修正）、1994年《中华人民共和国国家赔偿法》（2012年最新修正）、2003年《中华人民共和国道路交通安全法》(2021 年最新修正)、2009 年《中华人民共和国食品安全法》(2021 年最新修正)、1991 年《中华人民共和国未成年人保护法》(2020 年最新修订)、1992 年《中华人民共和国妇女权益保障法》(2022 年最新修订)等。国务院也颁布了涉及侵权责任的众多条例,如 2002 年《医疗事故处理条例》、2003 年《工伤保险条例》(2010 年最新修订)、2004 年《中华人民共和国道路交通安全法实施条例》(2017 年最新修订)、2006 年《信息网络传播权保护条例》(2013 年最新修订)、2007 年《铁路交通事故应急救援和调查处理条例》(2012 年最新修订)。最高人民法院出台了有关侵权责任法的司法解释,包括 1988 年《最高人民法院关于贯彻执行〈中华人民共和国民法通则〉若干问题的意见(试行)》(已废止)、1993 年《最高人民法院关于审理名誉权案件若干问题的解答》(已废止)、1998 年《最高人民法院关于审理名誉权案件若干问题的解释》(已废止)、2001 年《最高人民法院关于审理触电人身损害赔偿案件若干问题的解释》、2001 年《最高人民法院关于确定民事侵权精神损害赔偿责任若干问题的解释》(2020 年最新修正)等。另外,在市场竞争方面还存在特殊的商事侵权案件,这在《反不正当竞争法》和《反垄断法》中有详细规定①。

第四次民法典制定时,我国已经改革开放 20 余年,社会经济都有了长足的进步。由于当时的民法典制定程序存在许多问题,涉及多方利益冲突却不能在短时间内有效解决或取得平衡,且民法典理论基础并不完备,编纂技术也不够成熟,因此民法典草案未能通过生效。第四次民法典草案包括总则、人格权、物权、债法总则、合同法、侵权法、亲属法和继承法,共 8 编 2812 条,之后又加上知识产权和国际私法 2 编,是中国立法史上条文众多的立法草案之一,对我国民法理论研究和以后民法典的编纂具有重大的理论价值。

2010 年 7 月 1 日开始实施的《侵权责任法》前后一共有过三次审议稿,最终通过的《侵权责任法》共计 12 章 92 个条文,在内容和条文数量上都超出了《民法通则》第六章"民事责任"的范围,《侵权责任法》仍旧是"提取公因式"的立法模式。第一章至第四章规定了侵权责任法"总则"问题,包括一般规定、责任构成和责任方式、免责和减轻责任的情形以及责任主体的特殊规定。第一章"一般规定"分别规定了侵权责任法的功能、侵权责任法的保护范围、侵权责任法律后果等。第二章"责任构成和责任方式"区分了责任基础或者责任条件,以及责

① 参见朱岩:《侵权责任法通论》,法律出版社 2011 年版,第 52-67 页。

任填补或者责任后果，第六条第一款首先确立了“过错责任”的一般条款，而该条第二款确立了过错推定这一特殊的过错责任。第七条确立了“无过错责任”，第八条至第十二条规定了数人侵权的复杂问题，其中涉及复杂因果关系的判断规则。第十三条和第十四条规定了连带责任，第十五条至第二十五条规定了各种有关“责任方式”的规则，包括各种具体责任方式、人身损害赔偿、财产损害赔偿、死亡赔偿金、预防性救济、精神损害赔偿、见义勇为、具体赔偿方式等内容。第三章“不承担责任和减轻责任的情形”规定了如下免除责任和减轻责任事由：第二十六条“过失相抵”，第二十七条“受害人故意”，第二十八条“第三人原因”，第二十九条“不可抗力”，第三十条“正当防卫”，第三十一条“紧急避险”。第四章“关于责任主体的特殊规定”，围绕无民事行为能力人、限制民事行为能力人侵权责任问题展开，如监护人责任、学校等教育机构责任以及其他各种专家责任都属于特殊侵权主体责任。第三十四条所规定的“用人单位责任”是现代分工社会下的一种基本责任形态——替代责任，第三十六条网络侵权责任也是一种发生在网络上的现代特殊侵权责任形态，责任主体应该是网络用户、网络服务提供者等民事主体。第三十七条所规定的“违反社会交往安全保障义务”是现代风险社会的一种体现，其责任主体并不限于宾馆、商场等企业主体或者组织者，只要在社会交往中为他人引致风险，即可使用此种过失责任，尤其是不作为责任，以过错责任为基础。从第五章开始为分则内容，分别规定了几种重要的特殊侵权责任，依次分别是产品责任、机动车交通事故责任、医疗损害责任、环境污染责任、高度危险责任、饲养动物损害责任以及物件损害责任。第十二章“附则”只有一个条款①。

总之，我国侵权法的发展基于大陆法系以及英美法系等发达国家的侵权责任法，同时又具有浓厚的中国国情特色。

《中华人民共和国民法典》是新中国成立后第五次制定的民法典，侵权责任法被置入其中的第七编，民法典的制定采取先制定总则，之后再制定各分编，最后再汇编成典的方式，因此起草过程很漫长，在不同的阶段有不同的立法任务。2015 年 3 月，全国人大常委会法制工作委员会启动民法典编纂工作，着手第一步的民法总则制定工作，以 1986 年制定的《民法通则》为基础，系统总结有关民事法律的实践经验，提炼民事法律制度中具有普适性的规则，形成民法总则草

---

① 参见朱岩：《侵权责任法通论》，法律出版社 2011 年版，第 63-67 页。

案。2016年6月、10月、12月，全国人大常委会先后三次审议了民法总则草案，2017年3月由第十二届全国人民代表大会第五次会议审议通过。民法总则的通过，意味着民法典编纂工作第一步的完成，为民法典编纂奠定了坚实基础。

民法总则通过后，第十二届、第十三届全国人大常委会接续努力、抓紧开展作为民法典编纂第二步的各分编编纂工作。法制工作委员会与民法典编纂工作各参加单位全力推进民法典各分编编纂工作，系统梳理、研究历年来有关方面提出的意见，开展立法调研，广泛听取意见建议，以现行物权法、合同法、担保法、婚姻法、收养法、继承法、侵权责任法等为基础，结合我国经济社会发展对民事法律提出的新需求，形成了包括物权、合同、人格权、婚姻家庭、继承、侵权责任等6个分编在内的民法典各分编草案，提请2018年8月召开的第十三届全国人大常委会第五次会议审议。其后，2018年12月，2019年4月、6月、8月、10月，第十三届全国人大常委会第七次、第十次、第十一次、第十二次、第十四次会议对民法典各分编草案进行了拆分审议，对全部6个分编草案进行了二审，对各方面比较关注的人格权、婚姻家庭、侵权责任3个分编草案进行了三审。在此基础上，将民法总则与经过全国人大常委会审议和修改完善的民法典各分编草案合并，形成《中华人民共和国民法典(草案)》，提请2019年12月召开的第十三届全国人大常委会第十五次会议审议。2020年4月20日、21日，全国人大宪法和法律委员会召开会议，根据全国人大常委会的审议意见、代表研读讨论中提出的意见和各方面的意见，对民法典草案作了进一步修改完善；认为经过全国人大常委会多次审议和广泛征求意见，草案充分吸收各方面的意见建议，已经比较成熟，形成了提请审议的《中华人民共和国民法典(草案)》。2020年4月29日，第十三届全国人大常委会第十七次会议决定，第十三届全国人民代表大会第三次会议于2020年5月22日在北京召开。5月24日下午、5月25日上午，各代表小组会议审议了《中华人民共和国民法典(草案)》。5月28日下午，在第三次全体会议上，表决并高票通过了《中华人民共和国民法典》。2020年5月28日，国家主席习近平签发第四十五号主席令，公布《中华人民共和国民法典》自2021年1月1日起施行。

《民法典》中的侵权责任编在总结侵权责任法实践经验的基础上，针对侵权领域出现的新情况，回应社会关切，借鉴司法解释的有益做法，吸取侵权法学理论研究的最新成果，对2009年颁布的《侵权责任法》作了必要的补充和修改，一共10章95条。主要内容包含：①关于一般规定。第七编第一章规定了侵权责任的归责原则、多数人侵权的责任承担、侵权责任的减轻或者免除等一般规则。其在现行侵权责任法的基础上,对有关规定作了进一步的完善:一是确定“自担风险”规则,规定自愿参加具有一定风险的文体活动,因其他参加者的行为受到损害的,受害人不得请求没有故意或者重大过失的其他参加者承担侵权责任。二是规定“自助行为”制度,明确合法权益受到侵害,情况紧迫且不能及时获得国家机关保护,不立即采取措施将使其合法权益受到难以弥补的损害的,受害人可以在保护自己合法权益的必要范围内采取扣留侵权人的财物等合理措施,但是应当立即请求有关国家机关处理。受害人采取的措施不当造成他人损害的,应当承担侵权责任。②关于损害赔偿。第七编第二章规定了侵害人身权益和财产权益的赔偿规则、精神损害赔偿规则等。同时,在现行侵权责任法的基础上,对有关规定作了进一步完善:一是完善精神损害赔偿制度,规定因故意或者重大过失侵害自然人具有人身意义的特定物造成严重精神损害的,被侵权人有权请求精神损害赔偿。二是为加强对知识产权的保护,提高侵权违法成本,规定故意侵害他人知识产权,情节严重的,被侵权人有权请求相应的惩罚性赔偿。③关于责任主体的特殊规定。第七编第三章规定了无民事行为能力人、限制民事行为能力人及其监护人的侵权责任,用人单位的侵权责任,网络侵权责任,以及公共场所的安全保障义务等。同时,在现行侵权责任法的基础上,对相关规定作了进一步完善:一是增加规定委托监护的侵权责任。二是完善网络侵权责任制度。为了更好地保护权利人的利益,平衡好网络用户和网络服务提供者之间的利益,其细化了网络侵权责任的具体规定,完善了权利人通知规则和网络服务提供者的转通知规则。④关于各种具体侵权责任。第七编的其他各章分别对产品生产销售、机动车交通事故、医疗、环境污染和生态破坏、高度危险、饲养动物、建筑物和物件等领域的侵权责任规则作出了具体规定。在现行侵权责任法的基础上,对有关内容作了进一步完善:一是完善生产者、销售者召回缺陷产品的责任,增加规定,依照相关规定采取召回措施的,生产者、销售者应当负担被侵权人因此支出的必要费用。二是明确交通事故损害赔偿的顺序,即先由机动车强制保险理赔,不足部分由机动车商业保险理赔,仍不足的由侵权人赔偿。三是进一步保障患者的知情同意权,明确医务人员的相关说明义务,加强医疗机构及其医务人员对患者隐私和个人信息的保护。四是贯彻落实习近平生态文明思想,增加规定生态环境损害的惩罚性赔偿制度,并明确规定了生态环境损害的修复和赔偿规则。五是加强生物安全管理,完善高度危险责任，明确占有或者使用高致病性危险物造成他人损害的，应当承担侵权责任。六是完善高空抛物坠物治理规则。为保障好人民群众的生命财产安全，《民法典》对高空抛物坠物治理规则作了进一步的完善，规定禁止从建筑物中抛掷物品，同时针对此类事件处理的主要困难是行为人难以确定的问题，强调有关机关应当依法及时调查，查清责任人，并规定物业服务企业等建筑物管理人应当采取必要的安全保障措施防止此类行为的发生①。

① 参见黄薇：《中华人民共和国民法典解读》（1—6册），中国法制出版社2020年版。

第四章　侵权法法典化展望

当今世界，虽然经济全球化在部分区域逐渐解体，但部分区域经济一体化协同发展仍然是主流，区域法律的融合与统一成为区域性的潮流，侵权法同样处于这个潮流之中。未来侵权法法典化的发展主要分三个面向，即形式、内容和立法技术。在形式和内容上，逐渐呈现融合的态势。侵权案件的涉及面越来越广泛，因此国际化、区域化将成为未来侵权法发展的一个重要趋势。各法系的侵权法从形式和内容上逐渐出现融合的趋势，也许具体规则会存在差异，但是大的方向和原则日渐趋同。从立法技术上讲，在公法、私法融合的趋势下，各国民法典和具体领域的管制规范之间的互动增强，互相进入的通道即转介条款的设立，是立法者必须预留的空间和管道。

第一节　侵权法形式的融合发展

从世界侵权法融合发展的趋势来看，未来侵权法将越来越重视国际合作，通过各国之间的合作，共同打击侵权行为，营造公平的市场竞争环境。中国作为世界上最大的经济体之一，市场经济是法治经济，侵权法、合同法是整个市场经济的重要支撑。目前，我国的法学研究，尤其是私法研究日益成熟与丰富。作为全球的一分子，私法的发展，尤其是侵权法的发展与世界法学的发展潮流息息相关。杨立新教授认为，侵权法先后经历了三次浪潮：第一次浪潮的主要特点是具有优势地位的侵权法系的强制输出，第二次浪潮的特点是英美法系与大陆法系侵权法的相互融合，目前正在发生的第三次浪潮的基本特点则是着眼于世界侵权法的统一①。

（1）美国是判例法国家，但也尝试编撰一部具有示范性质的侵权法，来推动全美的侵权法统一。各种团体组织都在努力建立“统一”的国家级法律，但是只有部分是成功的。其中两个扮演主要角色的组织是美国法律协会（ALI）和全国统一州法委员会（NCCUSL）。最成功的、最有影响力的统一法是《统一商法典》与《模范刑法典》。除《模范刑法典》之外，美国法律协会还编写了《法律重述》，被律师和法官广泛引用，以简化对普通法现状的概括工作。他们可以简单地引述一项普通法原则的重述，来代替列出一份冗长乏味的旧案例引用列表，以便援引在这些案例中早已确立的法律原则。

在美国的法律中，《法律重述》是一系列法学论文，目标在于将普通法的一般原则传达给法官和律师，至今一共有四个系列的《法律重述》，均由美国法律协会出版。美国法律协会是一个由法官、法律学者和法律从业人员组成的协会，成立于1923年。每一个《法律重述》基本上就是对案例法的编纂。案例法是普通法系中由法官依照遵循先例的原则而发展成型的理论。虽然《法律重述》本身不是有约束力的先例，但是它们属于有说服力的先例，因为它们是在法律教授、执业律师和法官的广泛输入中制定的。它们的目的是反映美国法律界的共识，包括对于法律的现况以及一些应有的法律改革的共识。美国法律协会的目标是将“黑字法”（即已经发展成熟的法律原则）从案件中提炼出来，以表明普通法的趋势，偶尔也会对法律规则的改变提出建议。总体而言，它们将现行的普通法重述成一系列的原则或规则。其编撰的《侵权法重述》具有最大的影响力，累计被引用6万余次，在美国和全世界范围内产生了巨大影响。《侵权法重述》第一次完成于1939年，目的是希望将已经被绝大多数法域认可的法律规则进行整理，实现侵权法律规则的统一化。第二次始于1955年，完成于1979年，着重采纳了一些他们认为是更好的规则。第三次始于1991年，采取分编式方法进行，已经完成了《产品责任编》《责任分担编》《物质和精神损害责任编》，更注重对更好的规则的适用，尤其是产品责任重述，其规则更为新颖。

（2）欧洲一体化之后，1992年，奥地利学者库齐奥（Helmut Koziol）成立了“欧洲侵权行为法小组”，自2001年起举办“欧洲侵权法年会”，每年都会出版年报，出版“欧洲侵权法的统一”丛书，拟定了《欧洲侵权法原则》（于2005年正式

① 杨立新：《世界侵权法的历史源流及融合与统一》，《福建论坛（人文社会科学版）》2014年第6期。

出版)。1998年,德国奥斯纳布吕克大学冯·巴尔教授成立了"欧洲民法典研究小组",下设"契约外债务工作小组",2006年11月公布了《造成他人损害的契约外责任(草案)》。两个小组在如何起草欧洲侵权法的关键问题上采取了一致立场,即欧洲未来的统一侵权法不是法律"重述",而是在国别比较的基础上,提取各国法律的"公因式",提交认为最好的方案。《欧洲侵权法原则》采取弹性制度,对两种立法模式兴利除弊,要点是明确规则的价值基础,为欧洲侵权立法的协调提供一个共同的、基本的框架,条文的原则性较强,法官在个案中应考虑各种因素,在个案中权衡各个因素的不同影响。造成他人损害的契约外责任(草案)的目的是作为未来欧洲民法典的一部分,其条文具体,内容全面。

(3) 东亚侵权法示范法的制定。中国内地(大陆)、台湾、香港以及日本、韩国的侵权法学者于2010年7月2日在中国黑龙江省伊春市宣布成立东亚侵权法学会,之后中国澳门的学者也加入其中。学会的宗旨是研究东亚侵权法的统一问题,选择专题,进行法域的法律报告,并研究这些问题的法律规则的统一,最终目标是提出《东亚侵权法示范法》。以杨立新教授为首的中国内地(大陆)以及台湾地区、香港地区和澳门地区的侵权法专家,与有志于侵权法研究的韩国、日本的侵权法学专家发起成立了东亚侵权法学会,并在比较研究东亚地区各法域侵权法的立法和理论的基础上,进行统合性研究,起草了《东亚侵权法示范法》草案,经过四次讨论修改,2016年8月终于完成了《东亚侵权法示范法》。这是东亚侵权法学理论研究的重大成果,也是世界侵权法学理论发展的一个重大事件。与欧洲统一侵权法的进程相比,《东亚侵权法示范法》起步时间较晚,但目标比较明确,就是要为东亚各国和地区起草侵权法提供一个示范法,并且使之最终成为各法域立法和司法的参考法案。相信《东亚侵权法示范法》的制定完成会推动世界侵权法学理论的研究和发展,并在世界侵权法学理论发展中占有重要地位,为世界侵权法的融合与发展发挥积极的作用。

(4) 世界侵权法学会的成立及研究。2013年9月,世界侵权法学会由中国人民大学民商事法律科学研究中心、欧洲侵权法与保险法研究中心和欧洲侵权法研究所(奥地利)共同发起设立。邀请海尔穆特·库齐奥教授(奥地利)担任主席,由杨立新教授(中国)、肯·奥立芬特教授(英国)和迈克尔·D.格林教授(美国)担任执行委员会委员,发起理事共有26位,分别来自美国、奥地利、英国、中国内地(大陆)、中国台湾、中国澳门、加拿大、荷兰、法国、德国、意大利、丹麦、澳大利亚、南非、以色列、智利、日本、韩国、俄罗斯、印度、马来西亚等21个国家和地区。世界侵权法学会是世界各国家和地区侵权法学界的国际学术团体,英文名称是“World Tort Law Society”,缩写为“WTLS”。学会成立的宗旨是团结世界各国家和地区的侵权法学者和司法实务工作者,从事侵权法理论和实践的比较研究,促进世界范围内的侵权法理论与实务的发展。该学会的主要任务包括:组织世界各国家和地区侵权法学者深入研究侵权法理论和司法实务,促进世界侵权法的融合与统一;组织世界各国家和地区侵权法学者进行学术交流与合作,反映世界各国家和地区侵权法的最新动态,加强信息的交流和传播;开展和促进全球各学术机构的侵权法学术交流与合作;编辑出版比较侵权法领域的图书和期刊;促进世界各国家和地区的侵权法教育和人才培养[①]。

以上的例证显示,侵权法规则朝着统一合流的趋势迈进,尽管大多流于民间学术化的形式,但至少证明这样的趋势受到学者的关注和研究。侵权法规则内容随着时代和科技的发展,亦在逐渐的演变和进化当中。

第二节　数字化科技时代侵权法的机遇与挑战

世界已经进入数字时代,数字时代呈现出信息爆炸、万物互联和人际互通等特征。数字技术和平台应用的智能化发展改变了社会关系,侵权行为越来越复杂和多样化,新的侵权类型层出不穷,侵权法的内容亦应该与时俱进。

在数字技术大爆发之前,侵权法的保护对象主要以有形为主,进入数字时代后,侵权责任法所面临的情形发生了重大变化。首先,数据侵权成为亟须解决的民事难题,仅依靠反不正当竞争法难以对数据权益进行有效保护,“大规模微型侵害”成为重要的侵权类型[②]。数据权益包含复杂的内容,既包含财产权利,亦包含人格利益,《民法典》侵权责任编和人格权编都规定了对个人信息的保护,但是个人信息的保护仅是数字时代数据权益的一部分,数据权益还包含商业秘密等内容,因此《民法典》侵权责任编虽然回应了数字时代对数据的人格利益保护,但是如果要对数据权益进行全方位的保护,侵权救济应与行政规制等公法相配合协调。大规模微型侵权与风险社会的兴起,带来了一系列风险规

① 参见杨立新:《世界侵权法的历史源流及融合与统一》,《福建论坛(人文社会科学版)》2014 年第 6 期。

② 参见王利明、丁晓东:《数字时代民法的发展与完善》,《华东政法大学学报》2023 年第 2 期。

制性法律的兴起，从环境污染、食品安全到个人信息保护、平台责任与网络安全，这类领域法往往需要公法与私法的密切配合[①]。管制规范（规制规范）属于公法范畴，侵权规范属于私法的传统领域，二者之间原初是楚河汉界，互不相干，但这种截然的对立在现代社会中显得“力不从心”，尤其是在数字科技爆发的时代，在很多领域，各自都无法独立完成自己的使命。在当今公法与私法相互交融的大背景下，管制规范不再单纯是公权力机构的管制工具，其可能通过适当的“管道”进入侵权法中，影响着侵权责任的成立。管制规范对侵权法的冲击是不容忽视的，管制规范与侵权责任本是双向互动的影响，管制规范如何进入侵权法中，本章第三节侵权法立法技术中将对此重点探讨。

随着数字化技术的普及和发展，网络侵权成为一个重要的问题。因此，未来侵权法将会更加关注数字化环境下的知识产权保护。在数字化环境下，随着知识经济的崛起，未来侵权法的主要趋势之一是为知识产权提供更加精确、全面、有效的保护措施，以确保创新和知识产权的正当权益得到保护。在数字化科技时代，知识产权侵权问题愈加严重。全球范围内正逐步加强知识产权保护，在公法和私法层面针对侵犯知识产权的行为加强规制，提高知识产权的保护力度。未来侵权法可能会采取更加灵活、个性化的应对方式，以适应不断变化的知识产权环境。

随着现代科技的发展，新技术侵权样态频发，面对新技术的侵权，责任范围扩大，人们在使用新技术方面可能会有侵权行为。例如，人工智能、区块链等技术的应用范围不断扩大，相关侵权问题也越来越复杂。随着人工智能等技术的日益成熟，法律技术手段对侵权行为进行判定、证据分析等各方面都将更加精准、高效，从而提高了维权效率，但是人工智能亦可能导致侵权的便利化。比如，ChatGPT 搜集、抓取信息可能增加个人信息及隐私的泄漏风险，涉及一系列的数据合规及数据安全问题；又如，ChatGPT 可能“挖掘”涉及他人享有知识产权的内容，则可能涉及对他人作品的复制行为；另外 ChatGPT 的技术并不成熟，回答的信息和数据可能存在滞后性等问题，难免出现虚假错误回答，如果用户因为信赖 ChatGPT 输出的错误信息或者误导性内容而遭受损失，那么 ChatGPT 的运营者是否需承担赔偿责任？如何承担责任？因此，未来侵权法责

---

① 参见谢鸿飞：《个人信息泄露侵权责任构成中的“损害”——兼论风险社会中损害的观念化》，《国家检察官学院学报》2021 年第 5 期。

任内容可能会向这些新技术领域扩展，对相关的责任规则进行进一步的明确。

随着数字技术的发展，传统的权利系统逐渐无法全面保障人们的权利，因此传统的权利系统可能会扩张，从而影响未来侵权法的发展动向。随着数字时代的到来，出现了数字弱势群体，他们的权利可能无法被传统权利保障体系涵盖，因而数字弱势群体的利益可能会受损且无法获得有效即时的保护，比如数字弱势用户乃至全体用户都面临着数据控制权益失衡、算法歧视、个人隐私泄露等数字化风险，这些是传统权利保障机制所不能应对的。权益受损，必然需要救济，侵权法就是救济渠道之一，但是必须先完善传统的权利系统。比如，曾有报道老人冒雨用现金交医保被拒的新闻，工作人员让老人找亲戚帮忙或者自己在手机上支付。在此种情景下，作为数字弱势群体的老人因数字歧视和社会排斥而正当权利受损没有疑问，但问题是他该如何提出具体的权利诉求。再者，现在的餐厅基本上都是扫码点餐，实际上就是剥夺了不用手机的老弱群体平等就餐的机会，背后反映的是社会数字化的不友好，数字弱势群体无法对抗数字化浪潮，更找不到具体路径寻求救济。除去企业主动侵入、违法利用用户数据等行为给数字弱势群体造成的损害，数字弱势群体的权利受损多是因为消极行为，即数字化发展变革社会生活方式给他们造成的不利地位，此时难以找到负有救济义务的责任主体予以苛责，这些可能都是侵权法在数字化科技时代必须面对的课题。

总之，数字技术的发展可能会进一步扩大未来侵权法主体范围，包括扩大被保护人的范围、扩大被保护的权利范围等，可能会增加更加有力的救济措施，如加强临时禁令的适用、增加惩罚性赔偿等，侵权法将更加注重数字产权的保护，投入更多的资源对网络、电子商务、互联网等领域的知识产权侵权行为进行打击。同时，证据力可能会得到加强，如促进技术手段的应用、加强证明要求等。还可能会采取更多的措施来简化诉讼程序，以提高效率和降低成本，如推行在线申请、在线纠纷解决等。总之，侵权行为越来越严重，社会的法律观念和规范意识也在逐步提升。各国政府将加大法律力度，增强侵权行为的打击和惩罚力度，为个人和组织提供更加稳定和可靠的社会治理环境。未来侵权法的内容将会更加全面、深入、细致，以适应不断变化的知识产权环境；加强知识产权保护，与相关公法合力守护个人权利，营造公平的市场竞争环境。

第三节　公法、私法融合背景下侵权法立法技术的发展

社会的变迁无时不影响着立法，立法的完善是时代进步的缩影。从罗马法时代开始，法典化的立法技术是不断衍化和进步的。当今科技进步，立法中的逻辑及立法技术中的其他问题，是与立法的实体问题紧密联系交织、难以切分的[①]。数字化发展迅猛，权利的保护不能依靠任何单一法律来完成，公法大规模介入私人生活已经成为正常现象，而且民事规范被适用于行政诉讼也早已不是个案。在公法、私法融合互动的潮流下，侵权法与公法，尤其是与管制规范的互动问题是未来侵权法内容应该正视的课题，那么如何实现公私法规范、侵权法与管制规范的衔接问题是侵权法将来必须面对的立法技术问题。

公法与私法的划分起源于古代罗马法，是整个法律秩序的基础，其型构了整个法律体系的框架。追求不同价值的法律在法律体系中以不同的面目和形式示人。公法与私法由最初的泾渭分明到这种界限发生流动，形成具有公法和私法某些特征的“中间地带”，直到现代社会，公法领域和私法领域由多元效力和形式的规范构建起法律秩序。管制规范属于公法，侵权法是典型的私法，在公法与私法交错发展的大背景下，管制规范与侵权法亦发生着千丝万缕的联系。管制规范是公法中为私主体的行为设定标准或准则的规范，其与强制性规范、禁止性规范、保护性规范既有联系亦有区别。管制规范对侵权责任构成产生影响，侵权法在某种程度上亦作为政府管治的一种手段或工具。过错责任和无过错责任将我国侵权责任领域切割成两大部分，因而管制规范对侵权法的影响总体上亦分为两部分，即管制规范对过错责任构成的影响以及对无过错责任构成的影响。

在过错责任中，从违反管制规范与遵守管制规范两个维度论述管制规范可能对侵权责任造成的影响。违反管制规范对违法性、过错、损害、因果关系以及举证责任的分担产生具体影响，各要素之间亦是开放的、相互影响的体系，最终影响责任的构成。管制规范亦对无过错责任的构成产生影响，无过错责任的归责思想为风险的分配，通过具体“因子”的考量，确定风险领域，最终确定将责任分配给行为人还是受害人。违反管制规范可能通过“风险控制的可能性”和“合

---

① 杨鹏：《立法技术的现状与愿景》，《行政法学研究》2021年第3期。

理信赖”两个“因子”影响责任,行为人违反管制规范可能预示着行为人未尽最低谨慎义务控制风险,以及受害人对管制规范的合理信赖程度很高,就应该将责任分配给行为人,而不是让受害人自己承受损害。违反管制规范对因果关系要件产生影响。违反管制规范,一般容易引起因果关系推定的后果,导致责任构成要件的满足。违反管制规范对无过错责任领域的强制责任保险产生影响,从而间接影响侵权责任的构成,违反管制规范导致强制责任保险中保险人的除外责任,行为人就必须承担对受害人的侵权责任。

过错责任和无过错责任均不是结果责任,即使责任构成要件得到满足,还需观察是否存在责任的抗辩事由,遵守管制规范的行为能否作为责任的抗辩事由。一般情形下,管制规范设定的是最低的行为人注意义务标准,因而遵守管制规范并不等于遵守了合理注意义务,依然可能导致侵权法上的责任,遵守管制规范作为抗辩的理由是例外;管制性许可是针对具体特定的行为人而设定的行政许可、对特定的行为人的行为设定的行为许可,其比一般的管制规范具有针对性,并且规范的确定性和强制性较大,因而行为人遵守管制性许可,一般情形下可以作为责任抗辩的理由,不能作为责任抗辩的理由是例外情形。

以上是管制规范对侵权法可能造成的影响,但是其通过何种管道产生影响是一个立法技术问题,应结合《民法典》第七编即侵权责任编相关条文对此问题进行具体的分析,第七编、总则编及散见于其他各编中的相关规定共同构成了调整我国侵权关系的基础性规定。第一千一百九十八条是安全保障义务的规定,第一款内容表述为:“宾馆、商场、银行、车站、机场、体育场馆、娱乐场所等经营场所、公共场所的经营者、管理者或者群众性的组织者,未尽到安全保障义务,造成他人损害的,应当承担侵权责任。”但是要判断公共场所管理者是否尽到安全保障义务,就必须判断其行为是否符合相关的法律、行政法规、规章或者特定操作规程的要求。第一千二百二十二条规定,患者在诊疗活动中受到损害,有下列情形之一的,推定医疗机构有过错:“(一)违反法律、行政法规、规章以及其他有关诊疗规范的规定……”根据法律、行政法规、规章以及其他有关诊疗规范的规定来判断医疗机构的过错。然而,法律、行政法规、规章以及其他特定操作规范须通过某种管道导入侵权法规则中,这种管道是何种管道?管道如何建立?一般来说,这样的管道被称为转介条款,应该是一个立法技术问题。《民法典》中有很多诸如此类的文字表述,如何将侵权法与公法(管制规范)顺畅地衔接起来是今后《民法典》修改和完善的重要课题。

转介条款类似于一种传送带，将两种不同的法律规范联系在一起，链接了私法（侵权法）之外法领域的法价值，转介其他非属于侵权法的法领域，维持侵权法的开放性，从而使得侵权法之外的法规范对侵权责任构成产生影响，节省了大量的立法资源，比如德国民法典第 823 条第 2 款规定，违反以保护他人为目的的法律的人，负有损害赔偿义务。瓦格纳（Wagner）教授就此认为："对于出现在其他法领域中的评价而言，第 823 条第 2 款是传送带之一。此规定尤其能够将数量上持续增长的公法——例如道路交通法、营业法、劳动保护法以及环境法——上的行为标准延伸至民法中，并能够对违反行为科以私法上的损害赔偿请求权。"①侵权法涉及生活中的诸多领域，各个领域都有自己的行为规范和标准，转介条款将侵权法规范与这些具体领域相连接，使得侵权行为与整个法规范体系相连接，立法者无须重复订定此种行为法条，具有使立法简化、合理化的作用。

转介条款并非引致条款，并非仅有简单的规范指引功能，而是授权给司法者，使其在规范内进行独立的价值评判。除了将不同领域的立法价值融合的功能之外，转介条款需要司法者进行独立的价值判断，即转介条款是需要司法者（法官）进行价值填补的概括条款，"转介条款却只是概括地转介某个社会伦理或公法规定，对于它在私法领域的具体适用，如何与私法自治的价值适度调和，都还未做成决定，司法者站在公私法汇流的闸口，正要替代立法者去做决定：让公法规范以何种方式，以多大的流量，注入私法"②。转介条款的适用绝非像引致条款的适用那样简单，而是更加复杂，其对司法者的素养提出了更高的要求，需要司法者通过自己的评价构建出一套精致的控制标准。我国《民法典》中有大量的转介条款，如何将不同规范价值顺畅地融合于司法运用，是我国立法者、司法者今后必须共同面对的课题。

---

① MünchKomm/Wagner，§ 823，Rn. 317. 转引自朱虎：《规制性规范、侵权法和转介条款》，《中共浙江省委党校学报》2014 年第 3 期。

② 苏永钦：《再论一般侵权行为的类型》，载苏永钦：《走入新世纪的私法自治》，中国政法大学出版社 2002 年版，第 331 页。

第二编

婚姻家庭法法典化研究

《中华人民共和国民法典》的颁布是我国民法法典化编纂的里程碑式成果。其中，婚姻家庭立法的法典化尤为值得关注。在我国漫长的法律史上，婚姻家庭方面的立法经历了由刑事立法走向民事立法，由传统走向现代，由诸多单行法并立到"婚姻家庭编"的变化。本编共四个部分，旨在追溯婚姻家庭立法法典化的历史进程，探寻婚姻家庭立法法典化的脉络和再法典化的路径。第一部分为婚姻家庭法法典化的缘起，讨论婚姻家庭法立法所需的各项条件。第二部分为国外婚姻家庭法法典化研究，梳理大陆法系主要国家婚姻家庭立法的进程，同时比较借鉴国外婚姻家庭立法的部分原则、规则、制度等。第三部分为我国婚姻家庭法法典化研究，回溯我国相关立法的演变历程，归纳我国婚姻家庭立法在不同时代背景下呈现出的从思想到内容、从形式到实质、从体例到结构的区别。第四部分为我国婚姻家庭法的法典化展望，对我国《民法典》中的"婚姻家庭编"再法典化作出展望。

第五章　婚姻家庭法法典化的缘起

自人类社会诞生开始，婚姻家庭作为一种特殊的社会关系，其重要性贯彻始终。无论是原始社会茹毛饮血的群居群婚，还是现代文明孕育出的一夫一妻制度，都与社会的稳定发展、人类社会的繁衍变迁息息相关。因此，婚姻家庭法的演变是法典化研究中值得关注的课题。在婚姻家庭法律关系中，既包含身份关系的维度，也包含财产关系的维度。如何处理婚姻家庭法规范在民法典结构中的位置，如何区分、凸显婚姻家庭法律关系与其他法律关系之间的差异，婚姻家庭法法典化的基础条件等，都是婚姻家庭法法典化之路中需要关注的问题。本章立足婚姻家庭法的基础理论及婚姻家庭法法典化的历程，对上述问题进行论述，并对婚姻家庭法法典化的可能性展开进一步分析。

第一节　婚姻家庭法法典化的政治条件

一般认为，家庭是构成社会的最小单元，在物质和精神上都承担着诸多的社会功能。而家庭作为一种以血缘为基础、具有情感纽带的社会单元，具有有共同的住处、经济合作和繁衍后代的特征。

马克思认为，婚姻本质是一种特殊的社会关系，形成和支配婚姻这种人类两性结合形式的本质力量，是男女共同组成的社会力量，而不是自然关系或一般的感情关系。在马克思的婚姻观中，家庭存在的前提和基础是必须首先有“有生命的个人的存在”①。他认为，家庭由人组成，必须首先有个人的存在，才

① 中共中央马克思恩格斯列宁斯大林著作编译局：《马克思恩格斯全集》（第二十一卷），人民出版社2003年版，第49页。

能够产生家庭。家庭是最小的社会组织，婚姻家庭立法对家庭成员关系的调整是社会治理中最基础的部分，因此，婚姻家庭立法的产生和发展也离不开一定的政治条件。

任何立法进程都要适应当时的政治条件和政治要求。尽管婚姻家庭立法属于私法领域，但它同时具有私法属性与公法属性。婚姻家庭立法规范的平等民事个体间的社会关系，是其私法属性所在。另外，婚姻家庭关系依存于一定的社会结构并产生特定的社会关系内容。婚姻制度也是人类建立家庭关系时所产生的社会关系的总和，它包括夫妻、子女及其他亲属的人身关系和财产关系。婚姻家庭法法典化的进程需要以一定的政治条件作为基础。

在《家庭、私有制和国家的起源》中，恩格斯指出，在原始社会，两性之间建立关系仅仅出于繁衍后代的本能，不存在对身份、财产关系的约束。因此，在原始社会阶段，婚姻并不存在任何政治功能，也不存在建立婚姻制度的政治条件。随着人类社会的发展，“一旦原始群为了生存必须分成较小的集团，它就从杂交转变为血缘家庭”①。在母系社会中，对偶婚则呈现出强烈的母系氏族色彩。维系家庭关系的核心是维护母系血缘关系。男性与女性可以不共同生活，但孩子必须留在母亲所属的家庭中。直到私有制产生之后，为了确保男女间建立较为牢固的关系，婚姻家庭制度才得以初步建立，与婚姻家庭相关的立法才随之产生。

例如，在古罗马时期，并不存在单独的婚姻家庭立法。罗马法中的婚姻家庭立法散落在各个不同的法典中。在最初的《十二铜表法》时期，古罗马虽然已经建立了共和国，但在政治上仍然是贵族专政。“执掌法律（主要是不成文的习惯法）完全被贵族祭司团所垄断。遇有讼争，法官徇情枉法，袒护贵族，平民备受欺凌；加上当时高利贷盛行，利率毫无限制，债务奴隶制迫使平民处于难以生存的境地。”②这一情形激起了民众强烈的反抗。贵族为了维护权威，同时也为了平衡民众的意愿，在一定程度上限制贵族的专横，制定了《十二铜表法》。在这一时期，虽然没有专门的婚姻家庭立法，但已经在《十二铜表法》中规定了禁止平民与贵族通婚的条款，以此维护贵族的地位。另外，为了一定程度上维护

---

① 中共中央马克思恩格斯列宁斯大林著作编译局：《马克思恩格斯全集》（第四十五卷），人民出版社2003年版，第348页。

② 周枏：《罗马法原论》，商务印书馆2014年版，第33页。

贵族的财产继承制度，避免贵族的财产被血缘关系较远的宗亲瓜分，《十二铜表法》在继承制度上规定，如果父亲去世时没有留下遗嘱，尽管被解放的儿子、出嫁的女儿没有继承权[①]，依然可以凭借血亲关系占有、管理父亲的遗产；血缘较远的族亲如果通过诉讼想要分得财产，大法官不予支持。

至帝政时期，罗马国土继续扩张，内战中止、交通畅通发达，使古罗马进入了商品经济空前发达的时期。这一时期，各民族民众的平等权利得到了充分的体现，从而也促进了对于统一法律的要求，是古罗马法典编纂的发展、成熟的阶段。在这一时期，万民法关于婚姻家庭的立法更为丰富，并出现了市民法婚姻、万民法婚姻、姘合制婚姻等不同的婚姻制度。由此可见婚姻家庭的立法及其发展，离不开必要的政治条件支持。

第二节　婚姻家庭法法典化的社会条件

"法律是社会产物，是社会制度之一，是社会规范之一……它维护现存的制度和道德、伦理等价值观念，它反映某一时期、某一社会的社会结构。法与社会的关系极为密切。……任何社会的法律都是为了维护并巩固社会制度和社会秩序而制定的，只有充分了解产生某一种法律的社会背景，才能了解这些法律的意义和作用。"[②]法律不是孤立的存在，其产生、存在、发展离不开必要的社会条件。法律与社会之间有密切的联系。对于立法的评价，不能孤立地看待其文本，而是要将法律放在社会中观察其运行状态，评判其作为治理社会的工具的价值与影响。

所谓社会治理，是指政府、社会组织、企事业单位、社区以及个人等多种主体通过平等的合作、对话、协商、沟通等方式，依法对社会事务、社会组织和社会生活进行引导和规范，最终实现公共利益最大化的过程。

社会治理的关键词是维护社会秩序。博登海默认为，"秩序的概念，意指在自然界与社会进程运转中存在着某种程度的一致性、连续性和确定性"[③]。哈耶

① 按罗马市民法的规定，以宗亲为基础，儿子被解放，女儿出嫁后，他们就不再是父亲的宗亲，因而也就丧失了对父亲遗产的继承权。参见周枏：《罗马法原论》，商务印书馆 2014 年版，第 42 页。

② 瞿同祖：《中国法律与中国社会》，商务印书馆 2010 年版，第 xii 页。

③ [美]博登海默：《法理学：法律哲学与法律方法》，邓正来译，中国政法大学出版社 1999 年版，第 219 页。

克则指出,"秩序指的是事物的一种样态,于该样态中,众多不同事物要素之间的关系极为密切,我们可以要素之间的这种紧密联系为基础,从我们对系统中部分要素的认知,学习并掌握对剩余部分进行正确预期,抑或至少作出颇具希望被证实为正确的预期"①。

秩序是人类社会运行所必需的内容。在维持正常社会秩序的前提下,人们才能寻求自由发展,平等、公正等价值才可能实现。而维持社会秩序一方面通过建立强有力的公法治理体系,使用公法手段调整各主体在政治、经济等方面的关系;另一方面,也要通过对私法领域的影响,规范各主体在私法领域的行为。尽管私法自治的观念为私法领域的建构提供了与公法领域相对隔绝的空间,但必须注意的是,在现代国家的社会治理范畴中,私法的"自治"来自政治上的授权。其本质是为了达到一定的目的而建立相应的私法规范,以此对私法上的各主体行为进行调整。因此,即便是传统上看似属于私法领域的立法,也具有一部分公法属性,需要一定的社会条件作为立法基础。

婚姻家庭立法的法典化离不开社会条件的支撑。

首先,婚姻家庭立法应当与社会经济基础相适应。恩格斯指出,现代一夫一妻制的婚姻家庭基本形态是人类社会从野蛮时代向文明时代过渡的标志性象征之一,它建立的最重要原因是私有制的产生及个人财富的增长。拥有财富的人需要以法律制度保证他们的财富可以留给"合法的继承人,即一对夫妇的真正后裔"②,这就使通过法律维护婚姻家庭的稳定的手段成为立法者主要考虑的事项。在资本主义萌芽、发展的过程中,婚姻家庭法的内容也变得更加丰富,立法中的相关条款逐渐增加。例如在英国1225年的《大宪章》中就对妻子继承丈夫财产的权利做出了规范:"一个寡妇应有权利获得她的寡妇财产,其数额一般是其丈夫生前拥有土地的三分之一。"③英国工业革命之后,随着资本主义经济的发展,针对亲属财产继承订立了《遗嘱法》(Wills Act 1837),规定英国的所

① [英]弗里德利希·冯·哈耶克:《法律、立法与自由》(第一卷),邓正来、张守东、李静冰译,中国大百科全书出版社2000年版,第54页。

② 中共中央马克思恩格斯列宁斯大林著作编译局:《马克思恩格斯全集》(第四十五卷),人民出版社2003年版,第368页。

③ William Blackstone. Commentaries on the Laws of England. University of Chicago Press, 1979, p. 131.

有成年臣民均可以订立遗嘱，遗嘱可以处分的财产范围包括不动产、动产以及被继承人获得的信托收益（法令第三条）[①]。法令扩展了遗嘱能够分配和赠与的形式，并且规定，一个成年人可以在生前对自己的财产通过遗嘱进行任何的处置，并且他的意愿可以更改旧的遗嘱条款。

其次，婚姻家庭法法典化需要以长期社会生活形成的婚俗传统、公序良俗作为基础。家庭作为社会治理中最小的组织，婚姻家庭生活中产生的关系形成了社会中最广泛的联系。公序良俗即公共秩序和善良风俗。这一概念来自罗马法，“所谓公序即国家的安全、人民的根本利益；良俗即人民的一般道德准则。这两个概念的含义非常广泛，而且是随着社会的发展而不断变化的”[②]。它强调，在尊重个人自由意志、保障个人权利的同时，作为社会成员的个人，应当服从社会的一般规范，遵守社会运行的基本规则。公序良俗是道德在婚姻家庭法典中的体现，也是婚姻家庭法的社会秩序底线和伦理底线。婚姻家庭法与公序良俗原则在立法的伦理性上高度契合，婚姻家庭法中规定的权利义务大部分来自社会的公序良俗、伦理道德以及传统婚俗。例如，在我国《民法典》婚姻家庭编中，第一千零四十三条中规定：“家庭应当树立优良家风，弘扬家庭美德，重视家庭文明建设。夫妻应当互相忠实，互相尊重，互相关爱；家庭成员应当敬老爱幼，互相帮助，维护平等、和睦、文明的婚姻家庭关系。”

第三节　婚姻家庭法法典化的思想条件

婚姻家庭法法典化需要以一定的思想条件为基础。在不同的时代有不同的社会思潮，这对人们的思想认知产生不同的影响。在婚姻家庭立法中，其体现为不同时代背景下婚姻家庭立法的不同内容。

在新中国成立之前，社会上普遍存在着父权至上的思想。在婚姻家庭生活中，则是男性，尤其是男性长辈，掌握了婚姻家庭生活中的绝大部分主要的权利。瞿同祖先生在其著作中对此有精准的论述：“中国的家族是父权家长制的，父祖是统治的首脑，一切权力都集中在他的手中，家族中所有人口——包括他

---

① Wills Act 1837，http://www.legislation.gov.uk/ukpga/Will4and1Vict/7/26/contents，最后访问日期：2023 年 2 月 5 日。

② 王利明：《民法总论》，中国人民大学出版社 2009 年版，第 57-58 页。

的妻妾子孙和他们的妻妾，未婚的女儿孙女，同居的旁系卑亲属，以及家族中的奴婢，都在他的权力之下，经济权、法律权、宗教权都在他的手里。经济权的掌握对家长权的支持力量，极为重大。……家长权因家族祭司（主祭人）的身份而更加神圣化，更加强大坚韧。同时，由于法律对其统治权的承认和支持，他的权力更加不可撼摇了。"①

在这样的思想基础下，封建时代的中国婚姻立法大多以维护父权、夫权为核心。子女对父亲必须绝对地服从，父系尊亲长辈对子女有绝对的控制权，甚至可以剥夺子女的生命权②。如果子孙不肖，父母不仅可以行使法律赋予的惩戒权，还可以行使送惩权，即将子女送到当地官府，请求代为执行惩罚的权利。由此可见，父权的享有者在对子女的控制权方面享有绝对的决定权。他们可以合法地剥夺子女的自由权，侵入子女的身体权，甚至剥夺子女的生命权。法律维护父权的意志和权威，并为父权的享有者制定一系列具体的办法，赋予其一定范围内的权利，或者代为执行。

在新中国成立之后，社会主义法治的建设蓬勃发展。其贯彻的是中国共产党一贯秉持的人人平等思想。在《中国共产党第一个纲领》中明确规定："革命军队必须与无产阶级一起推翻资本家阶级的政权，必须支援工人阶级，直到社会的阶级区分消除为止。"在这一思想基础下，父权对子女的绝对控制失去了法律的支持。新中国关于婚姻家庭的各种立法鼓励子女脱离父权的控制，强调子女的各项权利。在《中华人民共和国婚姻法》（简称《婚姻法》）（1950 年）第一条中规定："废除包办强迫、男尊女卑、漠视子女利益的封建主义婚姻制度。"其规定了"父母对于子女有抚养教育的义务"（第十三条）、"夫对于其妻所抚养与前夫所生的子女或妻对于其夫所抚养与前妻所生的子女，不得虐待或歧视"（第十六条）等条款用以限制父权。1991 年制定了新中国成立后第一部专门的《中华人民共和国未成年人保护法》，在"家庭保护"一章中，规定"父母或者其他监护人应当依法履行对未成年人的监护职责和抚养义务，不得虐待、遗弃未成年人"（第八条）、"父母或者其他监护人不履行监护职责或者侵害被监护的未成年人的合法权益的，应当依法承担责任"（第十二条）等条款，规定父母对未成年子女

① 瞿同祖：《中国法律与中国社会》，商务印书馆 2010 年版，第 6 页。

② 参见《元史》卷一〇五《刑法志三・杀伤》、《大明律》（本书所用系《大明会典》本）卷十《刑律二・斗殴》中"殴祖父母父母"、《大清律例》卷二八《刑律・斗殴》中"殴祖父母父母"。明清律皆云，若违犯教令而依法决罚，邂逅致死，及过失杀者，各勿论。元律则云："诸父有故殴其子女，邂逅致死者，免罪。"

同等地享有抚养的权利和教育保护的义务，并规定“虐待未成年的家庭成员，情节恶劣的，依照刑法第一百八十二条的规定追究刑事责任”（第五十二条），保护未成年人不受侵害。

可见，婚姻家庭法法典化受到不同社会背景下各类思潮的影响，在历史的长河中稳定地展开。

第四节　婚姻家庭法法典化的组织条件

立法需要以一定组织条件作为保障，婚姻家庭法的法典化进程也不例外。

首先，立法需要组织机构作为基础。立法活动是最重要的国家活动之一，小智治事，中智治人，大智立法。“立法之业，益为政治上第一关键。觇国家之盛衰强弱者，皆于此焉。”[①]从政治大局上看，立法关系到治国理政的根本大计和国计民生的长远大业。从法律体系建设看，立法活动直接影响能否建立适应当前社会经济发展需求的法律规范体系。因此，只有特定的立法机关，才能承担立法活动，保证立法的权威和质量。立法机关必须是有权立法的主体，只有特定的机关才能立法。在不同的时代背景、不同的国家中，立法主体、立法制度各有差异。例如在古罗马，由贵族组成的元老院是最主要的立法机关，它拥有批准、认可法律，批准当选的最高官吏，管理财政、外交、军事，以及实施重大宗教措施等统治国家的权力。在中国古代中央集权统治之下，没有专门的立法机构，而是“法从君出”，由皇帝掌握最高的立法权。在需要开展立法活动的时候，一般由皇帝提议，并任命专门的臣子负责立法事宜；臣子根据皇帝的旨意，结合立法事项的法律传统，针对当时面临的实际问题起草法律条款；随后，臣子将草拟的法案呈交给皇帝，由皇帝作出通过、修改、重新拟定等决策。立法草案得到皇帝批准后，以皇帝个人名义公布并施行。可见，不同的历史阶段、国情决定了一个国家的立法主体是什么，也就决定了该时期立法法典化的发展历程。

其次，相关立法授予的权限为立法活动提供了法治基础。立法活动可以巩固统治阶级的政治权力。因此，立法活动应当在政治授权的范畴内进行。立法机关应当依照职权开展立法活动。其立法的范畴、内容、层级均应在法定范围之内。例如，中央立法与地方立法之间就有明显的分野，地方立法的范围由相

① 梁启超：《梁启超法学文集》，中国政法大学出版社 2000 年版，第 11 页。

应法律规定。立法机关也可以依照授权，对于特殊领域的立法，或者以特定法形式开展，或者依照相关规定行使立法的审议权、表决权、公布权等。例如在英国19世纪的婚姻家庭立法过程中，议会往往要依照立法程序做大量工作后，方能颁布相关立法。1857年颁布的《婚姻诉讼法》(Matrimonial Causes Act)，就是由议会组织调查委员会，听取不同代表的意见，形成调查报告，而后由议会根据报告的内容拟定草案，经过上议院和下议院的审议后颁布施行。

最后，立法包括法的制定、认可、解释、修改、废止等一系列活动。这些立法活动丰富了法典化的内涵。法的制定是指立法主体依照职权直接开展立法活动，即最普遍意义上的立法活动。法的认可是指立法主体以法定方式，赋予某些行为规范①等法律效力的活动。例如，我国宪法第一百一十六条规定："民族自治地方的人民代表大会有权依照当地民族的政治、经济和文化的特点，制定自治条例和单行条例。"因此，我国的各民族自治地方有权依法制定有关婚姻家庭法的变通规定。法的解释、修改、废止等也是法典化过程中不可忽略的部分，它们是指，立法主体对现行立法的变更或解释活动，对规范性法理文件宣布废止、时效、清理等。例如，我国在制定《民法典》的过程中，将婚姻家庭编单独列为一编。随后，为了更好地使用该编条款，最高人民法院发布了《最高人民法院关于适用〈中华人民共和国民法典〉婚姻家庭编的解释(一)》，用于更好地在实践中指导法的适用。综上，婚姻家庭法的法典化离不开组织条件的支持。

① 例如习惯法、判例、法理等。

第六章　国外婚姻家庭法法典化研究

婚姻家庭法法典化的历史源远流长。从最初的零星条款，到专节专章规范，再到独立的婚姻家庭立法或者民法典的婚姻家庭编，婚姻家庭法的法典化经历了漫长的过程。本章内容先从国外婚姻家庭法法典化的早期发展历程开始，而后选取近现代主要资本主义国家婚姻家庭法的法典化历史，依照国别不同，逐一介绍。

第一节　国外婚姻家庭法法典化的早期发展史

在早期立法中，尽管诸多国家在立法中对于婚姻家庭法均有所涉及，但由于立法技术的限制，并未有专章对婚姻家庭规范进行立法，都有着民刑不分、以刑为主、重实体轻程序的特点。

一、古代巴比伦婚姻家庭法法典化

在《汉谟拉比法典》中，没有区分章节，以专门条款规范了婚姻家庭立法。在第128～194条的规范中，规定了婚姻、离婚、家庭财产继承等事项，具体包括：自由民结婚的要件、丈夫对妻子的权利、彩礼和嫁妆的给付及使用、父亲对子女的权利、收养关系等等。从具体内容来看，它规定了以契约为基础的买卖婚姻，婚姻不是男女间订立的平等关系，而是男方与女方父亲之间订立的契约。法典规定了丈夫对妻子的权利，允许丈夫纳妾，并规定妻子只有在极少数的情况下才可以离开丈夫。在继承方面，法典在第160～170条中对此作了规定。从内容来看，法典确立了家内继承原则，与原始社会的公社继承习俗有很大区别。继承条款主要以确立父系继承原则为主，确保父系亲属的中心地位。它初步规范了法定继承和遗嘱继承的方式，以及寡妇的赡养费等。总的来说，《汉谟拉比法典》在婚姻家庭立法上的条款充分反映了父系家长制的特点。

二、古印度婚姻家庭法法典化

古印度法的发展伴随着吠陀教到婆罗门教的发展，其立法内容多与教义有关。宗教经典是古印度法的重要渊源。古印度的法典主要包括：吠陀本集、法经（Dharmasutra）、法典（Dharmasmrti）、佛教经典（Tripitaka）和国王诏令。婚姻家庭法是古印度立法的重要内容，它散见于诸多不同法典中。其中，法典作为婆罗门祭祀根据吠陀经典、历代传承的习惯编纂而成的教法典籍，对于婚姻家庭法有专章的规定。

在古印度的诸多法典中，《摩奴法典》是第一部从体例到内容都编纂得较为成熟的法律典籍。它作为一部包含着法律规范、哲学理论、道德训言、宗教仪式，以及军事和商业知识的律书，在实践中具有较大的权威，其内容主要是规定印度社会中各种姓在不同社会生活场景中的社会地位、权利义务和行为准则。在其长达一万多句的内容中，分门别类地规定了创世纪的神话，婆罗门教徒的行为规范，民法、刑法、婚姻家庭继承法，种姓制度，赎罪法，因果报应、轮回转世的哲学观点等。其中，在第三卷专门规定了种姓制度下家庭生活礼仪；在第九卷中，规定了具体的婚姻家庭制度。在婚姻方面，《摩奴法典》规定了结婚的程序、婚礼的仪式、丈夫对妻子的权利、妻子对丈夫的义务、妻子在家庭生活中的具体守则、离婚、休妻等制度。在继承制度方面，规定了长子继承制，女儿有较少的继承权，但并未规范遗嘱继承。

总的来说，《摩奴法典》规定了充满宗教意味的婚姻家庭生活，严格维护种姓制度，禁止不同种姓的通婚，且规定了高等种姓的婚姻特权。它维护以父系权威为中心的婚姻家庭结构，维护父权和夫权的地位。

三、古罗马婚姻家庭法法典化

罗马法以其私法体系著称。罗马法的立法技术、立法内容均与前述两个法典不同。它不是某个教派的教法，也不再将诸多不同领域的立法混杂在一起。自公元前8世纪古罗马国家的诞生，到公元476年西罗马帝国灭亡，再到东罗马帝国的查士丁尼皇帝时期，产生了大量的习惯法、法令、诏令、法学学说以及法律汇编。古罗马的婚姻家庭立法也从散落在不同的法令中，发展到被较为有条理地汇编起来。

在王政时期,即公元前 8 世纪至公元前 6 世纪,古罗马没有明文立法。其社会规范以氏族习惯、社会风俗惯例等为主。婚姻家庭方面的规范也以习惯法为主,并无编纂。

在共和国前期,古罗马立法由习惯法向成文法过渡。公元前 450 年左右颁行了《十二铜表法》。该法共 12 表 105 条。关于婚姻家庭的立法主要见于第四表"家长权"、第五表"继承监护"。第四表主要的条款包括家长权的行使方式、家子的解放程序、丈夫休妻的程序。第五表的主要条款包括家长对族内妇女的监护权、法定继承的程序、遗嘱继承的程序、继承人的顺位等内容。

共和国后期,是罗马法获得巨大发展的时期。此阶段的罗马法分为市民法和万民法两个体系。前者为属人法,适用于罗马公民;后者适用于罗马公民与非罗马公民之间,以及非罗马公民相互之间的纠纷调整。市民法的主要法律渊源包括古罗马习惯法、《十二铜表法》、皇帝敕令、民众大会和元老院通过的带有规范性的决议以及习惯法规范。万民法的法律渊源主要来自外事最高裁判官在裁决纠纷中形成的规范,它参考了市民法规则,皇帝敕令也是其中的主要部分。在这一时期,婚姻家庭立法的主要内容是上述法律渊源中的相关条款,并未有针对性地单独编纂。

帝国后期,尽管罗马帝国日益衰落,但迎来了罗马法编纂的鼎盛时期。一方面,由皇帝主导的官方汇编将很多现行有效的立法、习惯法以及皇帝敕令编纂成册,予以遍布。另一方面,法学家私人编纂皇帝敕令、著书立说也有了一定的法律效力。这一时期的古罗马婚姻家庭法法典化有了较大发展。拜占庭帝国皇帝查士丁尼下令编写的《查士丁尼法学总论》(又名《查士丁尼法学阶梯》或《法学阶梯》)成书于公元 533 年,该书既是当时的法学权威教材,本身也具有法律效力。它分为"人法""物法""诉讼法"三部分。其中,在"人法"部分规定了婚姻家庭法的内容。具体为:第 9 章家父权、第 10 章婚姻、第 11 章收养、第 12 章以何种方式解除支配权、第 13 章监护、第 14 章什么人可通过遗嘱被指定为监护人、第 15 章宗亲之法定监护、第 16 章人格变更、第 17 章恩主之法定监护、第 18 章尊亲之法定监护。在"物法"部分规定了继承制度。具体为:第 9 章我们通过哪些人获得财产、第 10 章遗嘱之订立、第 11 章士兵的遗嘱、第 12 章哪些人不许订立遗嘱、第 13 章剥夺子女继承权、第 14 章继承人之指定、第 15 章通常的补充继承人、第 16 章未成年人的补充继承人、第 17 章以何种方式取消遗嘱、第18章不合义务之遗嘱、第19章继承人的资格和区别、第20章遗赠、第21章遗赠之剥夺与转让、第22章法尔奇迪亚法、第23章遗产信托、第24章通过信托遗留单一物、第25章补充遗嘱。在“诉讼法”中规定了婚姻家庭纠纷处理的法律程序。具体为：第1章无遗嘱地移转遗产、第2章宗亲的法定继承、第3章德尔杜里安元老院决议、第4章奥尔菲提安元老院决议、第5章血亲的继承、第6章血亲的亲等、第7章对解放自由人的继承、第8章对解放自由人的分配、第9章占有遗产、第10章通过自权人收养的财产取得、第11章因自由权而被判给财产者、第12章已被废除的通过出卖遗产的继承和根据克劳狄安元老院决议的继承。

四、日耳曼婚姻家庭法法典化

日耳曼法又称为蛮族法(Leges Barbarorum)，起源于日耳曼人的部落习惯。在罗马统治时期，日耳曼法受到了罗马法和教会法的影响，开始了法典化历程。日耳曼部落进入王国时期后，各部落建立王国，对法典均有不同程度的编纂。

在法兰克王国的《萨利克法典》(Lex Salica)中，其法律传统对西欧后世的立法影响深远，在婚姻家庭法方面尤甚。这部法典是法兰克王国国王克洛维一世下令汇编的立法，是查理曼帝国法律的基础。法典共65章，其编纂风格受到罗马法编纂技术的影响，初步区分了章节。但是由于立法技术的限制，章节划分十分混乱，例如：在第13章中规定了婚姻的程序、结婚的条件、继承人的身份资格、彩礼的归属和赔付等；在第44章中规范了寡妇结婚的婚俗；在第46章中规定了收养的习惯法；在第59章中，规定了继承权的条款，尤其是不动产继承的相关规定。

《萨克森明镜》(Sachsenspiegel)是另一部重要的蛮族法典。它在德意志民族立法史上具有重要地位，在罗马法衰落之后、德意志民族立法兴起之前起到了承上启下的作用。该法典是法律规则与法律原则的系统性汇编，也受到罗马法编纂风格的较大影响。从结构上看，法典除1篇韵文序和3篇散文序之外，正文主要分为两个截然不同的法律部分：第一部分是关于郡法院中执行的普通地方法，又称领地法(Landrecht)，计3卷，分别有71篇、72篇和91篇内容。第二部分是调整封建主之间关系的规范，称为“采邑法”或“封建法”(Lehnrecht)，计1卷，78篇内容。婚姻家庭的相关规范分散在上述立法内容中，并无单独成编。

《萨克森明镜》主要适用于德意志北部，后又扩展至德意志中部、东北部，随后伴随着德意志民族的迁移适用在荷兰和波兰地区。由于法典本身具有较高权威性，其中的很多规定被直接纳入了城市法和其他的领地法。在后来的几个世纪里，《萨克森明镜》在上述地区与城市法、皇家敕令、领主制定的法律等并行不悖。在婚姻家庭方面，尤其是在父权、夫权、继承规则上，对后世影响颇深。

第二节　法国婚姻家庭法法典化研究

本节梳理了法国自中世纪之后的婚姻家庭法法典化的历程。第一部分为法国早期婚姻家庭法法典化，梳理了中世纪至大革命之前的婚姻家庭法法典化情况。这一阶段，法国的民事立法主要受到罗马法的影响，同时出现了习惯法汇编。第二部分为 1804 年《法国民法典》中的婚姻家庭立法，主要介绍了这部享誉世界的法典中包含的婚姻家庭立法的相关章节和内容。第三部分为 1804 年《法国民法典》之后的婚姻家庭立法，梳理了法国 1804 年之后婚姻家庭立法在体例和内容上的主要变化。

一、法国早期婚姻家庭法法典化

在大革命之前，法国的婚姻家庭立法并无单独的统一法典，大多数婚姻家庭立法规范散见于不同的法律渊源中，在法典化的历程上行进缓慢。

在卡佩王朝时期，出现了私人对习惯法的汇编。这些汇编有一定的法律效力，且其对习惯法的编纂方便了对条款的引用，提供了法典化的基础。14 世纪罗马法复兴后，影响了法国各地的封建法、庄园法、国王律令。该时期的婚姻家庭立法并未成体系编纂，仅有相关的条款或者习惯法规范。

在瓦卢瓦王朝时期，自国王查理七世开始，国王通过发布敕令的方式主导习惯法的编纂。1454 年，查理七世颁布敕令，要求将王国每一个地区的习惯(customs)、习俗(usages)、惯例规则(rules of practice)条理化，并记述成文，呈交给当时的枢密院和最高法院审查后，公布成文。成书于 1510 年的《巴黎习惯法》(Coutumier de Paris)是当时最重要的法律汇编。该法共 16 章 362 条，其内容包含了采邑、家庭与继承、债、动产与不动产等方面的主要习惯法规则。与以往法典的编纂不同，该法典不再是对习惯法的简单收集，而是对其进行整理之后分门别类的汇编。经过法学家迪穆林(Charles Dumoulin)①及其追随者的评述,《巴黎习惯法》对后世影响深远。其婚姻家庭部分的立法直接影响了拿破仑颁布的《法国民法典》。

与此同时,法国各地的议会也颁布了自己的习惯法汇编。1498年,法国国王路易十二作出了一个重要的决定:“各地的习惯应由各地区的议会根据其全体代表的表决来公布。”②各地议会在本地贵族的支持下,收集本地的习惯法。随后由皇帝特地任命的皇家委员到各地主持、指导地区习惯法的汇编。最后,由皇家委员召集该地区三个等级代表,以国王的名义公布立法。

其立法程序一般如下:以邑督辖区为单位的国王领的习惯法编纂,由国王下达编纂习惯法的函令,在国王专员(一般是专门任命的皇家委员)的监督下召开地方三级会议。会议中形成的各类文本记录均需存档。经过地方三级会议审议后,最终公布立法。

1506年,默伦、蓬蒂约、桑斯这三个地区的习惯法编纂法典由皇家委员在其地方议会上予以公布。自1507年起,陆续又有一些地区开展了法典编纂。这一时期编纂的习惯法集有《奥尔良习惯法》(1509年)、《巴黎习惯法》(1510年)、《布列塔尼习惯法集》(1539年)、《诺曼底习惯法集》(1583年)等③。这些法典收集了当时各地通行的婚姻家庭方面的习惯、习俗,在体例上尽量对各条款分门别类地梳理。这些条款都构成了1804年《法国民法典》的基础。

二、1804年《法国民法典》

《法国民法典》又称为《拿破仑法典》,是近代资本主义国家第一部民法典。其立法内容、立法技术在法国民商法上具有突出的地位。《法国民法典》在法国婚姻家庭法法典化方面具有阶段性最高成果的意义。

在《法国民法典》之前,法国的婚姻家庭立法大多以习惯法汇编、教会法、城市法、庄园法等形式存在,其中,习惯法的汇编占有重要地位。前述《巴黎习惯法》就是其中影响最大的立法。在立法技术上,其摒弃了蛮族法典简单汇集的方式。在罗马法复兴和教会法的影响下,法国习惯法汇编大多仿照罗马法的立

① 迪穆林(Charles Dumoulin,1500—1566),巴黎高等法院律师,法国民法史上重要的法学家。
② [美]约翰·P.道森:《法国习惯的法典化》,杜蘅译,《清华法学》2006年第2期。
③ 施蔚然:《中世纪法国习惯法学评介》,《昆明理工大学学报(社会科学版)》2001年第3期。

法模式，以人法、物法的区分对婚姻家庭的规范进行汇编。

1789年，随着法国大革命的进行及《人权宣言》的颁布，自由、平等、博爱的思想成为《法国民法典》的思想基础，确立了民事主体平等和意思自治的政治基础和指导思想。但是在婚姻家庭法的编纂中，无论是内容还是体例，保守远大于变革。

编纂《法国民法典》主要参考的法律渊源包括法国各地的习惯法汇编、罗马法、部分革命前的王室法令以及革命时期的立法。其中，嫁妆制度参考了罗马法的规定；遗嘱继承内容借鉴了部分革命前的王室法令；婚姻制度参考了革命时期的立法。总体而言，该法典的婚姻家庭制度对习惯法的借鉴更多，尤其是前述的《巴黎习惯法》。值得一提的是，《法国民法典》编纂过程中的法学家对于该法典，尤其是对于婚姻家庭方面的立法颇有贡献。朴蒂埃是奥尔良初等法院法官助理，他将罗马法与法国本土的习惯法融为一体，进行了诸多学理阐释。其著有《夫妻财产契约论》等，对于《法国民法典》的编纂有一定影响。

1804年《法国民法典》的编纂体例借鉴了《查士丁尼法学阶梯》的三段式。开篇为序编，第一编“人”，第二编“财产以及所有权的各种变更”，第三编“取得财产的各种方式”。

第一编规定了婚姻、离婚制度、亲子关系制度、收养制度、亲权制度、未成年人的相关规定、监护制度、解除亲权制度、成年与受法律保护的成年人制度等。具体文本为：第五章结婚，第六章离婚，第七章父母子女，第八章收养与非正式监护，第九章亲权，第十章未成年、监护及亲权的解除，第十一章成年、禁治产及裁判上的辅助人。但是在其他章节，例如在专门规定程序的章节中，也出现了与婚姻家庭生活相关的条款。

第二编没有专门涉及婚姻家庭方面的立法，故此处不介绍。

第三编规定了继承制度，生前赠与及遗赠，夫妻财产契约与夫妻财产制度等。具体文本为：第一章继承，第二章生前赠与及遗嘱，第五章夫妻财产契约及夫妻间的相互权利。

从体例上看，婚姻家庭事项并未单独成编，而是沿用了《查士丁尼法学阶梯》的编纂方式，将婚姻家庭中人的关系和财产的关系分列两编。从内容上看，既包括实体规范，也包括程序规范。例如：在规定结婚事项的时候，第一编第五章“结婚”规定了婚姻生效的实质要件，例如男女婚龄、婚姻的合意、双方父母的同意、办理结婚证书等；在第一编“人”中的第二章第三节“结婚证书”中，详细说明了婚姻生效的程序要件，例如结婚证书应当如何申请、如何公告、如何办理等具体程序。

又如，法典对夫妻财产关系做出规范的内容主要集中在第三编第五章“夫妻财产契约与夫妻间的相互权利”。该章共194个法条，编下独立成节。第一节通则，规定了夫妻财产制度的一般原则。第二节规定了法定的共同财产制和约定的共同财产制，并分别对两种财产制度下的夫妻共同财产的范围、双方相互间的权利义务、共同财产制的解除等问题作了规定。第三节继承了罗马法嫁奁制规则，在法典中予以规范。

总的来说，《法国民法典》以全国统一立法的方式，实现了近代资本主义国家第一次对婚姻家庭规范的正式立法。同时，它也标志着近代资本主义国家首次确立了世俗化、标准化、法律化的婚姻家庭关系。不过，其内容并未完全脱离传统上父权和夫权的影响。例如：在规定夫妻共同财产制度时，规定丈夫有权管理共同财产，并有权代替妻子，对夫妻共同财产做出出卖、转让、抵押等处分，不必过问妻子的意思表示；同时规定了夫权对妻子在监护、处分共同财产、离婚等方面的限制。相较于《法国民法典》在世界民法史上的进步光环，它在婚姻家庭立法的制度层面并没有太大进步。

《法国民法典》对于其他国家民法法典化的影响较大。其制定后，对法国控制区域内的国家和地区产生了影响，如比利时、卢森堡、意大利西北部地区等，后来又传播到其他国家。不过，其产生影响的主要内容是法典编纂的体例。有些国家，例如智利、玻利维亚等国家的民法典制定完全参考了《法国民法典》的体例编排。但在婚姻家庭法方面，少有国家直接照抄。

三、《法国民法典》之后的婚姻家庭法典化

随着经济社会条件和法律社会化需求的不断变化，法国的民事立法也随之发生改变。有些条款在司法实践中被重新解释，赋予了新的含义；有些条款已经被废止不用；有些条款仅作为理论基础、历史渊源等存在。

在婚姻家庭立法方面的变革动力主要来自妇女解放运动。第二次世界大战之前，法国婚姻家庭法少有修订变动。在体例上，一直沿用《法国民法典》对婚姻家庭规范的编纂方式，将人的关系与财产的关系区分开来。在内容上，除了稍稍放松夫权对妻子的限制外，几乎没有太大的变动。例如，已婚妇女可以不经丈夫同意开银行存折（1881年），可以在户籍证明和公证文书中作证（1897

年),可自由支配自己的工资(1907 年),可不经丈夫同意加入工会(1920 年如此规定,1938 年又予以取消),如果父系和母系都没有继承人,可获得丈夫遗产继承权①。

有一些立法作为民法典的补充,对法国的婚姻家庭规范有所影响。例如 1884 年颁布了《离婚法》。该法实际上在法国大革命期间就已经确立,但在《法国民法典》颁布后,该法被废除。1884 年,为了提高妇女地位,完善婚姻家庭规范,法国政府又恢复了这部立法。其立法目的是提高妇女在婚姻家庭生活中的地位,赋予女性一定的离婚权。具体而言,该法共包括三部分内容:离婚事由、离婚程序、离婚后果。在离婚事由中,规定了法定离婚事由及任意离婚事由。法定离婚事由是指,只要出现了该事由即构成离婚的原因,主要是通奸与一方受到刑事处罚两种。任意离婚事由,是若夫妻之间发生妨害权利的行为,则任意一方可以提出离婚。夫妻二人可以诉讼离婚,但禁止协议离婚。该法最大的贡献是将《法国民法典》中关于"妻子只有在丈夫将情妇带到自己家中的时候才能提出离婚申请"②的规定删除。该法并没有在实质上实现男女离婚权的平等,但作为补充立法,对《法国民法典》中关于婚姻家庭的未尽事宜做了补充。

1938 年,法国政府颁布法令,取消了《法国民法典》中关于已婚妇女无民事能力的条款,在法国妇女争取选举权运动的背景下,对《法国民法典》做了内容上的修正。在该条款的影响下,法国的已婚妇女可以无需丈夫同意,其民事行为自然有效,尤其是其处分个人财产、接受赠与等行为有效。

1941 年,《法国民法典》婚姻家庭立法部分再次修订,在"离婚"部分增加了离婚损害赔偿制度。但该制度并未解决《法国民法典》与当时妇女地位日益提高之间的矛盾。

1975 年 7 月 11 日,法国颁布新的《离婚法》。该法案颁布后于次年 1 月 1 日施行。虽然将其称为《离婚法》,但它并不是典型意义上的单行立法,而是与《法国民法典》整合汇编的。目次为:第一章离婚的各种情形、第二章离婚的程序、第三章离婚的后果、第四章分居、第五章有关离婚与分居的法律冲突。其共

① 全国统计及经济研究所:《妇女题统计数字》(CNIDF-INSEE, Femmes en chilfres),巴黎 1985 版,第 10-11 页。转引自周以光:《19 世纪以来法国婚姻制度中妇女地位的演变》,《世界历史》1995 年第 1 期。

② 奥格斯特·倍倍尔:《妇女与社会主义》(1879 年),https://www.marxists.org/chinese/beble/1879/15.htm#1,最后访问日期:2023 年 2 月 5 日。

计 81 条。该立法最大特点是确立以感情破裂为离婚事由之一，使法国的《离婚法》成为有责主义、破裂主义并存的立法。法国《离婚法》就其规范性质而言，是实体规范、程序规范和冲突规范的统一体①。

2004 年 5 月 26 日，法国通过第 2004-439 号法律，颁布了 2004 年《离婚法》。与以往离婚法案相比，该法案在体例上并无太大变更，但是在内容上出现了大幅度修改。第一，对《法国民法典》第 229 条规定变更为“离婚的法定理由包括：双方自愿离婚、无缘由中断婚姻关系离婚、夫妻感情破裂离婚、过错离婚”。第二，设定了变更离婚请求依据的规定：无论以何种理由请求离婚，夫妻双方均可在离婚程序中向法官提交双方的离婚协议并请求法官确认他们同意宣告两愿离婚②。第三，将离婚的法定程序放在《法国民法典》第一编第六章，规定了双方自愿离婚使用的程序及其他离婚使用的程序，并删除了关于离婚案件审级的规定。在内容上，该法案加强了对妇女权益的保护，专设保护遭受暴力侵害的配偶的条款。

在离婚程序司法改革方面，法国近年来一直有所行动。例如 2016 年 11 月 17 日，法国议会以第 2016-739 号法律通过了《关于简化两愿离婚程序的修订案》，该法案取消了双方自愿离婚程序中的关于法官裁量的程序，强化了律师的协助性地位。2021 年法国进一步通过法案改革离婚程序，用以替代《法国民法典》原有的关于诉讼离婚的规定。法案的主要改革为：第一，取消诉讼离婚中的听证调解阶段，要求律师必须在场；第二，缩短无缘由中断婚姻关系离婚的分居期限；第三，若采取双方自愿离婚的方式，可依照协议离婚的程序办理。

在其他方面，法国婚姻家庭法的法典化也受到近年来新思潮的影响。例如，受到同性恋和多重性取向（LGBT）运动的影响，法国于 2013 年 5 月 17 日颁布了《法国开放同性伴侣结婚 344 法案》，该法案共 4 章，对《法国民法典》关于婚姻、收养和姓氏、监护等事项做了修改，允许同性缔结婚姻，也允许同性缔结的婚姻比照异性婚姻处理其婚姻家庭关系。其具体为：第一章婚姻条款，第二章关于收养和姓氏的规定，第三章协调安排，第四章杂项、过渡和最后条款。

---

① 陈苇：《外国婚姻家庭法比较研究》，群众出版社 2006 年版，第 389 页。

② 参见《法国民法典》，罗结珍译，北京大学出版社 2010 年版，第 74 页。

第三节　德国婚姻家庭法法典化研究

本节内容主要介绍近代以来的德国婚姻家庭法法典化的情况。第一部分为《德国民法典》制定前的婚姻家庭法法典化历程，梳理自中世纪至1900年德国婚姻家庭法的立法状况。第二部分为《德国民法典》中的婚姻家庭立法，梳理该法典中相关立法的体例和内容。第三部分为《德国民法典》之后的德国婚姻家庭立法发展，梳理德国1900年以后婚姻家庭立法的发展状况。

一、《德国民法典》制定前的婚姻家庭法法典化历程

在德意志民族统一之前，德国境内的民事立法受到罗马法的深远影响。自13世纪起，随着城市兴起，德国境内各邦君主开始大规模地采用罗马法。不过，这一时代的德国民事立法非常分散，没有形成统一的、系统的、规范编纂过的民事立法。因此，在这一时期，德国的婚姻家庭立法分散在王国的习惯法汇编、教会法、封建法、城市法等规范中。从编纂体例看，虽然条文见诸纸端，但没有系统的婚姻家庭立法体系。从内容看，这一时期的婚姻家庭法典有如下特征：第一，关于婚姻家庭制度的规范与封建土地所有制密不可分，所有的规范都围绕着保护家族的封建土地所有权展开。第二，妇女处于父权与夫权的统治之下。妇女的继承权、对子女的监护权和抚养权等主要权利受到极大的限制。继承制度以长子继承制为基础，遗嘱继承为辅，保护家庭财产共有制。

18世纪后，德意志王国也出现了一些民法典的编纂。例如1756年的《巴伐利亚马克西米利安民法典》(Codex Maximilianeus Bavaricus Civilis)，它以《查士丁尼法学阶梯》为蓝本，分为人法、物权法、继承法、债法四编。第一编共8章，涉及婚姻家庭立法的章节为第四章家庭身份、第五章父权、第六章婚姻、第七章监护。

1794年公布的《普鲁士普通邦法》(全称为《普鲁士国家的一般邦法》，Allgemeinen Landrecht für die Preußischen Staaten，也称ALR)，将所有部门法放在一起编纂为一部法典。值得注意的是，它的婚姻家庭立法的编纂较为集中。婚姻家庭立法的基本原则在第一部第四～七章的总则部分中有所涉及，主要在第一章人当中。具体的条款在第二部的第一～四章中，具体为第一章婚姻、第二章亲子、第三章亲族、第四章家产。该法的实施一直持续到《德国民法

典》的生效，对德国18—19世纪的婚姻家庭立法影响较大。

1811年颁布的《奥地利普通民法典》(Allgemeines Bürgerliches Gesetzbuch，也称ABGB)也是该时期产生的体系相对完整的民法典。该法典分为序编民法的一般规则、第一编人法、第二编财产法、第三编人法和财产法的共同规定。婚姻家庭相关立法主要集中在第一编中，包括婚姻家庭法、父母子女关系、收养、未成年人和残疾人的监督和保护等；第二编的分编“对人的财产法”中，规定了婚姻协议。

从内容上看，它延续并维持了封建时代婚姻家庭的主要形态。从体例上看，它采纳了盖尤斯的《法学阶梯》体系，只不过在原来的三编体系之外，又增加了一个序编。这在当时是具有前瞻性的做法。其对于婚姻家庭立法的处理，一改将家庭亲属关系与基于亲属关系的财产关系分立两编的做法，在挖补结构和技术构造的方面，具有现代亲属法的立法特点。

二、《德国民法典》中的婚姻家庭立法

《德国民法典》的编纂具有深厚的罗马法传统。在德意志，自15世纪起，在罗马法的影响下，逐渐形成了“潘德克顿法学”(Pandektenwissenschaft)。它是罗马法原理与德国本土法律相结合而形成的法学理论，为《德国民法典》的制定奠定了理论学说基础。

19世纪上半叶，历史法学派、日耳曼法学派、罗马法学派、自然法学派的法学家们的争论，为《德国民法典》积累了理论基础。随着19世纪下半叶潘德克顿法学的最终成形，《德国民法典》的编纂理论也最终成形。1874年，德意志联邦议会成立了由11人组成的法典编纂委员会。法典在不停地争论与修改中，于22年后的1896年获得批准颁布，于1900年正式施行。

《德国民法典》共分五编，另附施行法31条。其章节为第一编总则、第二编债务关系法、第三编物权法、第四编家庭法、第五编继承法。婚姻家庭相关立法除在总则中规定了基本原则外，绝大部分集中在第四编、第五编中。其中，第四编家庭法包括结婚、离婚、夫妻财产、亲属关系、收养、监护、保佐等，第五编包括继承、继承人范围和顺序、遗嘱、继承权的丧失和放弃、继承特留份等。

从编纂体例上看，它受到古罗马《学说汇纂》的影响极大，将对人的关系的调整和对财产关系的调整明确区分开。其婚姻家庭立法与其他的人身关系、财产关系完全分开，独立成编，极为深刻地影响了后来大陆法系国家的婚姻家庭

立法。与从前将婚姻家庭立法混杂在其他立法中的做法相比，该法典在婚姻家庭立法的编纂技术上有了非常大的提高。

从内容上看，该法虽然秉承自由、平等的立法思想，但在婚姻家庭立法方面保留了大量封建制度。首先，它维持了夫权对妻子的统治。妇女的法律地位虽然与过去相比有所提高，具有一定的民事行为能力和参与民事诉讼活动的能力，但是丈夫可以占有妻子的财产，并任意处分、管理、取得收益；家庭生活中的重大事项由丈夫决定；妻子对外订立的民事契约，不得与丈夫的利益相冲突。其次，它保留了家长制残余，丈夫对妻子、父母对子女均有一定的支配权。最后，它维持了有责主义的离婚立法模式，在一定程度上限制了离婚自由。法典规定，如果一方出现了通奸、故意杀害、恶意遗弃、重大虐待等严重违反婚姻上的义务，或因不名誉或不道德的行为对婚姻关系无法继续维持有过错的，另一方可以提起离婚之诉。除此之外，无其他法定离婚事由。

总的来说，《德国民法典》反映了20世纪初的时代背景、社会需求对民法典编纂，当然也包括婚姻家庭法编纂的影响。法典在向着资本主义现代化立法前进的同时，保留了不少长期存在于德意志民族中的封建习惯，这一点在婚姻家庭法中的体现尤为明显。

三、《德国民法典》之后的婚姻家庭立法发展

进入20世纪后，《德国民法典》历经修订，至今仍然是德国的现行法典。其婚姻家庭法也从保留封建习惯的德意志民族立法发展为适应了当前社会文化的立法。在不同的时代背景下，统治者为了反映其统治意志，对《德国民法典》中的婚姻家庭法作了不同的修改。

例如在纳粹统治时代，统治者颁布了很多立法，维护其臭名昭著的人种理论。1935年，纳粹政府颁布《德意志血统和荣誉保护法》，禁止德国人与犹太人结婚。同年还颁布了《德意志人民遗传健康保护法》，基于种族主义对结婚作出了种种禁令，极大地改变了德国婚姻成立的条件。1938年，纳粹政府颁布《结婚离婚法》，同时废除了《德国民法典》中关于婚姻家庭立法方面的规定。它的主旨是维护纳粹政府的人种论，维护所谓的"日耳曼血统"，例如，它为了鼓励雅利安人女性生育，将女性结婚年龄降低至16岁，并允许与不孕不育的配偶离婚。不过值得注意的是，该法典在离婚方面引入了"破裂主义"。除了夫妻一方犯有法定重大过错、产生法定离婚事由之外，还允许双方因感情破裂而提出离婚。

法典规定:“夫妻之共同生活已终止 3 年以上,婚姻关系已遭严重破坏且难望恢复者,夫妻双方各得请求离婚。请求离婚的配偶,就婚姻的破裂须负完全或主要责任者,他方得提出异议。”①

值得注意的是,虽然纳粹政府的《结婚离婚法》在德国战败后被废除,但占领德国的盟军仅废除了它关于种族主义的条款,其他条款经过重新编纂后,以盟国管制委员会的名义重新颁布,即《德国婚姻法》。该法在德国战后使用了相当长时间。

1976 年,联邦德国政府颁布的《婚姻及亲属法第一次修正法》(Das erste Gesetz zur Reform der Ehe und Familienrechts)正式生效。该法并非单独立法,而是在原有的《德国民法典》基础上,基于时代的需求,对离婚法进行了全面的改革。该法开篇为序言,第一~十一章分门别类地对《德国民法典》中的相关事项作出修订,第十二章为过渡性条款。

从体例上看,该法是针对《德国民法典》家庭法、继承法两编的补充修订,而非另立新法。其内容上修改的深意更值得探究。它最大的意义是改革了离婚法,对《德国民法典》中的离婚原因、离婚效果、赡养费、养老残疾津贴的补偿,以及离婚诉讼等进行重新规定。

第一,它废止了《婚姻及亲属法》中关于离婚规定的效力,将离婚的内容重新放回到《德国民法典》中。第二,在离婚事由上,它兼采有责主义、积极破裂主义,并将立法重点放在积极破裂主义上。即,除发生法定离婚事由的情形外,如若婚姻双方认为感情已经破裂、婚姻无法维系,则任意一方均可提起离婚。第三,为了防止法院诉讼成为破裂主义的枷锁,它废除了前述 1946 年颁布的《德国婚姻法》。第四,它规定了离婚供养制度。在《德国民法典》的基础上,增加了离婚双方在离婚赡养费、养老金等方面的补偿制度,为婚姻中经济能力更弱势的一方提供了离婚后的生活保障。

该法颁布后,其主要内容沿用至今。此后《德国民法典》的婚姻家庭立法虽有修正,但一直朝着保障婚姻自由、保障婚姻双方当事人的权利、保护婚姻家庭中弱势群体的方向发展。例如,在 1997 年颁布了《亲子关系法》《继承权地位平等法》。1998 年颁布了《子女抚养法》,加强了对未成年人在家庭教育、人身权

---

① 参见《结婚离婚法》第 500 条、502 条。转引自陈苇:《外国婚姻家庭法比较研究》,群众出版社 2006 年版,第 400 页。

利、继承权等方面权利的保障,尤其提出了对非婚生子女合法权利的保障。

2017 年,德国通过了同性婚姻合法化的法案,对于《德意志联邦共和国基本法》中规定的“婚姻是男女的结合”做出了修改,使其婚姻家庭立法朝着更加具有当代西方思潮特点的方向发展。

第七章　我国婚姻家庭法法典化研究

本章主要研究对象为我国婚姻家庭法法典化的进程研究。我国传统的婚姻制度起源于周礼，历经不同朝代，虽有变更，但有些传统的婚俗至今尚存。古老的婚姻习惯依然通过一代代人的传承影响着当今我国的婚姻家庭立法，影响着我国婚姻家庭法法典化未来的进路。为了总结过去，展望未来，本章对我国古代重要朝代中的婚姻家庭立法进行梳理，介绍其编纂形式、体例、内容上的变化。

第一节　传统中国婚姻家庭法法典化研究

本节主要介绍清代以前的婚姻家庭法发展状况。按照历史朝代的顺序，分别介绍了周、秦、汉、三国两晋南北朝、隋唐、宋元、明、清前期的婚姻家庭立法的体例、内容。

一、周礼与早期婚姻家庭立法

周礼中包含着中国古代先民在繁衍生息中形成的丰厚而独具特色的婚姻文化。虽然周礼不是正式的立法，但它自诞生之后，在历史长河中历经阐释，其所建立的婚姻制度、婚姻礼仪、婚姻伦理观念，不仅对历朝历代的婚姻家庭立法产生重大影响，且有许多内容延续至今。

从形式上看，《春秋》《左传》《国语》《战国策》《诗经》《周礼》《仪礼》《礼记》《尔雅》等经典对于周礼中包含的婚姻家庭制度、婚姻礼仪、婚姻关系的处理、婚姻家庭伦理观念等作了综合的阐述。在《吕氏春秋》《史记》《淮南子》《说苑》《新语》《白虎通》中对其也有零散的记载。但这些记载都只是理论的阐述，对周礼中提及的规范进行说理，或者对个别案例展开论述以阐明周礼的要旨。这些典籍虽然展现了早期婚姻制度的风貌，但很难称得上是立法。

从内容上看，周礼确立了婚姻家庭中的一些主要事项，极为广泛地指导当时人们的婚姻家庭生活。西周最主要的法律思想是“以德配天、明德慎罚”。在这一思想的指导下，统治者希望民众“父慈子孝，兄爱弟敬，夫和妻柔，姑慈妇听”①，严格按照礼制的教化生活。因而，统治者据此建立了一套将婚姻家庭生活规范与统治规范紧密联系的礼制。其核心为“亲亲、尊尊”：即“亲亲父为首”②，男性家长是家庭和家族的中心，维护男性家长的特权；“尊尊君为首”③，整个政权是为了维护君主，君臣之间上下等级贵贱分明，不得逾越。

由此，周礼建立起了一套严密规制个人、家庭、家族乃至整个社会的宗法制。西周的婚姻家庭制度主要包含如下内容：第一，周礼确立了一夫一妻制，并确立了媵妾制度。第二，确立了“同姓不婚”的原则。第三，确立婚姻须以“父母之命、媒妁之言”作为成立的要件，并确定了纳彩、问名、纳吉、纳征、请期、亲迎等程序。第四，确立了“七去三不去”的离婚制度。七去（亦称七出）为“不顺父母”“无子”“淫”“妒”“有恶疾”“多言”“窃盗”④。七出为男子合法的休妻事由。三不去为“有所娶无所归，与更三年丧，前贫贱后富贵”，是防止丈夫不合理休妻的规定。第五，初步确立了嫡庶制度，全面施行嫡长子继承制度。“立嫡以长不以贤”⑤，以保障其婚姻家庭制度按照确定的秩序代代相传。

二、秦代婚姻家庭立法

秦代的立法延续了春秋战国时秦国的法律。秦律共18种，为《田律》《厩苑律》《仓律》《金布律》《关市律》《工律》《均工》《工人程》《徭律》《司空》《军爵律》《置吏律》《效》《传食律》《行书》《内史杂》《尉杂》《属邦》。其余部分为：《效律》《秦律杂抄》《法律答问》《封诊式》《编年记》《语书》《为吏之道》。出土文物显示，秦律对于婚姻家庭生活有具体、明确的立法。目前发现的文物大部分是对当时通行法律的摘抄，而非全本。秦律立法的全貌已不可见，因此难以在立法技术

① 出自《左传·昭公二十六年》。
② 出自《史记三家注·太史公自序》。
③ 出自《史记三家注·太史公自序》。
④ 出自《大戴礼记·本命》。
⑤ 出自《公羊传·隐公元年·春王正月》。

上研究其对婚姻家庭立法的规范。从内容上看，秦律对部分婚姻家庭事项有明确的规范。例如，秦律规定了婚姻的成立条件、婚姻的形式、夫妻双方的权利义务及婚姻的解除；还规定了婚姻登记制度，结婚只有到官府登记才有效，未经登记的婚姻是不受法律保护的，丈夫休妻也必须经过官府的登记。秦律秉承周礼的宗旨，维护父权、夫权、君权，同时规定了一小部分保护妻子利益的条款。例如“夫为寄豭，杀之无罪”①，即丈夫若让妻妾以外没有名分的女性怀孕生子，杀掉他也不会被认为有罪。该规定虽然被记录在史书中，但是否作为法律被承认，则无从得知，其象征意义大于其实际意义。

三、汉代婚姻家庭立法

汉代的立法思想从初期的休养生息，到汉武帝时期的德主刑辅，对礼法制度产生了重要影响，也影响了当时的立法活动。

在汉代初期，受黄老思想影响，立法活动以废除秦代严苛法律（主要是刑事法律）、建立新的法律体系为主。汉高祖命令萧何参照秦律的内容，作《九章律》，其主要篇目为盗律、贼律、囚律、捕律、杂律、具律、户律、兴律、厩律。其中，户律主要规范了户口管理、婚姻制度和赋税征收。《九章律》的体例依然是民刑不分、以刑为主，但它将立法的总则部分与分则部分区分开，并以专章规定了婚姻制度。不过由于原文不可考，无法从内容上对其加以研究。

从汉代其他的典籍内容来看，汉代的婚姻家庭制度基本承袭了西周时期的制度，在细节上根据汉代的社会发展需求做了部分调整。例如，在汉代初期，统治者颁布法令降低结婚年龄，并规定 15～30 岁的女子如果不结婚，要缴纳 5 倍税负，以催促女子结婚②。这一规定到后来才有所变动。

另外，值得注意的是，汉武帝罢黜百家独尊儒术之后，礼治的地位显得尤其重要。在婚姻家庭立法方面，夫权和父权进一步加强。除了承袭西周的“七去三不去”规定之外，公婆可以随意干涉子女的婚姻生活。另外，妇女的离婚权受到极大的限制，“夫有恶行，妻不得去”③。丈夫对妻子的人身和财产具有绝对的控制权。不过，对于有产之家的妇女，法律予以一定的保护，规定“弃妻畀所

① 出自《秦会稽刻石》。
② 原文为“女子年十五以上至三十不嫁，五算”，出自《汉书·惠帝纪》。
③ 出自《白虎通·嫁娶》。

赍”①,妻子可以在被丈夫休弃之后,带走原本的嫁妆。

在家庭生活方面,汉律重视维护长幼尊卑有序的家庭生活秩序。子女需对长辈保持极大的尊敬和服从,否则有可能触犯“不孝”的罪名。同时推行孝道,提倡以家族为单位的家庭生活,提倡同居共财,子女需与尊长共同生活且不得析产。

在继承方面,汉代承袭了法定的嫡长子继承制度,不过除嫡长子之外的其他子女,也有一定的法定继承权。当时还规定了遗嘱继承。书面遗嘱称为“先令书”,由政府认证过的书面遗嘱为“先令券书”。官府尊重立遗嘱人的个人意愿。在继承方面,很难窥见当时立法的原貌,但可以通过一些案例,对上述的继承事项、继承纠纷等了解一二。

可见,汉代的婚姻家庭立法在承袭周礼的基础上,进一步对“礼”的内涵进行阐发,对婚姻家庭生活提出了更加细致和全面的要求。

四、三国两晋南北朝时期婚姻家庭立法

这一时期,政权频繁更迭,立法数目也较多。有相当一部分已不可考。从法典化的方面看,这一时期重要的成文法主要是《北齐律》。《北齐律》篇目共 12 篇,即名例律、禁卫律、婚户律、擅兴律、违制律、诈伪律、斗讼律、贼盗律、捕断律、毁损律、厩牧律、杂律,共计 949 条。在整体立法技术上,《北齐律》将《晋律》中的《刑名》和《法例》合并为《名例》,放在律典第一篇,进一步突出了法典总则的性质和地位,对后世立法影响深远,是中国古代立法技术的一大进步。

首先,从婚姻家庭法法典化的角度看,它仍然以专门的章节规定户籍制度和婚姻家庭制度,沿袭了汉代以来的立法传统。其次,从内容看,基于当时士族门阀制度的社会背景,魏晋南北朝时期的婚姻制度更加着重维护士族门第,强调士庶、良贱不通婚,以维系尊卑士庶良贱的不平等社会关系。例如,立法规定各大家族的家谱需报给官府,以保证官方对各家族适婚人员的掌握,以及对各家族通婚状况的了解。如果发生不同门第间通婚的状况,当事家族则会受到弹劾,甚至受到来自官方的制裁。可见,在承袭长幼尊卑有序的封建家庭秩序基础上,这一时期的婚姻家庭立法更加侧重于维护士族门

① 出自《礼记·杂记下》。

第。此外，在继承制度方面，这一时期立法规定，只有嫡长子有继承权，其余诸子女一般没有继承权。

五、隋唐时期婚姻家庭立法

隋唐时期是我国立法史上的重要时期。隋代的《开皇律》深刻地受到《北齐律》的影响。它采取了《北齐律》的结构模式，共计 12 篇 500 条。具体篇名为：名例律、卫禁律、职制律、户婚律、厩库律、擅兴律、贼盗律、斗讼律、诈伪律、杂律、捕亡律、断狱律。它将《北齐律》中的"婚户律"改名为"户婚律"，并增加了婚姻家庭的立法内容。但是由于原文已遗失，难以考察其具体内容。至唐代，立法思想与立法技术上均有所调整。在立法思想上，唐代统治者认为，应当以隋为鉴，立法应当以宽简为主，力求保持法律的稳定性与连续性。法条应当宽严适中，简约易明，便于适用。立法以"德礼为政教之本，刑罚为政教之用"①作为指导思想。在立法上，唐代有较大进展。首先，唐太宗李世民召集大臣修订法律，颁布《贞观律》。它在刑事立法内容上做了重大修订，并以国家正式法律的形式，明确了比附类推所应遵循的法律原则。这一条主要适用于刑事案件的判罚，民事案件的处理也会参照。其次，唐高宗于永徽元年(650 年)，令太尉长孙无忌等修订法律于永徽二年颁行《永徽律》，永徽三年召集人员对律文本身作出详尽的注疏，于永徽四年颁布《永徽律疏》。从立法技术上，《永徽律疏》将律文与疏议有机地合为一体，对后世立法产生了深远影响。从法律渊源上，《永徽律疏》的疏议部分与法律条文具有同样的效力。从实践层面，《永徽律疏》的律令与疏议合一的体系，为司法工作带来极大的便利，"断狱者，皆引疏分析之"②。最后，唐开元年间对《永徽律疏》进行了修订工作，对旧的格、式、律、令、敕进行了删改，使之更加符合社会的需求。唐代的立法不仅在法典编纂技术层面有所提高，在内容上与以往也有所不同。

唐代关于婚姻家庭立法的内容主要集中在《户婚律》中。《户婚律》共 46 条，主要是关于户籍、土地、赋税、婚姻等方面的刑法规范，也包含上述部分的民事法律规范。开篇即解释了《户婚律》篇名的历史更迭及该篇的主要内容："户婚律者，汉相萧何承秦六篇律后，加厩、兴、户三篇，为九章之律。迄至后周，皆

① 出自《唐律疏议·名例》。
② 出自《旧唐书·志》卷三十《刑法》。

名户律。北齐以婚事附之，名为婚户律。隋开皇以户在婚前，改为户婚律。既论职司事讫，即户口、婚姻，故次职制之下。"①

与其他朝代相比，其立法内容主要有以下更新：第一，正式将"七去三不去"从礼制规范上升为法律条文。"七去"为无子、淫佚、不事父母、口舌、盗窃、妒忌、恶疾；"三不去"为"经持舅姑之丧""娶时贱而后贵""有所受而无所归"。第二，规定了"义绝"制度。义绝即夫妻之间感情完全断绝。唐律中规定了义绝的情形，包括"（夫）殴妻之祖父母、父母及杀妻外祖父母、伯叔父母、兄弟、姑、姊妹""妻殴詈夫之祖父母、父母，杀伤夫外祖父母、伯叔父母、兄弟、姑、姊妹及与夫之缌麻以上亲，若妻通奸及欲害夫者"或者"夫妻祖父母、父母、外祖父母、伯叔父母、兄弟、姑、姊妹自相杀"②。汉代虽然也有义绝的规定，但并不是强制离婚的条件。唐律将义绝作为夫妻必须离婚的法定事项，并规定"诸犯义绝者离之，违者，徒一年。若夫妻不相安谐而和离者，不坐"③。第三，在继承制度方面，继续维护嫡长子继承制，但其他儿子也有继承权，只是嫡子的继承份额更大。《唐律疏议》规定女子可以有一定继承权，份额比照男性的份额减半。

总的来看，从《贞观律》到《唐律疏议》，虽然法典编纂技术有所进益，但旨在加强刑事立法，而非促进民事立法。唐代婚姻家庭立法承袭过去的制度，继续维护封建礼教下的家族宗法，维护丈夫对妻子的绝对权利，维护长幼尊卑有序的家庭秩序。

六、宋元时期婚姻家庭立法

宋元时期，中国古代社会政治、经济、文化发生了重要变化。宋代主要的立法活动体现在《宋刑统》和《条法事类》的编纂上。不过这两项立法活动大多与刑事立法相关，与婚姻家庭立法关系较小。

宋代婚姻家庭立法的内容基本沿袭唐律，不管是体例上还是内容上，变化不大。其主要的成文法体现在《宋刑统》中。《宋刑统》全名为《宋建隆重详定刑统》或《重详定刑统》，又称《建隆刑统》，于建隆四年（963 年）颁布。同时颁布的还有令、式、编敕等立法。全文共 12 篇 30 卷 213 门，这里的"门"是对刑事犯罪

① 出自《唐律疏议·户婚》第一条疏。
② 出自《唐律疏议·户婚》第一百八十九条疏。
③ 出自《唐律疏议·户婚》第一百九十条疏。

罪名的分类。其篇目有名例律、卫禁律、职制律、户婚律、擅与律、贼盗律、斗讼律、杂律、捕亡律、断狱律等。其中，户婚律是宋代的婚姻关系立法。它与过去的立法不同，除了原有的婚姻家庭规范之外，还将之前发布过的、编敕中的相关内容整编进来，例如它将"婚田入务""户绝资产"等编入，附在律令后面。户婚律开篇即言明，本篇"律条十四并疏令式敕条十五起请条一"①，十门分别为：脱漏增减户口疾老丁中小、僧道私入道、父母在及居丧别籍异财居丧生子、养子立嫡、放良压为贱、相冒合户、卑幼私用财分异财产别宅异居男女、户绝资产、死商钱物诸蕃人及波斯附、卖口分及永业田。皇帝有时通过诏令调整婚姻家庭立法的个别规则。例如，北宋仁宗《天圣令·户令》规定"凡男年十五、女年十三以上，并听婚嫁"②，其规定了男女的适婚年龄。又如"凡子妇未敬未孝，不可遽有憎疾，姑教之；若不可教，然后怒之；若不可怒，然后笞之，屡笞而终不改，子放妇出，然亦不明言，其犯礼也"③，这是针对婆媳矛盾的教化。在继承方面，宋代承袭了唐代的继承制度。不过，在立法中提高了在室女的继承份额，规定"在法：父母已亡，儿女分产，女合得男之半"④。《宋刑统》中，也有"今后户绝者，所有店宅、畜产、资财，营葬功德之外，有出嫁女者，三分给与一分"⑤"如有出嫁亲女被出，及夫亡无子，并不曾分割得夫家财产入己，还归父母家后户绝者，并同在室女例"⑥。

元代的立法思想、立法技术与立法内容发生了巨大变化，其立法在大部分承袭前朝立法的基础上，增加了一些特有的制度。元代统治者提出，立法应当沿袭蒙古的政治传统，同时对唐宋以来留存的官僚制度进行有选择的采纳。在立法上，坚持蒙古的民族习惯法，以成吉思汗的《大札撒》作为法律基础，还要参考唐宋、辽金的部分法律制度，兼顾各民族的风俗习惯，在婚姻家庭立法上施行蒙汉异制。元代主要立法包括《大元通制》《至元新格》《至正条格》等。由于这些立法没有得到完整的保存，大部分条款已经找不到原文。只有少数条文在《元典章》《通制条格》等典籍中有所留存。元代的婚姻家庭立法原文的全貌已

① 《宋刑统》卷十二《户婚律》(序)
② 出自[宋]司马光：《司马氏书仪》卷三《婚仪上》注。
③ 出自[宋]司马光：《司马氏书仪》卷四《婚仪下》注。
④ 出自《名公书判清明集》卷十四《户婚门·分析·女婿不应中分妻家财产(刘后村)》。
⑤ 出自《宋刑统》卷十二《户婚律·户绝资产》。
⑥ 出自《宋刑统》卷十二《户婚律·户绝资产》。

经难以窥见,因而难以在法典编纂技术上对其进行评价,不过依然可以在留存的条款中了解一部分内容。例如,忽必烈在至元八年(1271年)颁布的圣旨中提道:"诸色人同类自相婚姻者,各从本俗法;递相婚姻者以男为主,蒙古人不在此限。"①这就是前述蒙汉异制的表现。

七、明代婚姻家庭立法

明代的主要立法思想有三个:第一,明代不再区分民族施行法律;第二,明初开始,秉承了重典治国的思想,加强刑事立法;第三,加强礼治,在民众中普及礼法,"朕仿古为治,明礼以导民,定律以绳顽"②。

明代的主要立法活动是编纂《大明律》《大诰》《大明会典》。洪武三十年(1397年),朱元璋主导编纂的《大明律》颁布。该立法后来被人做了引注,称为《大明律集解附例》。其体例为:总目、御制大明律序、大明律集解名例,后面附30卷律、解、例。它的整体篇目分类为:名例律、吏律(职制、公式)、户律(户役、田宅、婚姻、仓库、课程、钱债、市廛)、礼律(祭祀、仪制)、兵律(宫卫、军政、关津、厩牧、邮驿)、刑律(贼盗、人命、斗殴、骂詈、诉讼、受赃、诈伪、犯奸、杂犯、捕亡、断狱)、工律(营造、河防)。它主要涉及刑事方面的立法,关于婚姻家庭方面的立法则主要做了禁止性规定。例如卷四中的"立嫡子违法""收留迷失子女"等,是关于继承、收养的禁止性规定。其卷六的"婚姻"是关于婚姻家庭关系的立法,具体篇目为:男女婚姻、典雇妻女、妻妾失序、逐婿嫁女、居丧嫁娶、父母囚禁嫁娶、同姓为婚、尊卑为婚、娶亲属妻妾、娶部民妇女为妻妾、娶逃走妇女、强占良家妻女、娶乐人为妻妾、僧道娶妻、良贱为婚姻、蒙古色目人婚姻、出妻、嫁娶违律主婚媒人罪。本卷立法集中编纂了婚姻中的禁止性规定,例如,规定婚约必须经过官府的婚书报备,不得私下无婚书订约,"婚书,有媒妁通报写立者,私约,无媒而私下议约也。聘财但系布帛之类,凡名为定礼者,即笞五十,杖七十、八十"③。法典内关于婚姻家庭的立法基本是此类模式,即以公法的形式规范私领域生活。

---

① 出自《元史》。《通制条格》载"婚姻礼制"条云:"至元八年二月,钦奉圣旨条画内一款:诸色人同类自相婚姻者,各从本俗法;递相婚姻者,以男为主。(蒙古人不在此限。)"

② 出自《明史·志》第六十九《刑法一》。

③ 《大明律集解附例》卷六《户律·婚姻》。

《大诰》为刑事立法，其中关于婚姻家庭的立法并不多。《大明会典》主要是行政类法规的汇编，但是其中夹杂着一些对婚姻家庭生活中违法行为的处罚。例如在卷一百六十九《律例十·刑律二》中，规定了妻妾殴夫、同姓亲属相殴、殴大功以下尊长、殴期亲尊长、殴祖父母父母、妻妾与夫亲属相殴、殴妻前夫之子、妻妾殴故夫父母、父祖被殴等内容，其立法目的是释明家族生活中的长幼尊卑秩序，禁止卑幼反抗、侵犯尊长。

从立法内容、立法事项范围等方面看，明代的婚姻家庭立法基本沿袭唐宋以来的旧法，只是在婚姻关系、违法婚姻适用刑罚等方面有所变化。例如，禁止府、州、县亲民官在任内娶当地的妇女为妻妾。“凡府、州、县亲民官，任内娶部民妇女为妻、妾者，杖八十。若监临官娶为事人妻、妾及女为妻、妾者，杖一百。女家并同罪，妻妾仍两离之。”①凡此种种，在婚姻家庭法律编纂的思想上与唐律基本一致，在具体的规定上有所差异。

明代的婚姻家庭立法的内容变化较大的部分为继承制度。比较有特点的内容如下：第一，明代的继承分为身份继承和财产继承两种，两者明确区分开来。身份继承为身份权的传承，严格执行嫡长子继承制，否则构成犯罪。第二，在财产继承方面，与其他朝代不同，明代规定，儿子对财产有同等的继承份额。“凡嫡庶子男……其分析家财田产，不问妻、妾、婢生，止依子数均分。奸生之子，依子数量与半分。如别无子，立应继之人为嗣，与奸生子均分。无应继之人，方许承继全分。”②第三，规定了寡妇的继承权，“妇人夫亡无子，守志者，合承夫分。须凭族长，择昭穆相当之人继嗣”③。第四，规定了“绝户”的继承规则，“户绝财产，果无同宗应继者，所生亲女承分”④。

八、清代前期婚姻家庭立法

清代前期的立法思想为“详译明律，参以国制”，即主要参考明代的立法，同时参考后金人自己的民族习惯。自顺治三年（1646 年）开始，至乾隆五年（1740 年），历时近百年的法律编纂、修订工作基本完成，颁布了《大清律例》。该立法共 47 卷 30 门，436 条，附例编定为 1042 条。其体例仍旧为：名例律、吏律、户

---

① 出自《大明律·户律·婚姻》。
② 出自《大明令·户令》。
③ 出自《大明令·户令》。
④ 出自《大明令·户令》。

律、礼律、兵律、刑律、工律。其中,关于婚姻家庭的立法主要集中在《户律》。

《户律》体例为:户役、田宅、婚姻、仓库、课程、钱债、市廛。其中,"婚姻"部分为第一百零一条至第一百一十七条,共计 17 条。每一条的格式为律后附例,仿照了《大明律集解附例》的体系。其具体的条目为:男女婚姻、典雇妻女、妻妾失序、逐婿嫁女、居丧嫁娶、父母囚禁嫁娶、同姓为婚、尊卑为婚、娶亲属妻妾、娶部民妇女为妻妾、娶逃走妇女、强占良家妻女、娶乐人为妻妾、僧道娶妻、良贱为婚姻、出妻、嫁娶违律主婚媒人罪。其体例基本与明代立法相同。

在内容上,清代立法也基本与明代类似,即关于婚姻家庭的立法大多为在婚姻、家庭、财产、继承、收养的关系中的禁止性规定,以现代的部门法分类应将其归为刑事立法。仅在《户律》的"男女婚姻"中附带有清晰的民事立法。例如:"凡男女定婚之初,若[或]有残[废或]疾[病]、老幼、庶出、过房、[同宗]乞养[异姓]者,务要两家明白通知,各从所愿,[不愿即止,愿者同媒妁]写立婚书,依礼聘嫁。若许嫁女已报婚书及有私约[谓先已知夫身残疾老幼庶养之类]而辄悔者,[女家主婚人]笞五十。[其女归本夫]虽无婚书但曾受聘财者亦是。……嫁娶皆由祖父母、父母主婚。祖父母、父母俱无者,从余亲主婚。其夫亡携女适人者,其女从母主婚。若已定婚未及成亲而男女或有身故者,不追财礼。"①该条规定与《大明律集解附例》中的规定相同。

在具体的清代婚姻家庭制度中,官方并没有以立法的形式规范婚姻的婚姻成立要件、结婚程序、离婚事由及程序、夫妻财产权、夫妻相互权利和义务、亲子关系等内容。这些内容都存在于礼法和民间流传的习俗之中。

纵观清末之前的法典编纂,不难得出,在民刑不分、以礼法为主要立法指导思想的封建立法中,随着编纂技术的提高,婚姻家庭相关内容从散乱的条文发展为单独成篇,从单薄的条款发展为律、例、解齐备的法典。不过,虽然统治者会在本朝主要法典中涉及婚姻家庭的立法事项,也会通过律、令、敕等不同的法律渊源对婚姻家庭规范进行灵活的调整,但从内容上看,这些规范以禁止性规定为主,民事规范为辅。且中国古代的婚姻家庭规范大多来自礼法,而礼法随着一代代儒学家的阐发,则变得愈加复杂。要了解中国古代婚姻家庭立法的具体内容,则需要在儒学学说、民间习惯、司法案例实践中探寻。

---

① 《大清律例·户律》第一百零一条。

第二节 清末以来婚姻家庭立法

本节主要介绍清末至民国时期,我国主要的婚姻家庭立法情况。自清末开始,清政府开始学习西方殖民者的立法体系,将民法与刑法区分开来,构建民事立法体系。自南京临时政府建立之后,男女平等的思想被逐渐引入婚姻家庭立法,使我国的婚姻家庭生活产生了新变化。

一、清末时期婚姻家庭立法

鸦片战争之后,随着清朝政府陆续签订了不平等条约,中国逐渐沦为半殖民地半封建社会。清政府在内忧外患之下,不得不改良法律。中国古代传统立法体系难以维系其固有的体系。无论是公法领域还是私法领域,立法内容、法典编纂技术等,都开启了变革的路程。在这一过程中,私法领域,尤其是婚姻家庭领域的立法受到的冲击相对缓和。清朝政府所面临的西方列强的压力并没有在根本上动摇其在私法领域中的统治模式,也没有对当时的婚姻家庭秩序产生大规模、颠覆性的触动,因此,这一领域的立法在清末时期并未产生太大的变动。不过,在西方列强不平等条约的压力下,在治外法权丧失的影响下,清政府毕竟做出了一些调整。

在修订《大清律例》的时候,清政府的新旧两派针对关键问题产生了争执。其中,关于卑幼能否对尊长进行正当防卫的问题,新旧两派产生争论。代表旧礼法的一派认为,按照礼法,尊长对子女有绝对的权威,即便尊长有错,卑幼者必须接受,不存在正当防卫的理由。代表变法的新派认为,如果尊长要侵害卑幼者的生命权,国家应当对尊长者治不慈之罪,这样才能跟"不孝"的罪名相对应,符合公平原则。

1911 年 1 月 25 日,清政府颁布了《大清新刑律》,并附有《暂行章程》。该立法在公法领域做出了不少改革。但是,在婚姻家庭立法上,礼教派的观点被写入立法。它保留了无夫妇女通奸罪,对尊亲属有犯不得适用正当防卫,加重卑幼对尊长、妻对夫杀伤等罪的刑罚,减轻尊长对卑幼、夫对妻杀伤等罪的刑罚等,保留了相当浓厚的封建礼法色彩。

与此同时,清政府于 1907 年 6 月开始修订民律。虽然该立法尚未颁布时清政府便被推翻,不过这一草案依然值得关注。它由日本法学家松冈义正指导编纂,体例上参考了德国的潘德克顿体系,分为总则、债权、物权、亲属、继承五编内容。不过,内阁侍读学士甘大璋认为,亲属、继承两编与礼教牵涉较多,应当由礼学馆起草,因此造成了前三编、后两编在立法指导思想、立法技术上的割裂。

在体例上,后两编参考了国外的民法典立法例。第四编亲属,包括定名、取义,下设通则、家制、婚姻、亲子、监护、亲属会、扶养之义务七章,分别对亲属关系的种类和范围、家庭制度、婚姻制度、未成年人和成年人的监护、亲属间的扶养等作了规定。第五编继承,包括定名、范围及次序,通则,继承,遗嘱,特留财产,无人承认之继承,债权人或受遗人之权利。其内容包括:自然继承的范围及顺位、遗嘱继承的办法和效力、尚未确定继承人的遗产的处置办法,以及对债权人和受遗人利益的法律保护等。在内容上,后两编主要体现了中国传统社会历代相沿的礼法和民间习惯法。例如,它规定:"家政统摄于家长"(第一千三百一十八条),保留了传统的家长权;"家属尊卑之分以亲等及其长幼为序"(第一千三百一十三条)则保留了家庭中长幼尊卑的秩序;"家中无男丁或有男丁而未成年,妇女得为家长"(第一千三百一十六条),则是规定了女性对男性的从属。可以说,后两编内容虽然同样是变法的产物,但它依然坚定地维护着封建礼教,将过去存于礼法、民间习惯、刑律中的条款,以"民事立法"的外壳予以表达。因此,在内容上并没有太大进步。

二、南京临时政府时期婚姻家庭立法

南京临时政府时期虽然没有对婚姻家庭立法进行完全的修订工作,但是它颁布的一些法令中包含有破除封建礼法的内容,这对于改变传统婚姻家庭秩序意义重大。例如在《中华民国临时约法》中第五条规定,"中华民国人民一律平等,无种族、阶级、宗教之区别",打破了封建礼法中长幼尊卑的社会秩序,强调人人享有平等的权利,负有平等的义务和责任。1912 年 3 月,以唐绍仪、蔡元培、刘冠雄、宋教仁等 26 人为发起人提出了《社会改良章程》,其中的条款对传统婚姻家庭秩序进行了改革,具体为:"五、实行男女平等。六、提倡废止早婚(男子十九岁以上,女子十七岁以上始嫁娶)。七、提倡自主结婚。八、承认离婚之自由。九、承认再嫁之自由。十、不得歧视私生子。十一、提倡少生子女。十二、禁止对于儿童之体罚。……十五、提倡戒除承继、兼祧养子之习。……十

八、废缠足、穿耳、敷脂粉之习。”①

三、北京政府时期婚姻家庭立法

1912年3月10日，袁世凯宣誓就任中华民国临时大总统时，发布了《暂准援用前清法律及新刑律令》。该总统令规定，民事部分的立法，“惟民律草案，前清时并未宣布，无从援用，嗣后凡关民事案件，应仍照前清现行律中规定各条办理”。这里提到的民律草案即前述《大清民律草案》。这一举措使婚姻家庭方面的立法回归到传统的礼教时代。

北京政府成立后，即开始民事立法修订工作。1915年，负责编订法律的委员会初步完成民律亲属编，其体例、内容大致与《大清民律草案》的亲属编部分相同。1925—1926年间，北京政府民律草案编纂完成，该法案未能正式颁布实施。不过从体例看，它基本仿照了《大清民律草案》，分为总则、债、物权、亲属、继承五编。亲属、继承两编为婚姻家庭领域的立法，其内容基本与《大清民律草案》一致，只是在细节部分根据司法机关的判例稍作修改。

四、南京国民政府时期婚姻家庭立法

1929年，国民政府的立法院成立后，开始民法典的起草工作，至1931年，民法典各编均完成并公布实施。它包括总则、债、物权、亲属、继承五编。其中，涉及婚姻家庭立法的部分为亲属、继承两编。亲属编为“通则”“婚姻”“父母子女”“监护”“抚养”“家”“亲属会议”，共计7章170条。继承编为“遗产继承人”“遗产之继承”“遗嘱”，共计3章87条。《中华民国民法》是中国近代历史上第一部民法典，它在婚姻家庭部分的立法做出了巨大改革，但在一定程度上保留了封建礼法的残余。

第一，它废除了封建立法中的婚姻制度。它确立了严格的一夫一妻制，规定“有配偶者，不得重婚。一人不得同时与二人以上结婚”（第985条）。但在司法实践中，对重婚的条件较为宽松，只要没有举行结婚仪式，就可以认为没有触犯重婚的条款。

第二，它在一定程度上允许婚姻自由，规定婚约应当由男女双方当事人订立，“婚约，应由男女当事人自行订定”（第972条）。但保留了其他亲属，例如法

---

① 《社会改良章程》部分条款，参见上海《民立报》1912年3月29日刊。

定代理人，对于当事人双方婚姻干涉的权利，第 974 条规定：未成年人结婚，应得法定代理人之同意。

第三，它废除了宗祧继承制度，取消嫡子与庶子的区别，规定了法定继承的顺位。“遗产继承人，除配偶外，依左列顺序定之：一直系血亲卑亲属。二父母。三兄弟姊妹。四祖父母。”（第 1138 条）

第四，它取消了丈夫对妻子的特权，规定“夫妻于日常家务，互为代理人”（第 1003 条）。妻子也有民事行为能力。但其规定联合财产（即夫妻共同财产）理应由丈夫管理，“联合财产，由夫管理。但约定由妻管理时，从其约定。其管理费用由有管理权之一方负担”（第 1018 条）。

第五，它保留了尊长对子女的绝对权威。“家长由亲属团体中推定之；无推定时，以家中之最尊辈者为之；尊辈同者，以年长者为之；最尊或最长者不能或不愿管理家务时，由其指定家属一人代理之。”（第 1124 条）“家务由家长管理。但家长得以家务之一部，委托家属处理。”（第 1125 条）“子女之持有财产由父管理，父不能管理时，由母管理。”（第 1088 条）

《中华民国民法》的产生对于中国婚姻家庭法具有划时代的意义。在封建时代，婚姻家庭立法大多以禁止性规定存在，虽有民事性质的规定，但并未集中编纂成册，散见于不同的法律渊源中，例如皇帝的诏令、会典等。可以说，存在于法典中的中国古代婚姻家庭立法并不属于现代意义上的民法范畴，属于民法的部分保留在礼法与民间习惯中。《中华民国民法》作为一部正式颁行的民事立法，正式将婚姻家庭立法放在私法领域中予以规范。它对婚姻家庭的立法技术、立法语言采用民事立法方式，抛弃了以刑事处罚手段立法的方式，用民事法律规范调整婚姻家庭生活中人、财产的关系。从体例上看，它以五编制的方式，对亲属、继承关系分别加以规范，与传统的户婚一体的立法体例相比是一大进步。从内容上看，它废除了封建家庭的核心内容——宗祧继承制度，从法律条款上废除了丈夫对妻子的控制权，较大地改善了妇女在婚姻家庭中的地位，改善了传统宗法制度对核心家庭①的制约，具有划时代的重要意义。需要注意的是，其在婚姻家庭方面的立法也参考了不少《大清民律草案》等的内容。因此，在内容上，它不免还是保留了一些封建残余，在尊亲属、夫妻代理等制度上，明显具有维持长幼尊卑家庭秩序的意味，维护带有封建残余的婚姻家庭制度。

① 即仅由父母和子女两代人组成的家庭。

第三节　新中国时期婚姻家庭立法法典化研究

新中国成立后，包括婚姻家庭法在内的诸多立法均重新厘定，开启了我国婚姻家庭法的法典化新里程。本节主要介绍新中国成立后出现的重要的婚姻家庭立法，以及为了促进婚姻家庭立法的司法实践而颁布的司法解释。

一、1950年《婚姻法》

从立法思想来源看，婚姻家庭法的立法工作早在新中国成立前就已开始。1948年9月，刘少奇参加全国解放区妇女工作会议时，要求中央妇女运动委员会承担婚姻法立法工作的任务，起草草案。1949年3月，草案即完成。1950年5月1日，被誉为“普遍性仅次于宪法的根本大法”的《婚姻法》正式实施。它不仅是新中国成立后的第一部婚姻家庭法，也是新中国成立后的一部正式立法，意义重大。

从法典编纂情况看，它从形式到内容都受到革命根据地时期立法的影响。其篇章结构：第一章原则、第二章结婚、第三章夫妻间的权利和义务、第四章父母子女间的关系、第五章离婚、第六章离婚后子女的抚养和教育、第七章离婚后的财产和生活、第八章附则，共计27条。

相较于革命根据地时期的婚姻法，该立法有传承，也有改进之处。在立法精神上，1950年的《婚姻法》承担着在婚姻家庭领域进一步反封建的任务。负责起草《婚姻法》的工作小组通过调研，认为应当保护结婚自由，并支持离婚的绝对自由，通过保障妇女从不幸福的婚姻中解脱出来的权利，进一步解放妇女，解放生产力。因此，在《婚姻法》开篇，即申明“废除包办强迫、男尊女卑、漠视子女利益的封建主义婚姻制度。实行男女婚姻自由、一夫一妻、男女权利平等、保护妇女和子女合法权益的新民主主义婚姻制度”（第一条），以强调《婚姻法》的立法宗旨。

从立法模式看，1950年的立法依然选择了苏联的单行法模式，并采取总则-分则的立法方式。通篇以婚姻制度为主线，主要关注夫妻关系的建立、维持、解体这一过程中的问题，辅以对监护、抚养、继承等制度的立法。在立法内容上，1950年《婚姻法》更加丰富全面，在兼顾离婚自由的基础上，增加保障妇女权益的条款。例如“女方怀孕期间，男方不得提出离婚；男方要求离婚，须于女方分娩一年后,始得提出。但女方提出离婚的,不在此限"(第十八条)。在立法对象上,依然是针对婚姻家庭关系中较为主要的法律关系,对于关于保障妇女儿童权利、落实婚姻家庭立法精神的细则,则未在法典中予以具体规定,而是选择在事后通过颁布通知、立法解释、司法解释等的方式,对未尽事宜予以说明。这样就形成了我国婚姻法以单行立法为主体,以通知、解释为辅助的立法格局。

从法典化的角度看,1950 年的《婚姻法》具有划时代意义。它作为新中国第一部婚姻法,承担着反封建的任务,将宗祧制度、纳妾制度等彻底废除,要求建立平等、互相尊敬、互相爱护的家庭秩序,去除了封建时代长幼尊卑有序、男尊女卑的糟粕。在形式上,它确立了我国长期以《婚姻法》单行法为核心、以相关文件和司法解释为辅助的婚姻家庭立法传统。

在实施《婚姻法》的过程中,有关部门根据司法实践的需要,颁布了一系列通知、政策文件、司法解释,这些文件在司法实践中与《婚姻法》具有同等效力。在婚姻法实施的政策文件方面,有如下几个较为重要的。例如,在《婚姻法》正式颁布实施之前,1950 年 4 月 30 日,中共中央就专门下发《中央关于保证执行婚姻法给全党的通知》,用以保障《婚姻法》的实施。随后,针对《婚姻法》在实践中的各类问题,1950 年 6 月,中央人民政府法制委员会发布了《有关婚姻法施行的若干问题的解答》;1951 年 9 月,中央人民政府政务院发布了《关于检查婚姻法执行情况的指示》。1953 年 2 月,中央人民政府政务院发布《关于贯彻婚姻法的指示》,专门用于贯彻实施《婚姻法》。

在司法解释方面,根据实践中的问题,有关机关有针对性地颁布了相关解释性文件。例如在彩礼问题上,最高人民法院发布了《关于取消婚约时应否返还聘礼问题的复示》(1951 年 5 月 24 日)、司法部发布了《关于"聘金"或"聘礼"处理原则的批复》(1951 年 6 月 22 日)、最高人民法院司法部发布了《关于婚姻案件中聘金或聘礼的处理原则问题对华东分院、华东司法部的指示信》(1951 年 10 月 8 日)、最高人民法院发布了《函复察哈尔省人民法院关于聘金或聘礼的几个疑义及早婚如何处理的问题》(1951 年 12 月 3 日)等。在重婚问题上,中央人民政府法制委员会颁布了《关于重婚案件的处理原则》(1950 年 10 月 23 日),中央人民政府、司法部颁布了《关于婚姻法施行前重婚处理原则》(1952 年 8 月 5 日),中央人民政府法制委员会发布了《关于处理重婚、纳妾、童养媳案件的时间界限问题》(1953 年 6 月 25 日)。关于因生理原因导致的婚姻效力瑕疵、离婚等问题上,最高人民法院西南分院发布了《关于处理偏瘫、白痴、聋哑者离婚问题的批复》(1952年4月21日),内务部发布了《关于麻风病患者婚姻问题的处理意见的复函》(1953年7月20日)。

1953年3月19日颁布的《中央人民政府法制委员会有关婚姻问题的解答》是比较特殊的司法解释。该文件以问答的方式,解答了对涉及《婚姻法》施行前的重婚、纳妾、兼祧等封建残余制度的处理,以及《婚姻法》施行后的婚姻自由、结婚离婚的条件、结婚离婚的形式要件和家庭财产的处理等问题,并对非婚生子女的概念和认定等重要问题做出了规范。全文共涉及18个方面的问题,在全国范围内有较大影响。

另外,为了保证《婚姻法》的实施,确保婚姻登记制度,1955年6月1日,经国务院批准,内务部公布了《婚姻登记办法》。该法没有区分章节,共13条,对婚姻登记制度做出了规定,规范了结婚、离婚等登记程序。后来还颁布了《内务部关于婚姻登记若干问题的解答》《中央人民政府法制委员会对内务部关于结婚登记后未同居要求撤销登记应按离婚办理的复函》等管理办法。

二、1980年《婚姻法》

由于时代的需要,1978年11月开始了对《婚姻法》的修订工作。自1981年1月1日起施行新的《中华人民共和国婚姻法》(该法于1980年公布)。1980年《婚姻法》篇章结构:第一章总则、第二章结婚、第三章家庭关系、第四章离婚、第五章附则。总则规定了立法宗旨:“本法是婚姻家庭关系的基本准则。”(第一条)其还规定了婚姻法的基本原则:“实行婚姻自由、一夫一妻、男女平等的婚姻制度。保护妇女、儿童和老人的合法权益。实行计划生育。”(第二条)

从法典化的视角看,1980年《婚姻法》与1950年《婚姻法》有相似之处,也有很多不同。其相似点在于,二者均采取了单行法的立法模式,采取了总则-分则的立法结构。不同的是,在立法结构安排上,1980年《婚姻法》将夫妻间的权利和义务、父母子女间的关系合并为一章,总称为“家庭关系”。对于离婚后的子女、财产等问题,将其合并后放在离婚一章。这一结构更加合理,更具有抽象化意味,体现了这一时期立法技术的提高。

在立法内容上,1980年《婚姻法》在一些制度安排上做出了修改。第一,配合计划生育政策,施行晚婚晚育、优生优育政策,在婚龄、有亲缘关系的人结婚、入赘等规定上稍作调整。第二,在离婚上,采取破裂主义。1950年《婚姻法》规定:“男女一方坚决要求离婚的,得由区人民政府进行调解;如调解无效时,应即转报县或市人民法院处理;区人民政府并不得阻止或妨碍男女任何一方向县或市人民法院申诉。县或市人民法院对离婚案件,也应首先进行调解;如调解无效时,即行判决。"(第十七条)该规定虽然允许离婚,但在司法实践中,通常由于人们对离婚这一行为的贬低而导致大量案例无法离婚,司法机关判决不准离婚。1980年《婚姻法》修改这一规则,采取"破裂主义",在第二十五条规定:"男女一方要求离婚的,可由有关部门进行调解或直接向人民法院提出离婚诉讼。人民法院审理离婚案件,应当进行调解;如感情确已破裂,调解无效,应准予离婚。"虽然其也规定了有关机关的调解工作,但减轻了相关机关对个人离婚自由的干涉。这既保护了个人的离婚自由,也给予相关机关在司法实践中的灵活性。

从法典化的角度看,1980年《婚姻法》在婚姻家庭立法私法化、保障个人自由权利的方面有更大的进步。在立法技术上,使用的概念术语更加准确,结构更为简明、有条理。在订立新法的过程中,衍生出的婚姻法学说也为我国后来婚姻家庭立法的修订奠定了基础。

为了保障新婚姻法的实施,有关机关要求各部门应当配合,深入宣传法律。例如,在1980年《婚姻法》实施前夕,国务院于1980年12月10日发出《国务院关于认真执行新婚姻法的通知》,要求在司法实践中不得随意改变立法规定:"有些地方在婚龄、婚姻登记办法等方面各自做过一些暂行规定,自新婚姻法实施之日起,凡与该法不一致的有关规定,一律无效。""各级政府干部都要模范执行婚姻法。尤其是司法、民政部门的干部,更要奉公守法,认真学习和掌握新婚姻法的精神和条文,坚决依法办事,维护妇女、儿童、老人的合法权益,惩办违法犯罪分子,伸张正义,为贯彻新婚姻法做出贡献。"①

同样地,为了配合新婚姻法的实施,有关机关颁布了一系列补充法律文件,包括政策文件、管理办法、司法解释等,沿袭了1950年以来以单行《婚姻法》为主、各类解释性文件为辅的立法体系。其主要的管理办法包括:最高人民法院发布的《关于非婚生子抚养问题的批复》(1980年5月26日),最高人民法院发布的《关于处理配偶一方在港澳台或国外,人民法院已经判决离婚,现当事人要求复婚问题的复函》(1980年8月28日),最高人民法院发布的《关于变更子女

① 参见国务院1980年12月10日国发〔1980〕305号《国务院关于认真贯彻执行新婚姻法的通知》,《人民日报》1980年11月30日。

姓氏问题的复函》(1981年8月14日),最高人民法院发布的《关于对年老、无子女的人能否按照婚姻法第二十三条类推判决有负担能力的兄弟姐妹承担扶养义务的复函》(1981年9月1日),民政部、教育部、外交部制定的《关于出国留学生办理婚姻登记的暂行规定》(1984年7月19日),民政部、司法部、国家计划生育委员会、全国妇联、共青团中央联合发出的《关于认真贯彻中共中央〔1984〕七号文件,严禁早婚的通知》(1984年7月28日),民政部民政司发布的《关于普通高等学校学生、民航空勤人员和国家队运动员结婚年龄问题的函》(1986年7月9日),民政部办公厅发布的《关于正在劳改的犯人及正在接受劳教的人员申请结婚问题的通知》(1986年9月11日),民政部民政司发布的《关于无户籍居民办理结婚登记手续问题的复函》(1986年10月25日)等。

关于婚姻登记制度,也有所修改。1980年10月23日经国务院批准,民政部于1980年11月11日发布第二部《婚姻登记办法》。由于在使用中出现了一系列问题,加之机构调整,1985年12月31日经国务院批准,第三部《婚姻登记办法》由民政部于1986年3月15日发布。原来的婚姻登记管理立法废止。在后来的历史时期中,这一登记办法也作出了持续的修订。第四部《婚姻登记管理条例》由民政部于1994年2月1日发布;第五部《婚姻登记条例》由国务院于2003年8月8日发布。各省根据这一立法,各自颁布本省的地方立法,推动该条例在本省的施行。

三、《中华人民共和国民法通则》的制定及其修改

在婚姻家庭立法以《婚姻法》单行法为主的时代,作为涵盖了婚姻家庭立法在内的所有民事立法的原则性规定,《中华人民共和国民法通则》中关于婚姻家庭的立法也非常重要。《民法通则》于1986年4月12日在第六届全国人民代表大会第四次会议上通过。在30余年的历史阶段中,它一直对婚姻家庭立法起着以基本原则、基本规定总领全局的作用。

《民法通则》共9章,具体篇目为:第一章基本原则、第二章公民(自然人)、第三章法人、第四章民事法律行为和代理、第五章民事权利、第六章民事责任、第七章诉讼时效、第八章涉外民事关系的法律适用、第九章附则。其中,在第二章公民(自然人)中规定了“监护”一节,在第五章民事权利的“人身权”一节中规定:“公民享有婚姻自主权,禁止买卖、包办婚姻和其他干涉婚姻自由的行为”(第一百零三条),“婚姻、家庭、老人、母亲和儿童受法律保护。残疾人的合法权

益受法律保护"(第一百零四条),"妇女享有同男子平等的民事权利"(第一百零五条)等规则。上述条款规定了婚姻自由、保障妇女儿童权益、男女平等这些与婚姻家庭规范相关的基本原则。在第八章涉外民事关系的法律适用中规定:"中华人民共和国公民和外国人结婚适用婚姻缔结地法律,离婚适用受理案件的法院所在地法律"(第一百四十七条);"扶养适用与被扶养人有最密切联系的国家的法律"(第一百四十八条);"遗产的法定继承,动产适用被继承人死亡时住所地法律,不动产适用不动产所在地法律"(第一百四十九条)等。这些条款规定了婚姻家庭生活中的法律冲突适用规则。

《民法通则》不是专门针对婚姻家庭的立法,它的条款大多是诸多民事立法基本原则的总和。从其立法结构中可以看出,其涵盖了民事法律主体、民事法律行为、民事诉讼基本规则等内容。其关于婚姻家庭的基本规范对于当时的婚姻法司法实践起到了重要作用。其立法技术对于后来编纂《民法典》的总则部分亦有影响。

四、《中华人民共和国婚姻法》(2001 年修正)的颁布

2001 年 4 月 28 日,第九届全国人民代表大会常务委员会第二十一次会议通过了《全国人民代表大会常务委员会关于修改〈中华人民共和国婚姻法〉的决定》,颁布了《中华人民共和国婚姻法》(2001 年修正)(简称《婚姻法修正案》)。该修正案是对 1980 年《婚姻法》的修订。其篇章结构如下:第一章总则、第二章结婚、第三章家庭关系、第四章离婚、第五章救助措施与法律责任、第六章附则。从法典化视角看,相比于 1980 年《婚姻法》,《婚姻法修正案》在内容和结构上有传承,也有变化。其相同点在于,二者均是单行法,且都形成了以单行法为主、以相关司法解释和其他法律文件为辅的婚姻法立法体系。其不同之处是:

第一,在结构上,《婚姻法修正案》增加了救助措施与法律责任,补充了家庭暴力、虐待遗弃家庭成员、重婚等情况下,相关政府部门的救助义务与责任;同时规定了相应的民事赔偿制度,赋予无过错方民事损害赔偿请求权。

第二,凸显夫妻共同财产制度的重要地位,在家庭关系中重点规范夫妻共同财产制度的定义、内涵、范围、保障措施。

第三,在结婚制度上,根据社会生活的变化,在具体规则上做出调整,如调整结婚条件,规定了事实婚姻条款,补充婚姻无效的规定,创立可撤销婚姻制度。

五、婚姻法司法解释

为了保证《婚姻法修正案》的实施，最高人民法院陆续颁布了一些重要的司法解释，即《最高人民法院关于适用〈中华人民共和国婚姻法〉若干问题的解释（一）》[简称《解释（一）》]、《最高人民法院关于适用〈中华人民共和国婚姻法〉若干问题的解释（二）》[简称《解释（二）》]、《最高人民法院关于适用〈中华人民共和国婚姻法〉若干问题的解释（三）》[简称《解释（三）》]。

《解释（一）》于2001年12月24日通过，共34条，无篇章区分。每一条均针对婚姻家庭法的司法实践中遇到的法律适用问题做出解释。其中：第一条规定家庭暴力问题，第二条规定婚外同居问题，第三至七条规定婚姻登记问题，第八至十六条规定婚姻效力的认定及程序问题，第十七至十九条规定夫妇共同财产认定问题，第二十至二十一条规定子女抚养问题，第二十二至二十四条规定离婚问题，第二十五至二十六条规定探视权问题，第二十七至三十一条规定离婚财产分割问题，第三十二条规定探视权的强制执行问题，第三十三至三十四条规定本解释的效力和施行问题。

《解释（二）》于2003年12月25日通过，共29条，无篇章区分，形式上与《解释（一）》相同。其中：第一条规定同居问题；第二至七条规定无效婚姻问题；第八至二十二条规定离婚财产分割问题，尤其涉及股份、企业资产、房产等大额财产的认定问题；第二十三至二十八条规定夫妻共同债务及离婚时的处置问题；第二十九条规定本解释的施行及效力问题。

《解释（三）》于2011年7月4日通过，共19条，无篇章区分，形式与《解释（一）》相同。其中：第一条规定婚姻无效的宣告问题，第二至三条规定亲子关系及抚养问题，第四至七条规定婚姻存续期间财产分割问题，第八条规定无民事行为能力人配偶虐待、遗弃问题，第九条规定生育权问题，第十至十二条规定婚姻存续期间的不动产归属问题，第十三至十五条规定离婚时的财产分割问题，第十六条规定夫妻间借款协议问题，第十七条规定离婚损害赔偿问题，第十八条规定离婚后财产再分割问题，第十九条规定本解释的施行及效力问题。

虽然三个解释都不是人民代表大会颁布的正式立法，但它们在司法实践中具有与法律相同的效力。其对于我国婚姻家庭法法典化的重要性不言而喻。从形式来看，它属于其他法律渊源，且为《婚姻法》的补充。在内容上，它们针对婚姻家庭司法实践中的重要问题，例如离婚财产的分割、婚姻的效力、子女的抚养及抚养费、离婚补偿和赔偿、夫妻共同债务等重大问题作出了规定，对于完善我国婚姻家庭立法、促进婚姻家庭立法进一步法典化具有重要意义。

六、其他相关立法的制定

婚姻家庭生活不仅包括结婚、离婚、抚养子女，还包括收养、继承等内容。在《中华人民共和国民法典》制定之前，我国的婚姻家庭主要立法还有《中华人民共和国收养法》《中华人民共和国继承法》等。

（一）《中华人民共和国收养法》

1991 年 12 月 29 日第七届全国人民代表大会常务委员会第二十三次会议通过《中华人民共和国收养法》（简称《收养法》）。该法共 6 章 33 条，具体包括：第一章总则、第二章收养关系的成立、第三章收养的效力、第四章收养关系的解除、第五章法律责任、第六章附则。该法开篇规定立法目的为“保护合法的收养关系，维护收养关系当事人的权利”（第一条），坚持“有利于被收养的未成年人的抚养、成长，遵循平等自愿的原则，并不得违背社会公德”（第二条）。该法颁布后，解决了收养关系无法律依据的状况。该立法虽然规定了收养应当在民政部门进行登记，但并未将登记作为收养关系成立的必需要件，给事实收养关系的存在留下了一定的空间。

1998 年 11 月 4 日，第九届全国人民代表大会常务委员会第五次会议通过《全国人民代表大会常务委员会关于修改〈中华人民共和国收养法〉的决定》。依照该决定，对《中华人民共和国收养法》进行修正。修正后的立法共 6 章 34 条，具体为：第一章总则、第二章收养关系的成立、第三章收养的效力、第四章收养关系的解除、第五章法律责任、第六章附则。新的《收养法》在立法体例上并无变动，在内容上做了如下修改：第一，适当放宽收养条件，在收养人收养残障儿童、社会福利院收养的查不到生父母的儿童，可放宽“无子女”，且“只能收养一名子女”的限制（第八条）；降低收养人的年龄下限，收养人年满 30 周岁即可收养子女（第六条）；放宽继父母收养继子女的名额限制（第十四条）。第二，完善收养程序。第十五、十六条规定了应当严格民政部门的登记宣告程序；第二十一条规定了涉外收养程序；在第三十一条增加了调整收养关系中违法行为的法律责任规定；并且在第十六条规定了被收养人的户口登记管理条款。

为保障《收养法》的公证程序实践，2000 年 3 月，司法部颁布了《司法部关于贯彻执行〈中华人民共和国收养法〉若干问题的意见》。该意见共 9 条，对《收养法》的部分条款作了解释。其中，第 1～3 条规定了公证机构办理境内收养事宜的细则；第 4 条规定了涉外收养的公证程序细则；第 5 条规定了收养查找不到父母的弃婴和儿童的公证细则；第 6 条规定了事实收养的公证办理；第 7～9 条规定了公证机关的收费、收养登记证件管理等事项。

上述立法均随着《中华人民共和国民法典》的颁布施行而废除。

（二）《中华人民共和国继承法》

《中华人民共和国继承法》（简称《继承法》）于 1985 年 4 月 10 日在第六届全国人民代表大会第三次会议上通过，自 1985 年 10 月 1 日起施行。该法共 5 章，具体包括：第一章总则、第二章法定继承、第三章遗嘱继承和遗赠、第四章遗产的处理、第五章附则。在立法体例上，《继承法》采取独立于《婚姻法》之外的立法方式，规定了婚姻家庭生活中的继承事项。其内容除借鉴其他大陆国家继承制度立法的一些制度之外，主要针对改革开放以来出现的遗产继承纠纷问题做出了相关规范。

为保障该立法实施，1985 年 9 月 11 日，最高人民法院颁布了《最高人民法院关于贯彻执行〈中华人民共和国继承法〉若干问题的意见》。该司法解释共 5 个部分 64 条，对《继承法》的相关条款做出了对应解释。其中，5 个部分按照《继承法》的章节的顺序，分别为：关于总则部分、关于法定继承部分、关于遗嘱继承部分、关于遗产的处理部分、关于附则部分。该解释的目的是通过释明法条，强调处理公民继承问题的准则，给人民法院的裁判提供更加准确的司法依据，规定“人民法院贯彻执行继承法，要根据社会主义的法制原则，坚持继承权男女平等，贯彻互相扶助和权利义务相一致的精神，依法保护公民的私有财产的继承权”①。在《中华人民共和国民法典》颁布后，该司法解释自 2021 年 1 月 1 日起废止。

七、2020 年《中华人民共和国民法典》婚姻家庭编

2020 年 5 月 28 日，第十三届全国人民代表大会第三次会议通过了《中华人民共和国民法典》。该法典是新中国成立后的第一部民法典，共 7 编，加附则共

① 《最高人民法院关于贯彻执行〈中华人民共和国继承法〉若干问题的意见》引言。

1260 条，有的编下设分编。具体篇目为：第一编总则、第二编物权（下设通则、所有权、用益物权、担保物权、占有 5 个分编）、第三编合同（下设通则、典型合同、准合同 3 个分编）、第四编人格权、第五编婚姻家庭、第六编继承、第七编侵权责任、附则。

其中，婚姻家庭相关的立法主要集中在第五编、第六编中。第五编婚姻家庭包括：第一章一般规定、第二章结婚、第三章家庭关系、第四章离婚、第五章收养。其中在家庭关系这一章中，主要包括夫妻关系、父母子女关系和其他近亲属关系等内容；在收养一章中，包括收养关系的成立、收养的效力、收养关系的解除等内容。第六编继承包括：第一章一般规定、第二章法定继承、第三章遗嘱继承和遗赠、第四章遗产的处理。从具体内容看，《民法典》除了坚持婚姻自由、男女平等、保护妇女儿童等弱势群体权益之外，在具体制度上做了一些修改。例如，在离婚上，沿袭了传统的破裂主义，规定了协商一致离婚和诉讼离婚两种方式。在协商一致离婚的方式上，引入“离婚冷静期”制度，规定“自婚姻登记机关收到离婚登记申请之日起三十日内，任何一方不愿意离婚的，可以向婚姻登记机关撤回离婚登记申请。前款规定期限届满后三十日内，双方应当亲自到婚姻登记机关申请发给离婚证；未申请的，视为撤回离婚登记申请。”（第一千零七十七条）在确保离婚自由的基础上，兼顾婚姻关系的稳定。《民法典》的制定对我国婚姻家庭法的法典化意义重大。

第一，《民法典》中关于婚姻家庭规则的立法，彻底结束了苏联模式对我国婚姻家庭立法的影响。婚姻家庭立法的相关内容是在 2001 年修正的《婚姻法》和 1998 年修正的《收养法》的基础上修改编纂的。我国《民法典》的体系结构既不同于法国的三编制，也不同于德国的五编制，而是根据我国社会主义法治建设的需要，采用了人法与物法分开的立法方式，使婚姻家庭立法重新回归到我国民法典体系。从婚姻家庭法法典化视角看，整个婚姻家庭的亲属关系立法实现了较为统一的编纂模式。

第二，实现了民法基本原则对婚姻家庭立法的统领。在过去立法中，婚姻家庭法的相关内容散落在《民法通则》《婚姻法》等内容中。其中，《民法通则》规定了婚姻家庭生活的一些基本原则，《婚姻法》对于具体制度进行细化规范。在《民法典》中，其总则部分对于婚姻家庭规则具有抽象统领的作用。它体现了民法的基本属性和基本价值，其规定的平等、自愿、公平、诚信、公序良俗等规则，也投射在了婚姻家庭编、继承编的具体内容之中。

第三,婚姻家庭编、继承编是对婚姻家庭生活的重要规范。前者涉及人身关系,后者涉及财产关系,二者既有联系,又各自具有一定的独立性,这样的结构编排适合于对婚姻家庭相关规则的编纂和适用。

第四,《民法典》对婚姻家庭立法,尤其是身份法部分进行了整合。在过去的民事立法中,婚姻家庭立法的人身关系、财产关系分别由《婚姻法》《继承法》《收养法》等主要的立法及相关司法解释调整。在婚姻家庭编中,涵盖了姻亲关系、血亲关系、收养关系及主要的继承规则。在立法技术上,采取大陆法系立法传统的提取公因式的做法,依然将监护部分放在总则第二章"自然人"当中。这使婚姻家庭立法中的人格关系、身份关系、财产关系服从于《民法典》的立法结构,立法技术上避免了重复条款、重复立法,同时保证民法调整对象的完整。

第五,在逻辑结构中,婚姻家庭编在体例上与分则中各编保持了一定的一致性,在具体规则编排上也具有逻辑联系。例如,婚姻家庭编第一章"一般规定",而非"总则",在结构上照应了《民法典》总则-分则的布局;婚姻家庭立法中,关于婚姻、收养等人身关系中的法律责任,统一适用《民法典》其他编当中的具体规定。例如,在物权编中规定的共有制度、居住权,合同编中规定的对违约行为的处罚,人格权编中规定的姓名权及救济措施,继承编中规定的法定继承人范围、顺序和遗产分配原则,以及侵权责任编中规定的自然人的侵权责任等,或者是婚姻家庭编相关制度的基础制度,或者是以婚姻家庭身份关系为前提而产生的人身关系或财产关系,或者是对婚姻家庭关系的违约行为或侵权行为之救助措施及法律责任,都适用于婚姻家庭关系。

因此,法典编纂的篇章结构、立法技术、立法语言、具体内容等既体现了《民法典》的整体性,也体现了婚姻家庭编、继承编在《民法典》中与其他各编内容的一致性、交互性。婚姻家庭编、继承编的结构安排使得《民法典》的体系结构完整合理,内部逻辑关系协调清晰,便于司法实践。

八、《民法典》婚姻家庭立法的司法解释

《民法典》颁布后,为了促进婚姻家庭编的适用,2020 年 12 月 29 日最高人民法院审判委员会第 1825 次会议通过了《最高人民法院关于适用〈中华人民共和国民法典〉婚姻家庭编的解释(一)》,该解释自 2021 年 1 月 1 日起施行,与现行立法具有同等效力。从篇章结构上看,该解释共 6 个部分,具体为:一般规定、结婚、夫妻关系、父母子女关系、离婚、附则。其结构与《民法典》婚姻家庭编

的结构并不完全对应，而是根据司法实践的需要，针对实践中主要出现的问题进行分类说明。在一般规定中，规定了家庭暴力、同居、彩礼等的概念界定及常见问题的处理。在后面几部分中，分别针对实践中经常出现的不同情形，对应当适用的法律条款做出说明。

与此同时，各民族自治地方的立法机关根据其立法权限，参照《民法典》中的规定，结合本民族自治地方的习俗，在婚姻家庭方面制定各自的变通办法、补充规定等地方性法规。目前，已经颁布的有：马边彝族自治县施行《中华人民共和国民法典》婚姻家庭编的补充规定、凉山彝族自治州施行《中华人民共和国民法典》婚姻家庭编的变通规定、阿坝藏族羌族自治州施行《中华人民共和国民法典》婚姻家庭编的补充规定、峨边彝族自治县施行《中华人民共和国民法典》婚姻家庭编的补充规定、甘孜藏族自治州施行《中华人民共和国民法典》婚姻家庭编的变通规定、果洛藏族自治州施行《中华人民共和国民法典》结婚年龄的变通规定、海北藏族自治州施行《中华人民共和国民法典》结婚年龄的变通规定、玉树藏族自治州施行《中华人民共和国民法典》结婚年龄的变通规定、大通回族土族自治县施行《中华人民共和国民法典》结婚年龄的变通规定、海西蒙古族藏族自治州施行《中华人民共和国民法典》结婚年龄的变通规定等。

另外，在涉外婚姻、涉港澳台婚姻关系的调整上，为了配合《民法典》及重要司法解释的规范，相关部门也颁布了一系列政策安排、规定、解释等文件。目前已经颁布的有：《最高人民法院关于人民法院受理申请承认外国法院离婚判决案件有关问题的规定》《最高人民法院关于中国公民申请承认外国法院离婚判决程序问题的规定》《最高人民法院关于当事人申请承认澳大利亚法院出具的离婚证明书人民法院应否受理问题的批复》《最高人民法院关于内地与香港特别行政区法院相互认可和执行婚姻家庭民事案件判决的安排》等。

第八章　我国婚姻家庭法的法典化展望

目前，我国婚姻家庭法已经完全进入《民法典》。从我国婚姻家庭法法典化的历程看，其经历了从诸法合一、民刑不分到民刑分开，从深受封建礼教影响到逐渐走向社会主义法治精神，从单行法到编入《民法典》的过程。当前，我国婚姻家庭立法相对完备，但在司法实践和社会生活中，对于婚姻家庭规则的制定、婚姻家庭规范的精神等，依然存在一定的争议，而争议之中孕育着我国婚姻家庭法法典化未来可能的走向。

第一节　婚姻家庭法在体例上的再法典化探讨

婚姻家庭立法经历了由诸法并立到统一汇编进入《民法典》的过程。从立法学理论及司法实践来看，婚姻家庭立法既需要在民法体系中保持一定的独立性，又需要融入民事立法体系。在婚姻家庭立法的法典化进程中，则要考虑婚姻家庭编需更好地与其他各编在体例编排上进一步优化。

一、婚姻家庭法在民法体系中的相对独立性

江平教授指出："传统世界大陆法系民法典均包含亲属编，这是因为民法所调整的市民社会关系中包含两大类物质生活，一类是人类为了满足自身生产物质需求的经济关系，一类是人类为了使自身能得到种的延续的婚姻家庭关系，而且这两类均属于民法所调整的平等主体之间的关系。"[1]婚姻家庭法的学者也大多支持这一观点，认为婚姻法应当作为民法的一个部分，回归民法。从《民法

① 江平：《制订民法典的几点宏观思考》，《政法论坛》1997 年第 3 期。

典》颁布后的实践情况和研究情况看，民法调整平等民事主体间的法律关系，而婚姻法中的人身关系和财产关系，也是平等民事主体，即自然人之间的人身关系和财产关系。从我国民法的立法技术、立法结构、立法传统来看，婚姻家庭立法应当纳入《民法典》中。不过需要注意的是，无论在中国还是西方的立法传统中，婚姻家庭立法在《民法典》中都具有相当的独立性。在中国古代立法中，婚姻家庭立法大多数以禁止性规定为主，作为刑事立法存在于各朝代的重要律典中。从《法经》在立法结构上区分篇章开始，历朝历代的主要律典都遵循了将户婚律单独列出的传统。大部分关于婚姻家庭的民事性规定又存在于礼法中。在西方近代立法中，德国潘德克顿体系也将婚姻家庭法分为"亲属""继承"两编，在民法典中单独出现。可见，婚姻家庭法作为私法领域的一部分，一直有着相对独立的立法传统。婚姻家庭法回归民法典体系，反映出了婚姻家庭立法与民法典在法典编纂上的本质联系和逻辑关系。但是婚姻家庭立法本身包含着独有的伦理观念，这与传统的民法体系相比有一定的独立性。

（一）婚姻家庭关系的自然属性决定其立法的相对独立性

婚姻家庭的立法需要考虑婚姻家庭的自然属性。而婚姻家庭是以两性关系、血缘关系为基础形成的，具有基石作用的社会关系。它同时具有社会属性和自然属性、私法属性和公法属性。因此，婚姻家庭关系中最基本的人伦关系、亲缘关系和情感是立法中必须考量的因素，也是婚姻家庭关系与其他社会关系，以及其他类型的民事关系相区别的重要标志之一。婚姻家庭的自然属性对婚姻的缔结、家庭的建立有着重要作用。人类通过对婚姻家庭的自然属性的确认，逐渐建立了婚姻家庭规则。例如，禁止近亲结婚，通过亲缘关系确定继承顺位等。婚姻家庭立法也应当确认上述自然属性。

（二）婚姻家庭关系的社会属性决定其立法的相对独立性

婚姻家庭的社会属性也不容忽视。人不同于抽象的物，人是具体的，具有社会属性。人的社会属性也决定了婚姻家庭制度的社会属性。马克思主义婚姻观认为，婚姻家庭关系是社会的产物，其本身与社会物质关系、思想社会关系联系密切。"就思想的社会关系而言，作为婚姻家庭关系主体的个人，是被感情、道德及法律等因素联结在一起的。婚姻家庭中的这些因素绝不是孤立存在的。一般而言，这些属于思想社会关系的因素直接或间接地反映了物质社会关系的要求,它们是同一定社会的上层建筑、意识形态相适应的。”①

伦理之于婚姻家庭立法,有着基石的作用。婚姻家庭立法在法典化过程中,需要将婚姻家庭生活的基本伦理体现在立法中。相比于《民法典》其他体系的立法,婚姻家庭立法具有鲜明的伦理性特征。“亲属的身份共同生活关系秩序,是法律以前之人伦秩序的存在,至于法律乃不过是以这些实在的人伦秩序为所与的东西,而加以法律上规定而已。”②

首先,婚姻家庭法的调整对象具有鲜明的伦理性。它以夫妻、父母子女、兄弟姐妹们、祖孙关系的总和,包含了姻亲关系和血亲关系,这些都是基于自然法则而发生的社会关系,具有强烈的伦理道德特性。其次,婚姻家庭立法与婚姻家庭基本伦理道德具有一致性。最后,婚姻家庭的基本伦理道德对婚姻家庭立法的实施具有促进作用,从规范层面看,对相关的立法也具有补充的作用。

从婚姻家庭立法的社会属性看,婚姻家庭立法的法典化与民法体系其他部门法的法典化之间也有相对独立的特点。

(三) 婚姻家庭立法的技术决定其立法的相对独立性

在宏观层面,尽管婚姻家庭立法属于《民法典》的组成部分,与《民法典》的调整对象、基本原则、一般性规范甚至立法技术,都日趋接近,但婚姻家庭法的法典化与民法其他部门法的法典化路径相比,依然具有一定的独立性。这是基于婚姻家庭立法的社会属性决定的。

第一,在调整对象上,婚姻家庭法调整的主体是具有特定身份关系的主体,以及因特殊身份关系而产生的人身、财产关系。民法体系中其他的部门法调整的主体是包括自然人和法人在内的、一切具有平等地位的主体,以及因一般民事活动产生的人身、财产关系。

第二,在立法目的上,婚姻家庭法通过确认婚姻家庭中的基本伦理,保障婚姻家庭关系的稳定。民法体系中其他的部门法调整的是保护个人权利、尊重意思自治等基本原则,确认财产关系的变动。

第三,在立法理念上,婚姻家庭立法设立的权利义务关系是针对具有姻亲、血亲等身份关系的主体之间的权利义务关系,并不要求权利义务的等价交换,同时要求行使权利与履行义务之间应当具有一致性。民法体系中其他的部门

① 杨大文:《婚姻家庭法》(第 8 版),中国人民大学出版社 2020 年版,第 6 页。
② 陈棋炎:《亲属、继承法基本问题》,三民书局 1980 年版,第 134 页。

法设立的权利义务关系是平等民事主体之间的，以平等、自愿、自由为基础，具有等价交换属性的关系。

综上，我国的婚姻家庭法虽然归入了《民法典》体系内，但是它在民法的法典化体系上具有明显的独立性。它与《民法典》是总体与个别的关系；与《民法典》体系中的其他民事立法部分是一般与特殊、共性与个性的关系。因此，在婚姻家庭立法的再法典化时，不仅需要考虑婚姻家庭立法本身的立法技术、立法语言、立法结构，还要考虑它与整个民法立法体系之间的关系，以及如何调和婚姻家庭立法的伦理性、身份性的特征与民法一般原则之间的关系。

二、婚姻家庭立法体例的再思考

（一）婚姻家庭立法体例的常见形式

从大陆法系的婚姻家庭立法体例看，无论婚姻家庭立法是否编入民法典，均包含婚姻、亲属、监护三部分主要内容。其中，婚姻制度是特定社会要求其成员在婚姻方面共同遵守的行为准则，包括结婚、离婚、婚姻效力、婚姻财产制度、继承制度等；亲属制度调整因婚姻、血缘、收养而产生的亲属之间的权利义务，包括父母子女关系、收养关系、扶养关系等，主要包括亲属规范的总则、亲权制度、亲子制度、收养制度等；监护制度是在婚姻家庭关系这一特定范畴下，对未成年人和无民事行为能力人、限制民事行为能力人的人身、财产及其他合法权益进行监督和保护的一种民事法律制度，主要包括法定监护、委托监护、指定监护、意定监护等制度。上述三部分内容以其所包含的人身关系、财产关系错综复杂，自成体系：婚姻关系是亲属关系产生的基础；亲属关系是婚姻关系的结果与延续；监护制度是亲属关系的重要内容与职能①。

在较长的历史时期内，很多国家的婚姻家庭立法均不是独立的法律部门，在民法体系中所占篇幅不大。近代以来，各国对婚姻家庭立法逐渐重视，在立法时采取了不同的立法体例。

一种做法是把婚姻家庭立法的内容放在民法典中。例如 1804 年《法国民法典》在“人法”中规定结婚、离婚、亲权等内容，没有单独设立亲属编；又如 1900 年《德国民法典》单独设立亲属编，以规定婚姻家庭等方面的内容，将婚姻家庭的人身法规范与民事立法体系中的人身关系立法区分开来。

---

① 夏吟兰：《民法典体系下婚姻家庭法之基本架构与逻辑体例》，《政法论坛》2014 年第 5 期。

此外，还有一种做法是将婚姻家庭立法从民法法典编纂中独立出来，由诸多单行法共同调整婚姻家庭生活中的法律关系。英美法系国家大多采用这一做法，单独制定婚姻法、家庭法、离婚法等单行法，诸法并行。

（二）我国婚姻家庭立法体例演变

在历史上，我国的婚姻家庭立法体例长期受到苏联立法模式的影响。

苏联的婚姻家庭立法采取的是单行法立法体例。1917 年 12 月，苏俄的苏维埃政权颁布《关于解除婚姻关系》《关于民事婚姻、子女及户籍登记》两部立法；1918 年颁布《苏俄婚姻、家庭及监护法典》，1926 年经对其进行修改，再次颁布《苏联婚姻、家庭及监护法典》；1947 年修改《苏联宪法》时，“规定家庭立法的单独存在，要求苏联最高苏维埃负责制定关于婚姻与家庭的立法原则，而不应把它包括在将要制定的苏联民法之内”①。苏联基于其立法者对婚姻家庭关系的理解，采取了单行立法、诸法并行的立法体例。苏联立法者认为：民法主要调整的是财产关系，婚姻家庭立法的主要调整对象是人身关系。在社会主义社会中，财产关系不应当成为婚姻家庭立法的主要部分。虽然婚姻家庭生活中会产生一定的财产关系，但这并不是主要的内容。“家庭法权关系代表着人身与财产法权关系的密切结合，父母、子女间的抚养关系与血统关系相连，夫妻间的财产关系则与婚姻关系相连，对于这些法权关系，不能离开人身关系来研究它们。”②苏联学者也普遍持此观点，认为“婚姻家庭的法权关系构成了苏维埃法权的特别部门——婚姻家庭法的内容，只有在婚姻家庭关系从属于金钱，婚姻被看作是交易，而子女被看作是家长权力的客体的资产阶级社会中，才把婚姻家庭的关系包括在以私有制作为基础的财产关系的总系统内，并受民法典调整”③。因此，苏联的立法体例将婚姻家庭关系用单行法予以规范，而涉及财产关系时，则使用一般民事规则处理。

这一观念深刻地影响着我国的立法体例。在起草、制定 1950 年《婚姻法》时，就参考了 1926 年《苏联婚姻、家庭和监护法典》、1931 年《中华苏维埃共和国婚姻条例》等。当时的法学界也有学者认为，“把亲属编列入民法典中，显然是

① 李秀清：《新中国婚姻法的成长与苏联模式的影响》，《法律科学（西北政法学院学报）》2002 年第 4 期。
② 李秀清：《新中国婚姻法的成长与苏联模式的影响》，《法律科学（西北政法学院学报）》2002 年第 4 期。
③ 参见[苏]布拉都西：《苏维埃民法》（上），中国人民大学民法教研室译，中国人民大学出版社 1954 年版，第 7-8 页。

反科学的。因为民法所调整的法律关系乃是财产关系以及与人身相联系的非财产关系，而亲属法所调整的是婚姻关系和家庭亲属关系，因此，亲属法就应该作为独立的法律部门……把亲属法也列入伪民法中，乃是他们把人与人的关系也看成为物与物的关系的结果”①。因此，在我国婚姻家庭立法法典化的历程中，有较长一段时期内采取婚姻法、继承法、收养法等单行法并立的体例。至2001年修正《婚姻法》时，我国婚姻家庭立法呈现出了回归民法体系的趋势。在理论研究上，也逐渐出现了将“婚姻法”改为“婚姻家庭法”的观点，使婚姻家庭法的立法和理论研究均回归到大陆法系民法传统中，为《民法典》婚姻家庭编的诞生打下了基础。可见，新中国成立后的婚姻家庭立法体例，经历了对苏联立法例的借鉴和脱离的过程。

（三）婚姻家庭立法体例的再法典化

目前，我国的婚姻家庭立法体例是以《民法典》的婚姻家庭编为主、相关司法解释为辅的模式。可以预见的是，在今后的一段时期内，这一立法体例不会有太大的改变。但是在婚姻家庭编与《民法典》体例的进一步融合方面，仍可做一些努力。

婚姻家庭立法既可以分为婚姻、亲属、继承关系，也可以分为人身关系、财产关系。在不同的分类坐标下，婚姻家庭立法本身呈现出多样的层次。值得思考的是，婚姻家庭编与《民法典》总则及其他各编在体例上仍有可再协调的部分。

一般而言，大陆法系民法典的立法采取“提取公因式”的方式。《民法典》的总则可以涵盖婚姻家庭编的立法基本原则。不过，从当前立法例看，婚姻家庭编的分编总则部分几乎保留了过去《婚姻法》的立法基本原则。这一做法承认了婚姻家庭立法由于其自然属性、社会属性而带来的自身相对独立的特质。婚姻家庭关系中的人身关系与市场经济中的等价有偿存在一定的差异，且婚姻家庭编分则中规定的基本原则，也可明确该编的立法目的，并补充婚姻家庭立法与一般民事立法间的差异，从社会主义家庭价值观的角度为司法实践提供基本的裁判依据。

婚姻家庭立法体例的再法典化时，可充分考虑婚姻家庭立法本身的属性及

① 参见李秀清：《新中国婚姻法的成长与苏联模式的影响》，《法律科学（西北政法学院学报）》2002年第4期。

特点。一方面在现有总则中,保留与婚姻家庭立法相通的部分,作为基本原则约束婚姻家庭编的内容。另一方面,充分发挥婚姻家庭编分编总则的相对独立性,吸收一部分司法解释中涉及基本原则的内容,使分编总则内容更丰富,更适应司法实践的要求。例如,婚姻家庭编"一般规定"的第一千零四十一条中规定,"保护妇女、未成年人、老年人、残疾人的合法权益",而在民法一般原则中,则是强调公平、等价有偿的规则。强化分编总则的作用,有利于保证婚姻家庭立法坚持社会主义家庭价值观,使其作为"特别法",相对于《民法典》的一般规定,能够发挥平衡法益、保障弱势群体权益的作用。

第二节　婚姻家庭法在结构上的再法典化探讨

当前,我国婚姻家庭法已经归入了《民法典》体系,在其再法典化的路径上,应当考虑与《民法典》结构的协调。

一、整体结构的再法典化

在整体结构上,《民法典》总则部分的立法在结构和内容上应当与婚姻家庭法照应,即在结构上形成对应,在内容上应起到涵盖、指导的效果。在民法体系中,不同部门法的界限是以平等民事主体在现实生活中的不同行为类型为基础,通过相关的学理论争最终划分出来的。民法作为私领域的生活规则,与公法相对应,它调整的是私人之间的身份关系和财产关系。而婚姻家庭法中的身份关系与财产关系从属于民法调整的对象。婚姻家庭立法的内容、宗旨应当在《民法典》的总则有所体现。

二、内容的再法典化

(一) 基本原则

民法的基本原则也应当体现在婚姻家庭立法中。民法的基本原则,是表述民法的基本属性和基本价值,以及为民法所固有、对民事立法和司法活动具有最高指导意义的标准[①]。我国《民法典》规定的平等、自愿、公平、诚信等原则,在婚姻家庭编的一般规定中也有一定的体现,如保障婚姻自由、男女平等等原则。

① 谢怀栻:《外国民商法精要》,法律出版社 2002 年版,第 4-8 页。

这在一定程度上体现了婚姻家庭立法与《民法典》立法体系的协调。不过，在婚姻家庭法相对自成体系的前提下，在将来婚姻家庭法再法典化的进程中，是否在立法上对于婚姻家庭立法基本原则规定进行独立化考量，则是需要商榷的问题。《民法典》的总则部分需要涵盖分编原则的基本内涵，但无法涵盖分编中具有鲜明特色的内容。婚姻家庭编的一般规定是否可以更具伦理性特点，则是需要思考的问题。

（二）与其他各编的关系

婚姻家庭编与《民法典》其他各编的关系需要在再法典化的过程中予以考量。婚姻家庭立法调整的对象包含婚姻家庭关系中的人身关系和财产关系。在《法国民法典》中，将两者区别开来，分别归入民法体系中的人身关系与财产关系。《德国民法典》则将婚姻家庭立法与民法中其他部门法区别开来，并分为家庭法、继承法两编，予以立法。我国当前《民法典》借鉴了德国的做法，保持了婚姻家庭法与其他部门立法的相对独立。

婚姻家庭中的财产关系与民法上的一般财产关系既有联系，又有区别。二者之间的联系在于，婚姻家庭中的财产关系在立法规则上采纳了物权法和债权法的一般规则。例如婚前财产的认定方面，对于不动产，依然采取了物权法中的登记对抗规则。在夫妻共同债务认定上，也在采纳了债的一般原理基础上，以夫妻共同意思表示或者夫妻共同生活、共同生产经营为认定标准。二者的区别在于，一般的财产关系规则是为了民事主体的交易、营利而设置的，它具有等价交换的特性，讲求公平、契约自由、效率、诚信等原则，而婚姻家庭中的财产关系并不要求等价交换。

婚姻家庭中的财产关系与一般财产关系的目的不同。在中国古代，婚姻的目的是结两姓之好，讲求的是两个宗族，或者两个家族之间通过婚姻产生更深层次的利益关联。在当今社会，主要的家庭形态以核心家庭为主。婚姻不再以利益交换功能为主。因此，不能把婚姻家庭中的财产关系与一般财产关系等同起来。婚姻家庭关系中的财产关系带有伦理的色彩。婚姻规则本身就具有强烈的伦理特征，它是一种“完善性的法律关系，其主体应当被视为一个更大有机整体的一员，并通过与其他主体的关联而加以完善，并非其独立一人”①。婚姻

① ［德］萨维尼：《当代罗马法体系Ⅰ》，朱虎译，中国法制出版社 2010 年版，第 286-287 页。

家庭关系作为具有利他性的关系，其中的财产关系与一般财产关系中的等价交换、追求利润的目的不同。因此，其立法目的、立法原则、立法技术与一般财产关系应当有所区别。

婚姻家庭编中的离婚损害赔偿制度与《民法典》中的侵权责任编在立法结构、内容上有区别，也有联系。《民法典》中的侵权责任立法单独成编，它既可以用于一般的侵权责任赔偿制度，也可以用于婚内侵权的赔偿纠纷。而婚姻家庭编中的离婚损害赔偿制度可以看作针对侵权责任的规范、基于婚姻家庭关系做出的具体规定。

婚姻家庭编与侵权责任编规定的内容，具有一定的差异。第一，二者调整的法律关系层次不同。侵权责任立法是一种事后的法律，是对社会关系的第二次调整①。侵权责任立法的主要目的是通过提供救济途径，保障民法规定的私权利的实践。婚姻家庭立法是事前法，即通过事前规定调整婚姻家庭关系中的人身权、财产权等原权利。第二，婚姻家庭编与侵权责任编调整法律关系的宗旨不同。婚姻家庭编调整的对象以身份关系为主，兼顾社会伦理道德，其规范内容具有较强伦理性特征。侵权责任编调整的内容必须具有可救济性，大多是财产关系，虽然也强调公序良俗原则，但在行使救济权利、实现财产救济的时候，“人不被要求基于伦理性的情怀去行使权利，履行义务”②，具有较弱的伦理属性。

第三节　婚姻家庭法在内容上的再法典化探讨

在婚姻家庭法具体内容之再法典化方面，尚有值得商榷的空间。在结婚率逐渐下降、社会思潮更加多元化的时代，婚姻家庭立法一方面应当适应社会公众的家庭生活需求，另一方面，也应当在婚姻家庭精神上起到一定的引导作用。在其再法典化的过程中，上述两方面均应兼顾。本节对这一问题展开如下几方面的探讨。

一、分编总则有待加强

在婚姻家庭编再法典化中，强调分编总则的重要性。《民法典》的总则是对

① 王利明：《我国侵权责任法的体系构建——以救济法为中心的思考》，《中国法学》2008年第4期。

② 余能斌、夏利芬：《试论亲属法的基本属性——兼谈亲属法应否从民法典中独立》，《湖北社会科学》2007年第9期。

民法体系中所有立法均有指引作用的基本原则。作为民法体系中的一部分，婚姻家庭立法当然应当遵照总则部分的基本原则进行立法。不过，作为具有一定独立性的民事立法，婚姻家庭编的分编应当具有专门的总则。在当前《民法典》婚姻家庭编中，只有6条一般规定，涵盖了婚姻家庭立法中的主要概念、基本精神。在进一步立法中，可加强分编总则的立法，规定婚姻家庭法独有的伦理价值，明确立法中的亲属制度，例如亲属的概念、分类、范围、亲等、身份关系及法律效力等，有助于明确婚姻家庭立法的整体体系。

二、离婚自由应当得到更大程度的保障

在离婚方面，可以逐渐由破裂主义过渡到更为自由的离婚条件。在制定1950年《婚姻法》的时候，在最终的条款中规定："男女双方自愿离婚的，准予离婚。男女一方坚决要求离婚的，经区人民政府和司法机关调解无效时，亦准予离婚。"（第十七条）虽然采取了破裂主义，但是增加了相关机关的调解规定。

在当前的《民法典》婚姻家庭编的规定中，在破裂主义的基础上，增加了"离婚冷静期"制度。其规定在协议离婚中，"自婚姻登记机关收到离婚登记申请之日起三十日内，任何一方不愿意离婚的，可以向婚姻登记机关撤回离婚登记申请。前款规定期限届满后三十日内，双方应当亲自到婚姻登记机关申请发给离婚证；未申请的，视为撤回离婚登记申请"（第一千零七十七条）。同时，保留了人民法院的调解制度。从统计数字来看，离婚冷静期制度施行后，离婚率有所下降："离婚率从2000年的0.96‰上升到2020年的3.1‰，但2021年由于开始实施离婚冷静期，离婚率下降到2.0‰。"[①]尽管如此，这一制度仍有待完善的方面。在婚姻家庭立法进一步法典化的过程中，可以在内容上对协议离婚进行改进。第一，可以借鉴法国的做法，适当缩短"冷静期"，降低协议离婚的时间成本。第二，进一步通过立法或司法解释的方式，完善"冷静期"内关于财产、债务的归属划定，规范夫妻双方共同债务和个人债务在冷静期内的举证责任。

三、婚姻家庭编与其他各编更加协调一致

其可以在充分论证婚姻家庭立法与其他各编立法关系的基础上，实现婚姻家庭立法与其他各编的协调。例如，在婚姻财产制度中，夫妻共同债务及财产

① 《中国婚姻家庭报告2023版》。

归属约定制度等方面，可以通过婚姻家庭立法与《民法典》的财产制度立法协同实现。

（一）夫妻共同债务问题

在夫妻共同债务的认定方面，在《民法典》第一千零六十四条规定："夫妻双方共同签名或者夫妻一方事后追认等共同意思表示所负的债务，以及夫妻一方在婚姻关系存续期间以个人名义为家庭日常生活需要所负的债务，属于夫妻共同债务。夫妻一方在婚姻关系存续期间以个人名义超出家庭日常生活需要所负的债务，不属于夫妻共同债务；但是，债权人能够证明该债务用于夫妻共同生活、共同生产经营或者基于夫妻双方共同意思表示的除外。"无论是立法还是司法实践，都没有对夫妻双方共同意思表示这一概念进行明确规范。在司法实践中，一般认为，如下三种情形属于"夫妻双方共同意思表示"：第一，夫妻双方共债共签或者另一方配偶做出追认债务的意思表示；第二，配偶以实际行为参与还款，包括借款汇入的是债务人配偶账户、债务人通过债务人配偶的账户还款；第三，债务人配偶作为担保人。上述规定包括明示的共同意思表示，也包括默认的共同意思表示。在婚姻家庭立法的财产制度中，应当对"夫妻双方共同意思表示"做出明确规范。

第一，在价值判定上，应当在确认"夫妻共同意思表示"时，以婚姻家庭基本伦理作为依据之一，对"以个人名义借贷"的情形做出判断。

第二，在技术上，选择认定标准和证明标准时，也应当在财产制度关于债和意思表示的认定标准的基础上，充分考虑婚姻家庭立法的伦理性。

第三，在较为特殊的债务，例如侵权之债的认定方面，应当吸收《最高人民法院民一庭关于婚姻存续期间夫妻一方以个人名义所负债务性质如何认定的答复》(〔2014〕民一他字第10号)的认定标准，依照侵权行为是否与家庭共同利益密切相关，并设立相关的认定标准和举证责任。

（二）夫妻财产约定归属制度

当前，《民法典》对夫妻财产约定归属制度有相应规定。第一千零六十二条规定："夫妻在婚姻关系存续期间所得的下列财产，为夫妻的共同财产，归夫妻共同所有：(一)工资、奖金、劳务报酬；(二)生产、经营、投资的收益；(三)知识产权的收益；(四)继承或者受赠的财产，但是本法第一千零六十三条第三项规定的除外；(五)其他应当归共同所有的财产。夫妻对共同财产，有平等的处理权。"第一千零六十三条规定:"下列财产为夫妻一方的个人财产:(一)一方的婚前财产;(二)一方因受到人身损害获得的赔偿或者补偿;(三)遗嘱或者赠与合同中确定只归一方的财产;(四)一方专用的生活用品;(五)其他应当归一方的财产。"第一千零六十五条规定:"男女双方可以约定婚姻关系存续期间所得的财产以及婚前财产归各自所有、共同所有或者部分各自所有、部分共同所有。约定应当采用书面形式。没有约定或者约定不明确的,适用本法第一千零六十二条、第一千零六十三条的规定。夫妻对婚姻关系存续期间所得的财产以及婚前财产的约定,对双方具有法律约束力。夫妻对婚姻关系存续期间所得的财产约定归各自所有,夫或者妻一方对外所负的债务,相对人知道该约定的,以夫或者妻一方的个人财产清偿。"上述几个条款主要涉及如下内容:划定夫妻共同财产、个人财产的范围;规定夫妻双方共同对外发生财产关系变动时应当遵循的物权变动规则,即适用《民法典》物权编关于物权变动的规则。不过,婚姻家庭编并未对夫妻之间关于财产权属变动的规则进行明确的规范,对于基于婚姻成立基础而进行财产给付进而引起财产权属变动的问题,则是婚姻家庭编需要与物权编进一步衔接的部分。

第一个问题是夫妻之间就夫妻共同财产权属变动的效力问题。夫妻双方通过约定的方式,改变其对于夫妻共同财产的份额划分,这类约定是否有效、是否能够对抗善意第三人、是否在分割财产时得到认可以及是否必须以公示的方式进行,均为婚姻家庭编在夫妻共同财产归属方面须进一步完善的内容。按照现有立法,这部分规定与物权编的相应内容并不完全协调。在完善时,一方面要考虑到家庭生活的道德伦理价值,另一方面也要考虑到维护家庭稳定的客观需要,更要考虑善意第三人的利益。首先,应当明确夫妻财产约定归属制度中,双方当事人的主体资格,充分考虑双方当事人的行为能力、法定代理人等情形的处置。其次,应当明确夫妻财产约定合同的内容和效力,并建立配套的公示制度。当夫妻双方通过书面约定,引起共同财产的权属变动时,如果涉及善意第三人的合法权益,应当以一定的规范强制夫妻内部约定以书面登记的方式公开。坚持家庭伦理价值观在夫妻共同财产制度中的体现,保护配偶的财产权益,同时兼顾公平原则。

第二个问题是关于"彩礼""嫁妆""改口费"等与传统婚俗相关的财产给付,如何在婚姻家庭编中得到体现,以及夫妻双方在婚姻存续期间的财产赠与效力问题。一般观点认为,上述财产给付均以婚姻为基础,应当被视为有条件的赠与。不过，需要注意的是，赠与并非以交易为缔结合同的目的，赠与合同的成立以赠与人、受赠人双方合意为成立条件。赠与合同成立之后，若赠与财产权利转移，不得任意撤销；已经公证的赠与合同，赠与人也不得行使任意撤销权。在"彩礼""嫁妆""改口费""婚后房产赠与"等相关的司法实务中，将上述赠与视为以婚姻为基础的赠与，一旦婚姻基础不存在，受赠人则需部分或全部返还受赠财产。在《最高人民法院关于适用〈中华人民共和国民法典〉婚姻家庭编的解释（一）》中规定："当事人请求返还按照习俗给付的彩礼的，如果查明属于以下情形，人民法院应当予以支持：（一）双方未办理结婚登记手续；（二）双方办理结婚登记手续但确未共同生活；（三）婚前给付并导致给付人生活困难。适用前款第二项、第三项的规定，应当以双方离婚为条件。"需要注意的是，在上述财产给付中，只明确了"彩礼"是作为传统婚俗进行的财产给付，而虽然嫁妆、改口费、婚后房产赠与等财产给付价值也较大，但其性质并未得到认定。一般将改口费、婚前大额财产给付、婚后房产赠与等认定为基于婚俗的财产给付；而嫁妆则被认为一般的财产赠与，其权属以给付时间、给付对象为认定标准。这一现象使基于婚姻的财产给付的效力、撤销等较为混乱。

在婚姻家庭编进一步完善时，可以从比较法角度考察，借鉴国外民法典体系中的"附条件的给予"这一概念①，将上述财产给付与一般的财产赠与关系区别开来，且根据不同情形设置认定条件。这一做法也可将给予、赠与两个概念区别开来，强调给付财产的目的是完成婚姻、履行婚姻义务、维护家庭稳定及当事人的合法权益，而非仅仅是主观上的无偿赠与。

① ［德］迪特尔·施瓦布：《德国家庭法》，王葆时译，法律出版社2010年版，第109-111页。

第三编

知识产权法法典化研究

所谓知识产权法，是指关于专利权、著作权和商标权等知识产权的法律。随着知识产权制度的不断发展，知识产权立法不断出台，并且出现了法典化现象。知识产权法典制定日益成为知识产权立法的重要课题。本编力图对知识产权法法典化现象进行探讨。

第九章　知识产权法法典化缘起

近代以来，现代意义上的知识产权开始出现，知识产权始终以单行法形式存在。然而，随着知识产权立法的发展，各国开始制定知识产权法典。这就需要首先研究知识产权法法典化的起源。

第一节　知识产权法法典化的历史条件

从世界范围来看，知识产权法法典化现象并不是很早就有的，而是知识产权立法发展到一定历史阶段的产物。其集中表现在知识产权类型的不断增多，如著作权、专利、商标、商号、商业秘密等。这些知识产权类型的出现使其逐渐地成为立法的重要对象。

一、著作权

著作权，又称版权，是指著作权人依法对著作享有的权利。从历史来看，著作权的产生与图书印刷业的发展有关。随着对图书出版人所出版图书的保护，著作权表现形式也在不断发展。著作权大致有以下特征：在客体方面，其包括文字作品，口述作品，音乐、戏剧、曲艺、舞蹈作品，美术、摄影作品，电影、电视、录像作品，图形作品，计算机软件以及其他作品。在主体方面，无论是未成年人还是成年人，其均可以成为著作权主体，范围较广，包括作家、诗人、摄影者、绘画者、记者、演员、编剧等。在形式方面，其已经发展出一个比较复杂的权利体系，包括发表权、署名权、修改权、保护作品完整权、名誉权等。由于著作权是知识产权的重要组成部分，因此著作权立法也成为知识产权立法的有机组成部分。

二、专利权

专利权，是指专利权人对专利享有的权利。从历史来看，专利权的出现似乎较晚，其与科学发展具有密切联系。随着科学技术的发展，专利权表现形式也朝着多样化方向发展。专利权大致有以下特征：在客体方面，其主要是指发明、实用新型和外观设计。在主体方面，专利权人主要是技术人员、研究人员和设计人员。在形式方面，专利权行使形式主要有许可权、转让权等。由于科学创新在现代社会日益突出，因此专利权日益成为和著作权并列的知识产权类型之一，被称为工业产权。专利立法也成为知识产权立法的重要组成部分。

三、商标权

商标权，是指商标权人对商标享有的权利。从历史来看，商标与商人具有紧密关系。随着商事交易的发展，商人开始使用商标作为商品的专有名称，进而出现商标权。商标权大致有以下特征：在客体方面，其主要是商标和注册商标。在主体方面，商标权人包括法人和非法人。在形式方面，商标权行使形式主要有专用权、许可权、转让权等。由于现代商业体系日益发达，商标作为无形资产具有巨大的价值，因此商标权也成为知识产权立法的重要对象。

四、商号权

通常来说，商号权并不属于知识产权范围，但是在许多国家，也会将商号纳入知识产权立法之中。因此，这就需要对商号权进行界定。商号权是指商事主体对商号享有的权利。随着现代商事主体形式多元化，商号权在经济活动中的作用日益重要。商号权大致有以下特征：在客体方面，其主要是指字号。在主体方面，有公司、合伙企业、个体工商户等。在形式方面，商号权行使形式主要有使用权、变更权、转让权等。由于商号权和著作权、专利权、商标权具有一定的差异，因此知识产权立法很少将其纳入其中，而是由企业法、反不正当竞争法等法律予以规范。不过，从理论上来看，也有学者认为，应该将商号权纳入知识产权之中。“我国法律应该对商号权的法律性质、权利的内容及其保护作出明确的规定，并把商号权纳入知识产权领域，同时要协调好商号权与其他相关类型的知识产权（如商标权、域名权及著作权）之间的关系，从而很好地构建起我国商号权法律制度的框架。"①

五、商业秘密权

商业秘密是否属于知识产权,在理论上争议较大。有反对者认为,商业秘密权是一个没有比较法渊源,也没有理论依据的概念②。而赞成者则认为,商业秘密是一种特殊的知识产权③。在立法上,有些国家不将商业秘密纳入知识产权立法之中,而是在反不正当竞争立法中予以规范。不过,也有一些国家在知识产权立法中予以规范。由于商业秘密具有知识属性,因此其可以被视为知识产权类型之一。所谓商业秘密权,是指商业秘密权利人对商业秘密所享有的权利。这种权利类型对于企业经营、商人交易具有重要的价值。商业秘密权通常具有以下特征:在客体方面,其主要是指商业秘密。在主体方面,既有法人,也有自然人,范围较广。在形式方面,其行使形式有许可权、转让权等。正因为在权利行使方面具有和知识产权相类似的地方,因此不少国家知识产权立法将其作为其中的一个部分予以规范。

第二节　知识产权法法典化的法律条件

知识产权法法典化的法律条件意味着知识产权立法数量达到了法典化的要求。只有这样,知识产权法法典化才具有可能性。同时,由于知识产权法法典化发展受国际法影响较大,因此这里从两个方面进行说明。

一、知识产权国内立法

随着知识产权各种形式的出现,各国日益重视知识产权国内立法。由于知识产权类型不同,因此各国通常以单行法形式对著作权、专利权、商标权进行立法,并不断予以完善,逐渐形成不同知识产权立法体系。随着国内立法的不断发展,就对知识产权立法体系化和法典化产生了一定的要求。例如,中国古代著作权立法也经过了一个发展过程。"古代著作权保护经历了由约定俗成的一

① 姚俊峰:《论我国商号权及其法律保护》,《沧州师范专科学校学报》2006年第4期。
② 孙山:《无根的"商业秘密权"——从制定法看"商业秘密权"的虚妄》,《河北法学》2011年第3期。
③ 王伟:《商业秘密权的属性探析:以概念法学为视角》,《知识经济》2012年第15期。

般社会规范向强制性法律规范的转变。早期对作者财产及精神权利的维护，更多的是通过经济、学术、技术的手段来实现的，唐宋以后才出现强制性的法律规范。古代著作权的法制性保护，不仅有体现官方对社会思想意识控制的'禁镌令'，更有体现现代著作权法精神的保护民间著作权（私权）的各种'公据''榜文'，以及出版商宣示著作权的声明。不能仅以前者的性质以偏概全地否认中国古代著作权的存在。"①正是由于保护著作权的需要，中国古代才通过禁令形式对其进行规范。又如，英国知识产权法发展大致经历了前现代知识产权法和现代知识产权法两个历史发展阶段，前现代知识产权法以对象具体化和地理本土化为特点，现代知识产权法则具有抽象性、前瞻性和自治性②。由此可见，知识产权国内立法数量的增加，必然有助于知识产权法体系化、法典化。

二、知识产权国际立法

知识产权法法典化的出现，还与知识产权国际立法的发展有关。随着欧洲各国知识产权制度的建立，不同国家之间知识产权制度冲突问题日益凸显，这就需要各国协调知识产权立法。正因为如此，知识产权国际条约开始制定，知识产权国际组织也开始建立。在国际条约方面，先后出现了《保护工业产权巴黎公约》、《保护文学和艺术作品伯尔尼公约》、《商标国际注册马德里协定》、《专利合作条约》、《保护植物新品种国际公约》、《世界版权公约》、《保护表演者、录音制品制作者和广播组织的国际公约》(《罗马公约》)、《关于集成电路的知识产权条约》(《IPIC条约》)、《与贸易有关的知识产权协定》(TRIPs)等。其中许多国际条约具有一定的综合性，如《保护工业产权巴黎公约》、《与贸易有关的知识产权协定》(TRIPs)等。在国际组织方面，1967年签订《建立世界知识产权组织公约》，并于1970年正式成立世界知识产权组织，负责工业产权、著作权以及商标权的国际合作。这些综合性国际条约和国际知识产权组织的出现影响了许多国家知识产权法法典化进程。例如，在《保护工业产权巴黎公约》影响下，许多国家制定了工业产权法典。又如，在世界知识产权组织成立之后，一些国家制定了知识产权法典。这说明，知识产权国际立法的确对知识产权法法典化产生了示范效应。

---

① 李明杰：《意识、行为及法制：中国古代著作权保护的历史逻辑》，《中国出版史研究》2018年第3期。

② 朱理：《惊异于历史的力量——读〈现代知识产权法的演进：英国的历程(1760—1911)〉一书》，《网络法律评论》2010年第1期，第333页。

第三节 知识产权法法典化的政治条件

尽管知识产权立法的不断发展有助于知识产权法法典化，但是知识产权法法典化还必须具备一定的政治条件。这种政治条件主要是立法者对知识产权法法典化的重视。由于立法者对法典化的认识存在一定的差异，其可能影响知识产权法法典化的选择方向。例如，有些国家在知识产权法法典化过程中倾向于将知识产权纳入民法典之中，在这种情况下，其必然在民法典之外制定大量的知识产权单行立法。又如，有些国家将知识产权单行立法集合为法典，在这种情况下，其通常会废止知识产权单行立法。正因为如此，知识产权法法典化的成功与否与立法者对法典化的认知程度具有密切的联系。例如，在大陆法系国家，由于其历史上具有法典编纂传统，因此其在知识产权法发展过程中法典化程度较高，对知识产权法典的制定具有一定的认同度。又如，在英美法系国家，由于其通常注重案例法，即使存在立法，在知识产权方面往往制定单行法，在这种情况下，其很难认同知识产权法典这种编纂形式。所以，要推动知识产权法法典化，需要立法机关的广泛认同。

第十章　国外知识产权法法典化研究

随着各国知识产权法典的制定，知识产权法法典化已经成为世界知识产权立法现象之一。虽然许多国家制定了知识产权法典，但是囿于研究范围限制，本章选择在知识产权法法典化过程中比较典型的国家进行介绍，以此了解不同国家推动知识产权法法典化的规律。

第一节　法国知识产权法法典化研究

在知识产权法法典化方面，法国虽然采用了知识产权法典模式，具有法典名称，但是其采用了汇编的形式。因此，法国知识产权法法典化道路在世界各国中是独树一帜的。

一、法国知识产权法的发展

法国知识产权法法典化的出现是法国知识产权法发展到一定阶段的产物。对此，有学者将法国知识产权法的发展历史分为特许权时期、单行法时期和知识产权法典时期①。这种发展路径说明法国知识产权法法典化是建立在知识产权各领域立法基础之上的。

一是著作权立法。法国分别于1791年和1793年颁布《表演权法》和《作者权法》。此后，上述两部法律经历了四次重要修改，即1866年、1910年、1920年和1925年的修改。1957年，法国颁布《著作权法》，全面规定作者精神权利和财

① 曹新明、张建华：《知识产权制度法典化问题研究》，北京大学出版社2010年版，第55-61页。

产权利，并于1985年修改。1992年，《著作权法》成为法国《知识产权法典》的重要组成部分[①]。

二是专利立法。1791年，法国制定了第一部《专利法》。1844年，又制定了第二部《专利法》。1968年，法国颁布了第三部《专利法》，该法按照《斯特拉斯堡公约》的要求对1844年《专利法》进行全面革新，此后于1978年做了修改[②]。该《专利法》后来也成为法国《知识产权法典》的重要组成部分。

三是商标立法。1803年，法国制定《关于工厂、制造场和作坊的法律》。1857年，法国又制定《关于以使用原则和不审查原则为内容的制造标记和商标的法律》，首次确立全面注册的商标保护制度。1964年，对1857年法律进行大幅度修改，重新公布《工业、商业和服务业商标法》，后于1975年和1978年经过两次修改。1991年，法国按照1988年《协调成员国商标立法1988年12月21日欧洲共同体理事会第一号指令》要求，全面修改商标法[③]。此后，其成为法国《知识产权法典》的重要组成部分。

此外，法国在原产地名称、反不正当竞争等方面制定了许多法律，这些法律也成为法国《知识产权法典》的来源。

二、法国知识产权法典的制定

随着法国法典化运动的展开，法国启动了知识产权法法典化工作。"1992年7月，法国颁布了第92-597号法令，亦即《法国知识产权法典(法律部分)》。《法国知识产权法典(法律部分)》整理了法国当时二十多个与知识产权有关的单行法律，对著作权和邻接权、发明专利权、商业秘密有关权利、原产地名称有关权利、商标权、集成电路布图设计专有权等加以规定。1995年4月，法国颁布了第93-385号法令，汇编形成了《法国知识产权法典(法规部分)》，汇集了法国行政法院制定的知识产权行政法规、操作程序和操作规范。"[④]这样，法国《知识产权法典》实际上由法律和法规两部分组成。

---

① 曹新明、张建华：《知识产权制度法典化问题研究》，北京大学出版社2010年版，第57-58页。

② 曹新明、张建华：《知识产权制度法典化问题研究》，北京大学出版社2010年版，第56-57页。

③ 曹新明、张建华：《知识产权制度法典化问题研究》，北京大学出版社2010年版，第58-59页。

④ 张鹏：《知识产权基本法基本问题研究：知识产权法典化的序章》，知识产权出版社2019年版，第44-45页。

(一)《知识产权法典(法律部分)》

法国知识产权法典的基本框架结构分三个部分,下设卷、编、章、条,共有8卷,17编,51章,441条。第一部分是文学和艺术产权,包括3卷(8编25章):著作权,著作权之邻接权,关于著作权、邻接权和数据库制作者权的通则;第二部分是工业产权,包括4卷(8编25章):行政及职业组织,工业品外观设计,发明及技术知识的保护,制造、商业及服务商标和其他显著性标记;第三部分是关于在海外领地及马约尔属地的适用(第八卷单编单章)[①]。从其内容来看,主要包括两大方面[②]:

一是文学和艺术产权内容,主要涉及四个方面:第一,著作权内容,主要涉及著作权范围、作者权利、权利的使用。第二,著作权之邻接权,主要涉及通则、表演艺术者权利、录音制作者权利、表演艺术者及录音制作者的共同规定、录像制作者权利、视听传播企业权利、卫星播放及有线转播的规定。第三,关于著作权、邻接权及数据库制作者权的通则,主要涉及个人复制报酬、报酬收取及分配协会、预防、程序及处罚。第四,数据库制作者权,主要涉及适用范围、保护范围、程序和处罚。

二是工业产权内容,主要涉及四个方面:第一,行政及职业组织内容,主要涉及机构、工业产权从业资格。第二,工业品外观设计,主要涉及保护条件及方式、纠纷。第三,发明及技术知识的保护,主要涉及发明专利、技术知识的保护。第四,制造、商业及服务商标和其他显著性标记,主要涉及制造、商业及服务商标,地理标志。

(二)《知识产权法典(法规部分)》

《知识产权法典(法规部分)》汇集法国行政法院制定的有关知识产权的行政法规,内容主要涉及具体操作程序和规范[③]。与《知识产权法典(法律部分)》相比较,因国内尚未对其翻译介绍,因此其基本结构和具体内容并不为人所熟知。

三、法国知识产权法法典化的特点

由于法国《知识产权法典》采用了比较特殊的结构,因此,法国知识产权法

---

① 夏建国:《论法国知识产权法典的立法特色及借鉴》,《河北法学》2002年第6期。

② 《法国知识产权法典(法律部分)》,黄晖、朱志刚译,商务印书馆2017年版。

③ 《法国知识产权法典(法律部分)》,黄晖、朱志刚译,商务印书馆2017年版,译者序第22-23页。

法典化发展历程是比较特殊的。对此，许多学者主要针对《知识产权法典》本身的特点进行了分析。有学者认为，法国《知识产权法典》的基本特点有以下方面：没有制定总则；公法和私法规范混杂；保护水平较高；较好地处理了与民法典的关系；修改频繁；立法技术上保持了一种开放的风格[①]。也有学者认为，法国《知识产权法典》明确了《知识产权法典》作为民法典特别法的地位，采取公法和私法规范相结合的方式，而且立法技术开放先进[②]。上述认识虽然注意到《知识产权法典》和民法典之间的关系，但是由于《知识产权法典》是以汇编技术而展开的，虽然具有法典形态，但是其和通常意义上的法典形式仍然有一定的距离。

第二节　日本知识产权法法典化研究

日本知识产权立法比较普遍，包括了专利法、实用新型法、外观设计法、商标法、不正当竞争防止法、半导体芯片法、版权法等。虽然这些立法在制定以后不断修改完善，但是日本知识产权立法仍然出现了法典化倾向。其虽然不是表现为知识产权法典制定，但是日本针对知识产权领域制定了《知识产权基本法》，并成为日本知识产权立法的基础法。

一、日本知识产权法的发展

近代以来，日本知识产权立法不断展开，逐渐确立了现代意义上的知识产权制度。从立法过程来看，日本知识产权立法也在不断更新。

在专利立法方面，1871年，日本颁布了《专卖简则》，但在实施后第二年就被废止。1885年，《专卖专利条例》经元老院通过并颁布实施。1899年，日本修改《专卖专利条例》，并将其更名为《专利法》，以后又于1909年、1921年等进行修改。“二战”期间，《专利法》修改处于停顿状态。“二战”以后，日本于1947年修改《专利法》。1959年，日本大幅度修改《专利法》。此后，又于1975年、1978年、1985年、1990年、1993年、1994年进行多次修改[③]。之后，日本于1998年和

---

① 曹新明、张建华：《知识产权制度法典化问题研究》，北京大学出版社2010年版，第64-67页。

② 张鹏：《知识产权基本法基本问题研究：知识产权法典化的序章》，知识产权出版社2019年版，第45页。

③ 吴佩江：《日本专利法史要略》，《杭州大学学报(哲学社会科学版)》1996年第3期。

1999年期间进行了多次修改[①]。此外，“日本分别在2011年、2014年、2015年、2016年对《专利法》的部分条款进行了与PLT（即《专利合作条约》）相适应的修改”[②]。从上述资料来看，日本《专利法》修改频率是非常高的。

在著作权立法方面，其法律修改也较多。对此，有学者认为：“日本在二战以前就有《著作权法》，二战以后，这部旧的《著作权法》几乎以‘休眠状态’延续到20世纪60年代末。日本现行的《著作权法》，是在1970年（昭和四十五年）全面修改旧的《著作权法》的基础上形成的。从这一年起，包括2009年按惯例由国会提出的著作权法修改在内，总共18次（还不把因其他法律修改给著作权法带来的‘连锁反应’式修改计算在内）。新的《著作权法》从1971年1月1日开始实施，截至2009年，已有39个年头。39年修法18次，差不多两年1次，这种修法速度可能在世界上也是绝无仅有的。”[③]此外，“日本为了加入《跨太平洋伙伴关系协定》（以下简称TPP），于2016年拟再次修改《著作权法》，法案已提交国会”[④]。

从上述资料来看，日本知识产权单行法的修改频率是非常高的。其始终是在同一部法律中展开，更多地体现了各知识产权立法的体系化。

二、日本《知识产权基本法》的制定

2002年12月4日，日本颁布了《知识产权基本法》。《知识产权基本法》共4章35条，即33条加上附则2条。其中，各章分为“总则”“基本措施”“有关知识财产的创造、保护及应用的推进计划”“知识财产战略本部”。从内容来看，其主要涉及以下方面：一是总则方面，主要涉及目的、定义、国民经济的健康发展及丰富文化的创造、我国产业的国际竞争力的强化及可持续发展、国家的义务、地方公共团体的义务、大学等研究机构的义务、产业界的义务、加强合作、注意促进竞争、法制方面的措施等。二是基本措施部分，主要涉及“推进研究开发”“促进研究成果的转化等”“加速授权”“诉讼程序的完善及快捷化等”“针对侵权的措施”“国际制度的构建”“新兴领域的知识财产的保护等”“改善环境，使从业者能够有效并合理地利用知识财产”“信息的提供”“教育的振兴等”“人才的保

① 杜颖：《日本专利法的最新修改》，《贵州警官职业学院学报》2002年第4期。
② 范晓：《日本与〈专利法条约〉相适应的法律制度调整浅析》，《中国发明与专利》2017年第1期。
③ 甄西：《日本〈著作权法〉修改纵览：2009年修法力度最大》，《出版参考》2009年第31期。
④ 蔡玫：《论日本修改著作权法的新动向及其特点》，《中国版权》2016年第5期。

证等”。三是推进计划方面，主要涉及推进计划事项。四是知识财产战略本部方面，主要涉及设置、所掌职务、机构、知识财产战略本部部长、知识财产战略本部副部长、知识财产战略本部部员、资料提供及其他协助、庶务、主任大臣、对行政法规的授权①。

《知识产权基本法》的制定表明日本对于知识产权的重视。其主要突出表现在以下方面：一是对知识产权和知识财产进行了界分。“知识财产”包括：发明；设计；植物新品种；外观设计；著作作品及其他人类创造性活动的成果(包括被发现、被破解的可运用于工业中的自然法则或自然现象)；用于表示经营活动中的商品或服务的商标、商号等标识，以及商业秘密等对经营活动有用的技术信息或者商业信息。而“知识产权”包括：发明专利权、实用新型专利权、培育者权、外观设计专利权、著作权、商标权及其他有关知识产权的法律法规所规定的权利或同法律保护的利益相关联的权利。这表明，知识财产和知识产权存在本质的差异。二是明确推进计划需要细化的有关事项。推进计划应就以下事项作出规定：①为促进知识财产的创造、保护及应用，政府集中、有计划地采取相关措施时应遵循的基本方针；②针对知识财产的创造、保护及应用，政府应集中、有计划地采取的措施；③针对知识财产教育的振兴及相关专门人才的确保，政府应集中、有计划地采取的措施；④上述各项规定以外的，政府集中、有计划地推进有关知识财产的创造、保护及应用的措施时所需的其他事项。三是建立知识财产战略本部组织。该法规定了知识财产战略本部的职务：①制订推进计划并推动计划的实施；②在前款所述事务之外，对与知识财产的创造、保护及应用有关的重点措施的策定进行调查审议，推动措施的实施并进行综合调整。因此，从该法来看，其并不是知识产权综合法，而是知识财产发展战略的法律化。

三、日本知识产权法法典化的特点

从日本知识产权法的发展来看，日本知识产权立法始终以单行法为主，并没有采用法典形式。尽管其采用了具有一般法性质的基本法形式，但是其并没有将各知识产权单行法纳入其中。从立法模式来看，“《日本知识产权基本法》是以公法形式建构知识产权公共政策法律化的典型立法例。日本知识产权基

① 《日本知识产权基本法》，中村真帆译，王莹莹校，《网络法律评论》2004 年第 1 期，第 314-320 页。

本法的内容以公法规范为主，类似行政组织法的体例和主要制度”①。这就意味着，日本知识产权法法典化并没有实质性展开。

第三节　俄罗斯知识产权法法典化研究

俄罗斯知识产权立法也比较多。这些立法在很长时间独立于民法典之外。值得注意的是，俄罗斯知识产权法法典化采用了一种比较独特的做法，就是将知识产权内容纳入民法典之中。这种做法也成为俄罗斯知识产权法法典化的基本特点。

一、俄罗斯知识产权法的发展

从历史来看，俄罗斯知识产权法法典化大致可以分为三个时期。

（一）俄罗斯帝国时期知识产权立法

这一时期，俄罗斯知识产权立法开始出现，先后制定了《艺术和工艺中的发明与发现特权法》（1812 年）、《著作权条例》（1828 年）、《作者、译者和出版人条例》（1830 年）、《音乐所有权规则》（1845 年）、《艺术所有权条例》（1846 年）、《工厂制图和模型所有权条例》（1864 年）、《发明与完善特权条例》（1896 年）等，此后又不断修订完善，如《俄罗斯帝国著作权条例》（1911 年）。这一时期，知识产权立法主要以单行法为主。从 1887 年开始，所有著作权规范都被重新收入《俄罗斯帝国民事法律汇编》之中。值得注意的是，俄罗斯开始将知识产权纳入民法典之中。1905 年《俄罗斯帝国民法典草案》中，第三卷“物权”的构成中包括八编：“第一编一般规定”“第二编所有权”“第三编占有”“第四编他物权”“第五编抵押与质押”“第六编土地所有权的特殊类型”“第七编著作权”“第八编发明、商标及商号权”。这种做法实际上已经开始将知识产权立法纳入民法典之中②。

（二）苏维埃俄国及苏联时期知识产权立法

这一时期，知识产权领域立法进一步发展，其更多地通过命令和决议的形

---

① 张鹏：《知识产权基本法基本问题研究：知识产权法典化的序章》，知识产权出版社 2019 年版，第 29 页。

② 张建文：《俄罗斯知识产权立法法典化研究》，知识产权出版社 2011 年版，第 57-59 页。

式体现。其先后制定了《发明条例》(1919 年)、《发明专利条例》(1924 年)、《关于“工业设计(图形与模型)”决议》(1924 年)、《发明与技术完善条例》(1931 年)、《发明与技术改善条例》(1941 年)、《发现、发明与合理化建议条例》(1959 年、1973 年)、《关于工业设计的决议》(1965 年)、《工业设计条例》(1981 年)、《苏联发明者法》(1991 年)、《苏联植物新品种法律保护条例》(1980 年)。1922 年《苏俄民法典》没有规定知识产权内容。不过,此后,1940 年、1947 年、1948 年和 1951 年苏联民法典草案均包括了著作权规范,其中 1940 年和 1951 年草案还包括发明权规范内容。1961 年,苏联制定《苏联民事立法纲要》,内容包括著作权、发明权、合理化建议和工业设计以及发现权各编。1964 年,《苏联民法典》将著作权、发现权和发明权分别单列为三编,再次将知识产权纳入民法典之中①。

(三) 俄罗斯联邦时期知识产权立法

这一时期,俄罗斯制定了大量知识产权立法,如 1993 年《著作权和邻接权法》、1992 年《专利法》、1992 年《电子计算机程序和数据库保护法》、1992 年《集成电路布图设计保护法》、1992 年《商标、服务标志和商品原产地名称法》、1993 年《育种成果法》②。随着民法典编纂,俄罗斯将上述知识产权立法均纳入民法典之中,并独立成编。

二、《俄罗斯联邦民法典》知识产权编的制定

《俄罗斯联邦民法典》知识产权编是民法典编纂的最后一部分。在民法典编纂过程中,知识产权编大致经历了三个阶段。“三个阶段的不同点是:在第一阶段试图将更为完整的知识产权体系都纳入民法典;第二阶段则试图仅仅将知识产权法的一般规定予以法典化并纳入民法典,但在具体方法上存在分歧——单独成编抑或是分散到现有的各部分;第三阶段则是完全法典化的阶段,不但将知识产权法的一般规定和展开规则都纳入民法典实现完全法典化,而且也废除现行的主要知识产权特别法。”③2006 年 12 月,俄罗斯联邦总统普京签署了第 230 号联邦法律,宣布通过《俄罗斯联邦民法典》第四部分“知识产权编”,并自 2008 年 1 月 1 日起生效。整个“知识产权编”的内部结构包括 9 章,即一般规

---

① 张建文:《俄罗斯知识产权立法法典化研究》,知识产权出版社 2011 年版,第 60-63 页。
② 王志华:《论俄罗斯知识产权法的民法典化》,《环球法律评论》2009 年第 6 期。
③ 张建文:《俄罗斯知识产权立法法典化研究》,知识产权出版社 2011 年版,第 37 页。

定(第69章),著作权(第70章),邻接权(第71章),专利权(第72章),育种成就权(第73章),集成电路布图设计权(第74章),商业秘密权(第75章),法人、商品、工作、服务和企业个别化手段权(第76章),统一技术构成中智力活动成果使用权(第77章)[①]。其自2006年经俄罗斯国家杜马通过到2017年底,共进行了20次修改[②]。此后,《俄罗斯联邦民法典》第四部分第76章在2018年、2019年、2020年和2022年对商标规定作了进一步修改[③]。从《俄罗斯联邦民法典》知识产权编来看,其内容主要有以下方面[④]:

一是一般规定内容,主要涉及受保护的智力活动成果和个性化标识的种类、智力权利、专有权、许可合同、费用、保护方式等。根据规定,智力活动成果和与之等同的受到法律保护的法人、商品、工作、服务和企业的个性化标识(知识产权)包括:科学、文学和艺术作品;电子计算机程序;数据库;表演;录音;无线或有线广播或电视传播(无线或有线广播组织的广播);发明;实用新型;外观设计;育种成果;集成电路布图设计;商业秘密;企业名称;商品商标和服务商标;商品原产地名称;商号。

二是著作权内容,主要涉及著作权各种权利种类、著作权合同形式以及著作权保护方式等。根据规定,科学、文学或艺术作品的智力权利是著作权,作品的作者享有下列权利:作品的专有权、作者身份权、署名权、作品的不可侵犯权、作品的发表权。此外,还享有其他权利,包括职务作品的报酬权、收回权、追续权和造型艺术作品的接触权。

三是邻接权内容,主要涉及邻接权一般规定,表演者权,录音制作者权,无线或有线广播组织的权利,数据库制作者的权利,科学、文学或艺术作品发表人的权利等。根据规定,表演者的活动(表演)成果、录音、广播电视节目的无线或有线播放(无线或有线广播组织的广播)、数据库的内容以及科学、文学和艺术作品转为公共财富以后的首次发表的智力权利,为与著作权相邻接的权利(邻接权)。

---

① 张建文:《俄罗斯知识产权立法法典化研究》,知识产权出版社2011年版,第27-28页。

② 《俄罗斯知识产权法(〈俄罗斯联邦民法典〉第四部分)》,孟祥娟译,法律出版社2020年版,序言第2页。

③ 马伟阳:《2022年〈俄罗斯联邦民法典〉(第四部分)第76章修改的主要亮点》,《中华商标》2023年第12期。

④ 《俄罗斯知识产权法(〈俄罗斯联邦民法典〉第四部分)》,孟祥娟译,法律出版社2020年版,序言第2页。

四是专利权内容，主要涉及专利权一般规定，专利权，发明、实用新型或外观设计专有权的处分，因履行职务或完成合同工作而创造的发明、实用新型和外观设计，专利的取得，专利效力的终止和恢复，秘密发明法律保护与使用的特殊性，作者和专利权人权利的保护等。根据规定，发明、实用新型或外观设计的智力权利是专利权，其作者享有专有权和作者身份权，还享有其他权利，包括专利取得权，职务发明、实用新型或外观设计的报酬权。

五是育种成果权内容，主要涉及育种成果权一般规定，育种成果的智力权利，育种成果专有权的处分，因履行职务或完成合同工作而培育、提取或发现的育种成果，育种成果专利的取得，育种成果专利效力的终止，育种成果的育种人或其他专利权人的权利保护等。根据规定，育种成果的育种人享有专有权和身份权，还享有其他权利，包括专利取得权、育种成果的名称权、职务育种成果的报酬权。

六是集成电路布图设计权内容，主要涉及集成电路布图设计、设计权、作者、注册、身份权、专有权、合同等。根据规定，集成电路布图设计（布图设计）的作者享有专有权、身份权，还享有其他权利，包括对职务布图设计获得报酬的权利。

七是商业秘密权内容，主要涉及商业秘密概念、专有权、合同、责任等。根据规定，商业秘密是任何性质的（生产的、技术的、经济的、组织的和其他的）科学技术领域智力活动成果的信息，以及职业活动实施方法的信息。

八是法人、商品、工作、服务和企业个别化手段权内容，主要涉及企业名称权、商品商标和服务商标权、商品原产地名称权、商号权等。

九是统一技术构成中智力活动成果使用权内容，主要涉及技术权概念、技术权规则、技术权报酬、技术权移转等。根据规定，统一技术，是指以客观形式体现的科学技术成果，该成果以某种结合的方式包含根据本编规则应该受到保护的发明、实用新型或外观设计，电子计算机程序或其他智力活动成果，以及可能成为民用或军事领域内特定实践活动的技术基础的科学技术活动成果（统一技术）。

从上述内容来看，《俄罗斯联邦民法典》知识产权编不仅包括传统知识产权类型，而且涉及各种活动中的智力成果。

三、俄罗斯知识产权法法典化的特点

从俄罗斯知识产权法法典化来看，其将以往知识产权立法绝大多数纳入民法典之中，同时不再保留相关单行知识产权立法，体现了俄罗斯知识产权法法典化的特色。这种知识产权入民法典的做法从各国民法典发展过程来看也是非常独特的。对此，有学者认为："知识产权法已经成为《俄罗斯联邦民法典》的独立一编，《俄罗斯联邦民法典》（第四部分）不仅实现了知识产权法典化，而且实现了知识产权的法典化。"① 显然，这种立法模式将知识产权视为一种民事权利。

① 张鹏：《知识产权基本法基本问题研究：知识产权法典化的序章》，知识产权出版社 2019 年版，第 46 页。

第十一章　我国知识产权法法典化研究

正如前述，我国古代就有知识产权保护立法。不过，通常认为，现代意义的知识产权法是从清末开始出现的。此后，知识产权立法数量逐渐增多，知识产权法体系化日益明显，为知识产权法法典化奠定了基础。

第一节　清末时期知识产权法法典化研究

清末时期，随着西法东渐，我国开始建立西方知识产权制度，并进行立法。这一时期，其立法数量并不多。在专利方面，主要有1898年颁布的《振兴工艺给奖章程》等。《振兴工艺给奖章程》对申请专利的条件、专利的年限以及对假冒专利者的惩处办法等都有明文规定①。在著作权方面，主要有1910年颁布的《大清著作权律》等。"《大清著作权律》由通例、权利期限、呈报义务、权利限制、附则五章，共五十五条构成。对著作权的定义、著作物的范围、侵权与处罚等均作了较详细的规定。"②同时，《大清著作权律》正文之后，共附有关著作权登记注册的呈式(申请格式)三种③。在商标方面，主要有1904年颁布的《商标注册试办章程》和《商标注册试办章程细目》等。《商标注册试办章程》主要内容有：坚持中外商人一体对待的原则；将商标注册权划归商部管理；明确商标权的取得方式；规定商标使用期限；规定商标注册应缴纳的费用；规定不予注册的商标④。从上述立法来看，知识产权立法刚刚起步，还不成体系。

① 李海潮：《清末专利制度对近代工业发展的影响》，《濮阳职业技术学院学报》2016年第6期。

② 姚琦：《清末著作权立法初探》，《青海师范大学学报(哲学社会科学版)》1996年第4期。

③ 王兰萍：《近代中国著作权法的成长(1903—1910)》，北京大学出版社2006年版，第81页。

④ 刘燕：《清末我国第一部商标法的产生》，《中华商标》1996年第3期。

第二节　民国时期知识产权法法典化研究

民国时期,知识产权立法进入新的历史阶段。尽管这一时期在继承清末知识产权立法的基础上不断完善,立法数量也在不断增加,但是政权更迭、外敌入侵等多方面原因,导致知识产权法法典化仍然无法有效展开。

一、著作权立法

民国时期,主要有两部著作权法。北洋政府时期,1915 年,参政院代行立法院职权,于第二期常会议定《著作权法》,由大总统于同年 11 月 7 日公布。该法共分 2 章 45 条。其规定,文书讲义演述,乐谱戏曲,图画帖本,照片雕刻模型,及其他关于学艺、美术之著作物,禀经内务部注册,专有重制之利益者,为著作权。南京国民政府时期,重新将北洋政府时期《著作权法》修正,于 1928 年 5 月 14 日公布。该法共分 5 章 40 条①。此后,国民政府于 1944 年和 1949 年对其进行两次修正②。这一时期,著作权立法虽然有所修改,但是在立法体系上变动不大。

二、商标立法

民国时期,也存在两部商标法。北洋政府时期,1923 年 5 月 3 日,国会议定《商标法》,共 44 条,由政府公布施行。该法规定,凡欲专用商标者,须呈请注册。自注册之日起,由注册人取得商标专用权,其期间以 20 年为限,但得续展 20 年。南京国民政府时期,1928 年,适用北洋政府时期《商标法》,后又进一步修订。立法院议决《商标法》,并自 1931 年 1 月 1 日起施行③。此后,《商标法》又分别于 1935 年、1938 年和 1940 年多次修订④。同时,上述商标法也有相应的商标法实施细则。从这一时期来看,商标立法体系逐渐成形。

---

① 谢振民:《中华民国立法史》,张知本校订,中国政法大学出版社 2000 年版,第 513-514 页。
② 马晓莉:《近代中国著作权立法的困境与抉择》,华中科技大学出版社 2011 年版,第 117 页。
③ 谢振民:《中华民国立法史》,张知本校订,中国政法大学出版社 2000 年版,第 605-606 页。
④ 汪娜:《近代中国商标法制的变迁:从寄生到自主的蜕变》,上海人民出版社 2016 年版,第 110-114 页。

三、工业技术奖励立法

民国时期，专利立法开始广泛出现。北洋政府时期，先后制定了《奖励工艺品暂行章程》(1912年)、《暂行工艺品奖励章程》(1923年)、《暂行工艺品奖励章程施行细则》(1923年)。南京国民政府时期，先后制定《奖励工业品暂行条例》(1928年)、《奖励工业品暂行条例施行细则》(1928年)、《特种工业奖励法》(1929年)、《奖励工业技术暂行条例》(1932年)、《奖励工业技术暂行条例施行细则》(1932年)、《奖励工业技术审查委员会规则》(1932年)。抗战时期，又重新制定了《奖励工业技术暂行条例》(1939年)、《奖励工业技术暂行条例施行细则》(1939年)、《奖励工业技术补充办法》(1940年)、《政府机关场厂人员发明或创作专利权处理及奖励办法》(1944年)、《专利法》(1944年)。抗战胜利以后，又制定《专利法施行细则》(1947年)、《商标局专利审查委员会组织规程》(1947年)等①。从上述立法来看，专利立法体系逐渐确立。

第三节　新中国时期知识产权法法典化

新中国时期，知识产权立法经过了一个曲折发展的历程。改革开放以后，知识产权立法得到迅速发展，各种类型的知识产权立法不断出现，既有综合性立法，也有专门性立法。这些立法的展开为知识产权法法典化奠定了基础。

一、著作权立法

新中国成立初期，著作权立法开始制定，但是这些立法相对较为简单。改革开放以来，随着著作权立法的完善，著作权立法体系逐渐成形。从历史来看，我国著作权立法根据法律形式主要有以下几类。

一是法律层面，主要有著作权法。1990年9月7日，第七届全国人大常委会第十五次会议通过《中华人民共和国著作权法》(简称《著作权法》)，共6章56条，主要分为第一章“总则”、第二章“著作权”、第三章“著作权许可使用合同”、第四章“出版、表演、录音录像、播放”、第五章“法律责任”、第六章“附则”。其中，该法第五十三条规定，计算机软件的保护办法由国务院另行规定。2001年

① 徐海燕：《中国近现代专利制度研究(1859—1949)》，知识产权出版社2010年版，第252-308页。

10月27日，第九届全国人大常委会第二十四次会议通过《全国人民代表大会常务委员会关于修改〈中华人民共和国著作权法〉的决定》。根据该决定，著作权集体管理组织是非营利性组织，其设立方式、权利义务、著作权许可使用费的收取和分配，以及对其监督和管理等由国务院另行规定。同时规定，广播电台、电视台播放已经出版的录音制品，可以不经著作权人许可，但应当支付报酬。当事人另有约定的除外。具体办法由国务院规定。此外，还规定，计算机软件、信息网络传播权的保护办法由国务院另行规定。2010年2月26日，第十一届全国人大常委会第十三次会议通过《全国人民代表大会常务委员会关于修改〈中华人民共和国著作权法〉的决定》第二次修正，主要涉及著作权人权利限制和著作权出质登记。2020年11月11日，第十三届全国人大常委会第二十三次会议通过《全国人民代表大会常务委员会关于修改〈中华人民共和国著作权法〉的决定》第三次修正。其规定，著作权集体管理组织的设立方式、权利义务、使用费的收取和分配，以及对其监督和管理等由国务院另行规定。从立法体系来看，著作权法一方面对著作权各种权利种类及其保护作了全面规定，另一方面，其针对一些新型作品形式及其权利进行了授权规定。这一授权规定在著作权法修改过程中始终延续，体现了不同著作权立法之间的衔接。

二是行政法规层面，主要有《中华人民共和国著作权法实施条例》《著作权集体管理条例》《实施国际著作权条约的规定》《计算机软件保护条例》《信息网络传播权保护条例》《中华人民共和国植物新品种保护条例》等。为了配合著作权法实施，1991年5月30日，国家版权局发布《中华人民共和国著作权法实施条例》。2002年8月1日，国务院重新制定《中华人民共和国著作权法实施条例》。2011年1月8日，根据《国务院关于废止和修改部分行政法规的决定》进行第一次修订。2013年1月30日，根据《国务院关于修改〈中华人民共和国著作权法实施条例〉的决定》进行第二次修订。为了规范集体著作权行为，2004年12月28日，国务院发布《著作权集体管理条例》，主要规定著作权集体管理组织的设立、著作权集体管理组织的机构、著作权集体管理活动、对著作权集体管理组织的监督等内容。该条例于2011年和2013年分别进行两次修订。为了保护信息网络传播权，2006年5月18日，国务院公布《信息网络传播权保护条例》，主要规定著作权人、表演者、录音录像制作者的信息网络传播权。该条例于2013年进行了修订。为了实施国际著作权条约，保护外国作品著作权人的合法权益，1992年9月25日，国务院发布《实施国际著作权条约的规定》，自同年9月30日起施行,2020年11月29日修订。为了保护计算机软件著作权人合法权益,1991年6月4日,国务院公布《计算机软件保护条例》,后又于2001年12月20日公布了新的《计算机软件保护条例》主要规定软件著作权、软件著作权的许可和转让等内容。该条例于2011年和2013年进行了两次修订。为了保护植物新品种,1997年3月20日,国务院公布《中华人民共和国植物新品种保护条例》,主要规定品种权的内容和归属,授予品种权的条件,品种权的申请和受理,品种权的审查和批准、期限、终止和无效等事项。该条例分别于2013年和2014年进行两次修订。从上述立法情况来看,既有落实著作权法的相应规定,也有专门立法规定。

三是地方性法规层面,主要有《山东省著作权保护条例》《广西壮族自治区著作权管理条例》等。1997年8月16日,山东省第八届人大常委会第二十九次会议通过《山东省著作权保护条例》,并于2004年进行修订,该条例主要规定著作权登记、著作权许可使用、著作权纠纷调解等事项。1998年1月7日,广西壮族自治区第八届人大常委会第三十二次会议通过《广西壮族自治区著作权管理条例》,并于2002年、2004年、2010年进行修正。该条例主要规定著作权保护、监督检查等事项。由于地方立法对著作权保护规定相对较少,因此从上述两部立法来看,除了重新明确中央立法规定之外,其主要是针对地方著作权行政管理工作程序和监督检查等方面进行立法。

二、商标立法

新中国成立初期,商标立法开始出现。1950年颁布《商标注册暂行条例》。此后,1963年4月10日,国务院公布《商标管理条例》。改革开放以来,商标立法进入快车道。从目前来看,商标立法主要体现在以下立法类型中。

一是法律层面。1982年8月23日,第五届全国人大常委会第二十四次会议通过《中华人民共和国商标法》(简称《商标法》),共8章43条,分为第一章“总则”、第二章“商标注册的申请”、第三章“商标注册的审查和核准”、第四章“注册商标的续展、转让和使用许可”、第五章“注册商标争议的裁定”、第六章“商标使用的管理”、第七章“注册商标专用权的保护”、第八章“附则”。根据规定,本法的实施细则,由国务院工商行政管理部门制定,报国务院批准施行。1993年2月22日,第七届全国人大常委会第三十次会议通过《全国人民代表大会常务委员会关于修改〈中华人民共和国商标法〉的决定》第一次修正,主要增加服务商标保护内容。2001 年 10 月 27 日，第九届全国人大常委会第二十四次会议通过《全国人民代表大会常务委员会关于修改〈中华人民共和国商标法〉的决定》第二次修正，主要增加集体商标、证明商标等内容。根据规定，集体商标、证明商标注册和管理的特殊事项，由国务院工商行政管理部门规定。2013 年 8 月 30 日，第十二届全国人大常委会第四次会议通过《全国人民代表大会常务委员会关于修改〈中华人民共和国商标法〉的决定》第三次修正，主要增加驰名商标等内容。根据规定，商标国际注册遵循中华人民共和国缔结或者参加的有关国际条约确立的制度，具体办法由国务院规定。2019 年 4 月 23 日，第十三届全国人大常委会第十次会议通过《全国人民代表大会常务委员会关于修改〈中华人民共和国建筑法〉等八部法律的决定》，再次修正《商标法》有关条款。从上述商标法立法情况来看，商标法适用范围在不断扩大。

二是行政法规层面，国务院曾经制定了《中华人民共和国商标法实施条例》等行政法规。现行有效的商标法实施条例是，国务院于 2002 年 8 月 3 日公布的《中华人民共和国商标法实施条例》，其于 2014 年 4 月 29 日进行了修订。根据规定：商标注册根据商品和服务分类表填报，此表由商标局制定并公布；申请商标注册或者办理其他商标事宜的文件格式，由商标局、商标评审委员会制定并公布；商标评审委员会的评审规则由国务院工商行政管理部门制定并公布；申请商标注册或者办理其他商标事宜，应当缴纳费用。缴纳费用的项目和标准，由国务院财政部门、国务院价格主管部门分别制定。

三是部门规章层面。这方面主要体现在驰名商标的认定和管理之上。2003 年 4 月 17 日，国家工商行政管理总局公布《驰名商标认定和保护规定》，2014 年 7 月 3 日，对其进行了修订。由于《商标法》对驰名商标作了规定，因此部门规章进一步对此作了详细规定。

四是地方性法规层面。地方的商标立法主要集中在著名商标方面，如《浙江省著名商标认定和保护条例》（已废止）、《重庆市著名商标认定和保护条例》（已废止）、《吉林省著名商标认定和保护条例》（已废止）、《湖北省著名商标认定和促进条例》（已废止）、《河北省著名商标认定和保护条例》（已废止）、《安徽省著名商标认定和保护条例》（已废止）、《长春市著名商标认定和保护条例》（已废止）、《四川省著名商标认定和保护条例》（已废止）、《甘肃省著名商标认定和保护条例》（已废止）、《成都市著名商标认定和保护规定》（已废止）等。

三、专利立法

新中国成立初期,专利立法开始出现。1950年,政务院发布了《保障发明权和专利权暂行办法》。改革开放以后,专利立法得到快速发展,主要表现在以下方面。

一是法律层面,立法修改频繁。1984年3月12日,第六届全国人大常委会第四次会议通过《中华人民共和国专利法》(简称《专利法》),共8章69条,分为第一章"总则"、第二章"授予专利权的条件"、第三章"专利的申请"、第四章"专利申请的审查和批准"、第五章"专利权的期限、终止和无效"、第六章"专利实施的强制许可"、第七章"专利权的保护"、第八章"附则"。根据规定,本法实施细则由专利局制定,报国务院批准后施行。此后,全国人大常委会多次对《专利法》进行修改。1992年9月4日,第七届全国人大常委会第二十七次会议通过《全国人民代表大会常务委员会关于修改〈中华人民共和国专利法〉的决定》第一次修正。2000年8月25日,第九届全国人大常委会第十七次会议通过《全国人民代表大会常务委员会关于修改〈中华人民共和国专利法〉的决定》第二次修正。2008年12月27日,第十一届全国人大常委会第六次会议通过《全国人民代表大会常务委员会关于修改〈中华人民共和国专利法〉的决定》第三次修正。2020年10月17日,第十三届全国人大常委会第二十二次会议通过《全国人民代表大会常务委员会关于修改〈中华人民共和国专利法〉的决定》第四次修正。

二是行政法规层面,行政立法较多。国务院先后制定了《国防专利条例》《专利代理条例》《中华人民共和国专利法实施细则》。在国防专利立法方面,1990年7月30日,国务院和中央军委批准公布施行的《国防专利条例》。2004年9月17日,国务院和中央军委公布新的《国防专利条例》,共5章36条,分为第一章"总则"、第二章"国防专利的申请、审查和授权"、第三章"国防专利的实施"、第四章"国防专利的管理和保护"、第五章"附则"。根据规定,《中华人民共和国专利法》和《中华人民共和国专利法实施细则》的有关规定适用于国防专利,但《国防专利条例》有专门规定的,依照本条例的规定执行。在专利代理立法方面,1991年3月4日,国务院发布《专利代理条例》,并于2018年9月6日修订通过,共5章32条,分为第一章"总则"、第二章"专利代理机构和专利代理师"、第三章"专利代理执业"、第四章"法律责任"、第五章"附则"。根据规定,律师事务所可以依据《中华人民共和国律师法》《中华人民共和国民事诉讼法》等法律、行政法规开展与专利有关的业务，但从事代理专利申请、宣告专利权无效业务应当遵守《专利代理条例》的规定，具体办法由国务院专利行政部门商国务院司法行政部门另行制定。同时还规定，代理国防专利事务的专利代理机构和专利代理师的管理办法，由国务院专利行政部门商国家国防专利机构主管机关另行制定。在专利法实施立法方面，1992 年 12 月 21 日，国务院公布《中华人民共和国专利法实施细则》，后于 2001 年 6 月 15 日，公布新的《中华人民共和国专利法实施细则》，并于 2002 年、2010 年和 2023 年进行了修订。

三是地方性法规层面，地方立法数量庞大。除了中央立法之外，地方针对专利事项进行了广泛立法，既有省级专利立法，也有地级市专利立法。

省级专利立法主要有以下立法模式。

第一，专利一般性立法。这方面立法有《安徽省专利条例》(2015 年 9 月 24 日通过)、《广东省专利条例》(2010 年 9 月 29 日公布)、《辽宁省专利条例》(2013 年 11 月 29 日通过，并于 2022 年 4 月 21 日修正)、《湖北省专利条例》(2017 年 5 月 24 日通过)、《河北省专利条例》(1997 年 10 月 25 日通过，2003 年 11 月 29 日修订，2011 年 11 月 26 日修正，2017 年 9 月 28 日第二次修订)、《浙江省专利条例》(2015 年 9 月 25 日通过)、《陕西省专利条例》(2003 年 9 月 28 日通过，2010 年 3 月 26 日第一次修正，2012 年 7 月 12 日修订，2023 年 11 月 30 日第二次修订)、《甘肃省专利条例》(2012 年 6 月 1 日通过，2022 年 11 月 25 日修订)、《贵州省专利条例》(2015 年 3 月 27 日通过，2020 年 9 月 25 日修正)、《吉林省专利条例》(2017 年 12 月 1 日通过)、《广西壮族自治区专利条例》(2012 年 7 月 26 日通过)等。这种立法模式涉及专利方方面面，如专利激励、专利应用、专利保护、专利服务、专利监督管理等。

第二，专利促进立法。这方面立法有《江西省专利促进条例》(2009 年 11 月 27 日通过)、《江苏省专利促进条例》(2009 年 5 月 20 日通过，2019 年 3 月 29 日修正)等。这种立法模式专门针对专利促进事宜，如专利创造、专利运用、专利保护、专利管理等。从内容来看，其和专利一般性立法差别不大。

第三，专利保护立法。这方面立法有《河南省专利保护条例》(2000 年 11 月 25 日通过，2005 年 12 月 2 日修订)、《上海市专利保护条例》(2001 年 12 月 28 日通过)、《黑龙江省专利保护条例》(2003 年 12 月 13 日通过)、《四川省专利保护条例》(1997 年 6 月 16 日通过，2001 年 9 月 22 日修正，2012 年 3 月 29 日修订)、《宁夏回族自治区专利保护条例》(2002 年 11 月 7 日通过)等。这种立法模式侧重于专利保护事宜，如专利保护和管理、专利处理、专利调解、专利查处等。

第四，专利促进和保护并重立法。这方面立法有《云南省专利促进与保护条例》（2012 年 11 月 29 日通过）、《福建省专利促进与保护条例》（2013 年 11 月 29 日通过）、《重庆市专利促进与保护条例》（2007 年 7 月 27 日通过，2010 年 7 月 23 日和 2011 年 11 月 25 日两次修正，2023 年 7 月 27 日修订）、《青海省专利促进与保护条例》（2009 年 11 月 30 日通过）、《山西省专利实施和保护条例》（2001 年 11 月 25 日通过，2014 年 11 月 28 日修订）、《北京市专利保护和促进条例》（2005 年 5 月 20 日通过，2013 年 9 月 27 日修订，2021 年 3 月 12 日修正）、《新疆维吾尔自治区专利促进与保护条例》（2004 年 7 月 23 日通过，2012 年 9 月 28 日修订）、《天津市专利促进与保护条例》（2011 年 1 月 6 日通过，2016 年 3 月 30 日修正）等。这种立法模式从形式上将“促进”和“保护”并重，如专利创造、专利应用、专利保护、专利管理、保障措施等。从内容来看，其在本质上和专利一般性立法无异。

地级市专利立法主要有《沈阳市专利促进条例》（2009 年 11 月 11 日通过）、《广州市专利管理条例》（2001 年 6 月 6 日通过，2011 年 1 月 17 日修正）、《青岛市专利保护规定》（2004 年 10 月 25 日通过，2011 年 11 月 15 日修正）、《武汉市专利管理条例》（2000 年 11 月 30 日通过，2019 年 7 月 26 日和 2021 年 1 月 22 日两次修正）、《苏州市专利促进条例》（2004 年 11 月 24 日通过，2010 年 10 月 13 日修订，2020 年 7 月 31 日修正）、《杭州市专利管理条例》（2005 年 7 月 29 日通过）、《长春市专利管理条例》（2004 年 8 月 27 日通过）、《宁波市专利管理条例》（2003 年 9 月 26 日通过，2011 年 12 月 27 日修正）、《厦门经济特区专利促进与保护条例》（2011 年 10 月 26 日通过，已废止）、《福州市专利保护与促进若干规定》（2008 年 10 月 30 日通过）、《郑州市专利促进和保护条例》（2009 年 6 月 25 日通过）、《汕头市专利保护和促进条例》（2006 年 12 月 19 日通过，2021 年 6 月 30 日修订）、《太原市促进专利转化办法》（2007 年 9 月 26 日通过）、《洛阳市专利促进与保护条例》（2012 年 10 月 25 日通过）、《包头市专利促进与保护条例》（2009 年 2 月 26 日通过）、《淄博市专利管理若干规定》（2006 年 5 月 17 日通过，2014 年 10 月 29 日修订）、《成都市专利保护和促进条例》（2006 年 10 月 27 日通过，2013 年 11 月 28 日修正）等。地级市专利立法不如省级专利立法数量多，但是它们的立法侧重点有所差异。其大致有三种立法方式：一是专利促进立法，主要是围绕专利创造、专利利用、专利保护等方面。这种立法模式出现相对较晚。二是专利管理立法,主要是规范专利行政管理行为。这种立法模式出现相对较早。三是专利转化立法,主要规定专利转化活动。这种立法模式针对专利某一方面进行立法,但比较少见。

四、知识产权保护立法

随着知识产权立法的展开,地方开始出现知识产权综合立法。这些综合立法主要以地方性法规形式出现,遍布于省级和地级市地方立法之中。

省级知识产权综合立法主要有《上海市知识产权保护条例》(2020 年 12 月 30 日通过)、《湖南省知识产权保护和促进条例》(2022 年 9 月 26 日通过)、《山东省知识产权促进条例》(2010 年 5 月 30 日通过,已废止)、《辽宁省知识产权保护条例》(2021 年 7 月 27 日通过)、《北京市知识产权保护条例》(2022 年 3 月 31 日通过)、《江苏省知识产权促进和保护条例》(2022 年 1 月 14 日通过)、《山东省知识产权保护和促进条例》(2022 年 3 月 30 日通过)、《天津市知识产权保护条例》(2019 年 9 月 27 日通过)、《山西省知识产权保护工作条例》(2021 年 5 月 28 日通过)、《海南自由贸易港知识产权保护条例》(2021 年 12 月 1 日通过)、《广东省知识产权保护条例》(2022 年 3 月 29 日通过)、《浙江省知识产权保护和促进条例》(2022 年 9 月 29 日通过)、《上海市浦东新区建立高水平知识产权保护制度若干规定》(2021 年 10 月 28 日通过)等。在这些立法中,其对知识产权保护进行了统一立法。这种统一性主要体现在知识产权发展方面,涉及知识产权行政保护、司法保护和社会保护等方面,反映了知识产权一般性立法的特点。

地级市知识产权综合立法主要有《深圳经济特区知识产权保护条例》(2008 年 12 月 27 日通过)、《汕头经济特区知识产权保护条例》(2022 年 5 月 30 日通过)、《南京市知识产权促进和保护条例》(2011 年 10 月 13 日公布)、《昆明市知识产权促进与保护条例》(2013 年 12 月 26 日通过)、《武汉市知识产权促进和保护条例》(2014 年 9 月 17 日通过)、《深圳经济特区加强知识产权保护工作若干规定》(2008 年 4 月 1 日通过,已废止)、《厦门经济特区知识产权促进和保护条例》(2020 年 10 月 30 日通过)、《深圳市第 26 届世界夏季大学生运动会知识产权保护规定》(2008 年 4 月 1 日通过,2020 年 6 月 23 日修正)等。从上述地级市知识产权立法来看,既有综合性立法,也有专门性立法,其立法重点在于知识产权保护和发展,也体现了知识产权一般性立法的特点。

需要注意的是，国务院制定了《中华人民共和国知识产权海关保护条例》，对知识产权海关保护事项进行专门立法。1995 年 7 月 5 日，国务院发布《中华人民共和国知识产权海关保护条例》。2003 年 12 月 2 日，国务院重新公布《中华人民共和国知识产权海关保护条例》，并于 2010 年和 2018 年进行了两次修订。该法主要规定知识产权的备案、扣留侵权嫌疑货物的申请及其处理等事项。由于该条例是根据海关法而制定的，因此其主要侧重于海关处理知识产权工作的行政管理，而没有涉及知识产权法内容。

第四节　《民法典》知识产权编的起草

随着民法典编纂的展开，民法典是否将知识产权编纳入其中成为重要的理论和立法问题。对此，2002 年 1 月 11 日，全国人大常委会法工委确定由中国社会科学院知识产权中心主任郑成思先生负责起草中国民法典草案知识产权篇。2002 年 4 月，其起草出民法典草案知识产权编的专家建议稿。不过，2002 年 12 月 23 日，第九届全国人大第三十一次常委会审议的民法典草案并没有列入知识产权编[①]。2018 年，第十三届全国人大常委会第五次会议初次审议民法典各分编草案时，也没有将知识产权编列入民法典之中。对此，全国人大常委会法工委负责人通过媒体进行了解释。一方面，目前设立知识产权编的条件还不成熟。我国知识产权立法一直采用民事特别法的立法方式，如专利法、商标法、著作权(版权)法，还涉及反不正当竞争法等法律和《集成电路布图设计保护条例》《中华人民共和国植物新品种保护条例》等行政法规。我国知识产权立法既规定民事权利等内容，也规定行政管理等内容，与相关国际条约保持总体一致和衔接。民法典是调整平等民事主体之间的民事法律关系的法律，难以纳入行政管理方面的内容，也难以抽象出不同类型知识产权的一般性规则。另一方面，知识产权制度仍处于快速发展变化之中，国内立法执法司法等需要不断调整适应。若现在就将知识产权法律规范纳入民法典，恐难以保持其连续性、稳定性。涉知识产权仍采用民事特别法的立法方式，针对不同需求，实行单项立法，同时已有知识产权单行法律仍将继续保留，更有利于加强和完善知识产权保护，民

① 李扬：《论民法典编纂中知识产权不宜独立成编》，《陕西师范大学学报(哲学社会科学版)》2017 年第 2 期。

法典中暂不宜设立知识产权编①。值得注意的是，在审议过程中，许多委员建议《民法典》分则增设“知识产权编”。2020 年 5 月 28 日，十三届全国人大三次会议表决通过了《中华人民共和国民法典》，其自 2021 年 1 月 1 日起施行。《民法典》共 7 编，加附则共 1260 条，各编依次为总则、物权、合同、人格权、婚姻家庭、继承、侵权责任。由此，知识产权编是否入“典”问题在立法上有了明确的定论。

① 《释疑：民法典各分编为何未设“知识产权编”?》，https://baijiahao. baidu. com/s? id = 1609955824142993797&wfr=spider&for=pc，最后访问日期：2023 年 2 月 5 日。《民法典分编草案首次提请审议》，《人民日报》2018 年 8 月 28 日。

第十二章　知识产权法法典化展望

尽管《民法典》没有专门列入知识产权编，但是知识产权法法典化问题在学术界仍然存在。2023年两会期间，全国政协常委、民进中央副主席、国家知识产权局副局长何志敏认为，有必要制定一部知识产权基础性上位法①。而从前述地方立法来看，存在综合制定知识产权保护立法的做法。这种做法具有知识产权法法典化色彩。不过，其由于局限于地方立法，因此难以为知识产权法法典化研究所关注。本章试图结合目前知识产权法法典化研究对我国未来知识产权法法典化进行展望。从各国知识产权法法典化模式来看，其大致可以分为知识产权编模式、知识产权法典模式和知识产权基本法模式三种。尽管这些模式尚未被我国接受，但是从理论上有必要对其利弊进行分析，以便为知识产权法法典化提供理论依据。

第一节　知识产权编模式

所谓知识产权编模式，就是在民法典中单独设立知识产权编的法典化模式。随着民法典编纂的展开，是否单独设立知识产权编以及如何设置知识产权编成为民法典编纂的重要课题。

一、知识产权编设立的理论基础

在民法典编纂过程中，知识产权编的设立与否成为编纂争论的议题之一。

① 《〈中华人民共和国知识产权法〉要来了?》，https://baijiahao.baidu.com/s?id=1760412975727148373&wfr=spider&for=pc，最后访问日期：2023年8月7日。

其大致分为赞成和反对两种看法。

一种看法认为，民法典不应纳入知识产权编。李扬认为，民法典分则不宜设立独立的知识产权编，其理由为：世界上没有成功处理知识产权法和民法典关系的范例；知识产权的开放性、变动性与民法典的相对稳定性存在深刻矛盾；知识产权法的公法规范、程序性规范与民法典的私法属性不相匹配；知识产权独立成编难以增加知识产权法的规范功能；在民法典之外单独制定知识产权法典也不可取①。

另一种看法认为，民法典应单独设立知识产权编。吴汉东认为，应该将知识产权纳入法典之中并独立成编，其理由为：回应知识经济发展的制度需求；完善民法典的权利体系；承继《民法通则》的立法传统②。王迁认为，将知识产权法纳入民法典利大于弊，其理由为：可以借机消除现行知识产权法中的一些逻辑问题；可以借机补充一些知识产权法中缺失的机制；可以规定知识产权各部门法之间的共性，避免相似规则的重复、分散和遗漏③。邓社民认为，采取独立成编加融合式立法，将知识产权融入民法典，并废弃知识产权单行法，是我国民法典编纂的现实选择，也是对其他国家民法典的超越，使其成为 21 世纪民法典编纂的代表之作，其理由为：中国特色社会主义“五位一体”总体布局、“四个全面”、“四个自信”和新发展理念为知识产权法独立成编加融合式立法提供了理论指导；我国民事立法的确权、权利实现、权利保护的具有东方智慧的独特民法逻辑体系为知识产权独立成编提供了本土立法资源；《民法通则》将知识产权与物权、债权和人身权一体规定在民事权利章的制度创新和立法传统为民法典编纂中知识产权独立成编奠定了制度基础；知识产权独立成编已成为当今世界民法典编纂发展的潮流④。易继明也“主张知识产权整体‘入典’模式，即统一私法典应该回归启蒙时期法典的自然理性传统，将知识产权法作为独立的一编，整体纳入民法典”⑤。

从上述两种截然相反的看法来看，在民法典中设立知识产权编相对而言得

① 李扬：《论民法典编纂中知识产权不宜独立成编》，《陕西师范大学学报(哲学社会科学版)》2017 年第 2 期。

② 吴汉东：《知识产权应在未来民法典中独立成编》，《知识产权》2016 年第 12 期。

③ 王迁：《将知识产权法纳入民法典的思考》，《知识产权》2015 年第 10 期。

④ 邓社民：《我国民法典分则编纂中的知识产权立法构想》，《法学评论》2017 年第 5 期。

⑤ 易继明：《中国民法典制定背景下知识产权立法的选择》，《陕西师范大学学报(哲学社会科学版)》2017 年第 2 期。

到了相当多的认同。从法典化角度来看,将知识产权编纳入民法典显然是一种比较理想的做法,因为从历史来看,民法典出现以后,在分编体例上相对稳定,而知识产权作为一种新的权利类型,虽然和民法原有权利密切相关,但是由于其权利种类日益复杂,仅仅纳入民法典原有各编将可能影响民法分编体系,因此知识产权编的独立有其一定的理由。但是,从立法效率而言,由于知识产权法相对于民法典其他部分而言发展较快,因此不设立知识产权编也有一定的现实考虑。此问题其实和各国立法体制具有很大的关系。从各国立法体制来看,尽管各国制定了相应的法典,但是其法典条款的修订频率仍然是非常高的。而我国通常对法典的修订频率相对较低。这种不同的立法操作模式必然决定了立法者在制定法典时考虑修订的难易程度,因此,从我国立法实践来看,频繁修改法典不是一个很好的选择。所以,我国民法典编纂不设立知识产权编恰恰适应了我国立法工作的现状。

二、知识产权编的立法思路

若民法典设立知识产权编,则需要进一步考虑知识产权编的立法思路。从历史来看,除了前述《俄罗斯联邦民法典》之外,还有一些国家在民法典中设立了知识产权编,如 1942 年《意大利民法典》、1992 年《荷兰民法典》、1995 年《越南民法典》和 2003 年《乌克兰民法典》等。1942 年《意大利民法典》第五编“劳动”第 9 题设有知识产权规则,规定了五种最主要的知识产权成果①。需要注意的是,《意大利民法典》并没有将知识产权作为法典独立一编,而是将其作为劳动编的一个独立部分,不过其仍然体现了知识产权编的特点。1992 年《荷兰民法典》第九编为工业产权和知识产权法②,其将知识产权作为民法典的独立部分。2003 年《乌克兰民法典》也专门设置知识产权编。“知识产权部分有 12 章,90 条,包括知识产权总则(15 条)和分则。分则包括:文学、艺术和其他作品;表演、录音、视频节目和广播组织节目(邻接权);科学发现;发明、实用新型、工业

① 徐铁英:《论我国民法典体例结构的完善——基于 1942 年〈意大利民法典〉经验的考察》,《四川大学学报(哲学社会科学版)》2018 年第 4 期。

② 焦富民、盛敏:《论荷兰民法典的开放性、融和性与现代性——兼及对中国制定民法典的启示》,《法学家》2005 年第 5 期。

外观;集成电路;合理化建议;动植物品种;商号;商标;地理标志;商业秘密。”①

而从我国学者对知识产权编的建议来看,其也是众说纷纭。有学者认为:“民法典知识产权编主要包括以下内容:知识产权的立法目的,知识产权的定义,著作权、专利权、商标权、集成电路布图设计、植物新品种等各项知识产权权利内容的逐条规定,知识产权各项权利的取得方式,知识产权的公示原则,知识产权与信息载体所有权的相互独立及其例外,知识产权不得侵犯在先权利的原则及其例外,知识产权权利不得滥用原则,知识产权的反不正当竞争保护,知识产权的物权保护方法,对民事特别法的授权,等等。”②有学者认为:“民法典中的‘知识产权编’,仅是一般性规定,其相关条款的规定应考虑遵循以下规则:首先,民法典所规定的基本原则与一般制度,应适用于各项权利制度,包括知识产权制度,基于上述规范的普遍适用性,‘知识产权编’不另作规定;其次,‘知识产权编’所规定的一般性条款,应是从各项知识产权制度中抽象出来且共同适用的,该编并不影响相关民事特别法的独立存在;最后,‘知识产权编’着力描述的应是该类制度与其他民事权利制度的不同之处,即基于知识产权制度特性所体现的一般性规范。具体说来,可包括知识产权的性质、范围、效力、利用、保护等。”③有学者拟定了专家建议稿,即:第一章“一般规定”;第二章“知识产权的内容、归属与限制”,包括第一节“知识产权的内容”、第二节“知识产权的归属”、第三节“知识产权的限制”;第三章“知识产权的产生、变更和消灭”,包括第一节“一般规定”、第二节“知识产权的产生”、第三节“知识产权的变更”、第四节“知识产权的消灭”;第四章“知识产权的行使”,包括第一节“一般规定”、第二节“知识产权的许可合同与转让合同”、第三节“知识产权质押”、第四节“知识产权的共有”;第五章“知识产权的保护”,包括第一节“知识产权请求权”、第二节“知识产权侵权损害赔偿请求权”、第三节“确认不侵权之诉与侵权抗辩”、第四节“知识产权共同侵权行为”、第五节“其他规定”;第六章“与知识产权有关的不正当竞争”;第七章“其他规定”④。有学者认为:知识产权法在未来民法典中应这样

---

① 邓社民:《独联体国家民法典编纂运动中的知识产权立法及对我国的启示》,《中国发明与专利》2019年第2期。

② 张玉敏、王智斌:《论我国民法典设置知识产权编的理由及基本构想——以概括式立法为目标模式》,《甘肃社会科学》2005年第5期。

③ 吴汉东:《知识产权立法体例与民法典编纂》,《中国法学》2003年第1期。

④ 刘春田:《〈中华人民共和国民法典〉“知识产权编”专家建议稿》,知识产权出版社2018年版,目录,第1-5页。

设计：第一编民法典总则，对知识产权已有规定，不再赘述。第二编物权。第三编知识产权，分为两部分：总则，包括权利属性、权利客体、权利的取得的类型、权利效力、禁止权利滥用等；分则，包括著作权与邻接权、计算机程序、数据库和民间文学艺术，专利权、集成电路布图设计权、植物新品种权，商业标识权，包括商号、商标、地理标志和域名等。第四编合同法，将知识产权合同作为专章规定，并与现行合同法中的技术转让合同整合。第五编继承法，在继承法中规定有关知识产权的继承。第六编侵权责任法，专章规定知识产权侵权行为及其责任。第七编涉外民事法律适用，专章规定涉外知识产权纠纷案件的管辖和准据法的适用①。有学者提出："可将知识产权专有权部分独立成编，而知识产权流转、继承和侵权责任则分别规定在合同编、继承编和侵权责任编，使其完全融入民法典。"②

从上述思路来看，我国学者并不主张将知识产权法全部纳入知识产权编之中，而是将知识产权通则部分纳入其中，从而使知识产权编偏重于学理框架。这种做法和国外民法典设置知识产权编的思路存在一定的差异。尽管民法典知识产权编应该侧重于权利规定，而不能将知识产权管理内容也纳入其中，但是由于知识产权类型之间存在一定的差异性，若只考虑学理框架，而忽视法律适用，则可能会给实践带来一定的困难，因为专利权、商标权、著作权等彼此之间存在一定的差别。

三、知识产权编的立法技术

民法典设置知识产权编，必然会涉及知识产权法和民法典之间的关系问题。对此，在立法技术上需要慎重考虑。由于知识产权编的存在，其必然存在两个问题：

一是知识产权编与民法典各编之间的关系。从民法典编纂来看，许多国家民法典在设置知识产权编之后，并不妨碍其他各编涉及知识产权问题。我国许多学者也提出了一些看法。有学者认为，知识产权特殊性问题应当原则性地体现在民法典相关部分，大致有：第一，总则编应当在权利客体部分明确规定知识

① 邓社民：《我国民法典分则编纂中的知识产权立法构想》，《法学评论》2017年第5期。

② 邹琳：《中国民法典编纂背景下大陆法系国家知识产权法定位之考察与借鉴》，《外国法制史研究》2016年第1期，第379页。

产权的保护对象;时效部分应增加侵害知识产权时效期间计算的特别规定。第二,亲属编应当增加关于知识产权作为夫妻共同财产的特殊规定,规定不仅夫妻关系存续期间的知识产权收益属于夫妻共同财产,而且在夫妻关系存继期间取得的知识产权,在离婚后一定期间内取得的收益,应当在作者与原配偶之间进行分配。第三,继承编中应有知识产权作为遗产继承的特殊规定,主要是对著作权的继承作出专门规定。第四,在物权编中,规定知识产权质权。第五,在债权编中规定知识产权合同,主要增加对著作权许可使用合同和转让合同以及商标许可使用合同和转让合同的规定。第六,在侵权责任编中,应当增加对知识产权侵权行为的特殊规定,例如知识产权侵权损害赔偿额的计算方法等①。也有学者提出:"将知识产权与其他民事权利最高层级的共性规定于总则,将知识产权与其他个别民事权利的共性规定于相应分则中的总则(或通则、一般规定),再将与其他民事权利不相容却属于各知识产权(主要是著作权、商标权、专利权)的共性在各相应分则中单列或至少给出指引,而不能完全不顾。"②显然,知识产权编的存在仍然无法避免民法典各编对知识产权的规定。之所以会出现这种情况,原因在于知识产权编所涉及的内容相对而言较为综合,而有关权利类型则与民法典各编有很大的关系,难以将其从各编之中抽离出来,否则就可能造成知识产权编对民法典其余各编体系的割裂。不过,从立法技术来看,无论是集中规定在知识产权编还是既集中规定知识产权编,又将一部分内容分散到各编之中,其实并不是很重要,只是增加一些立法麻烦而已。

二是知识产权编是否允许知识产权单行法存在。通常来说,民法典设立知识产权编之后,就会同时废止知识产权单行法。在我国民法典编纂过程中,曾经起草过知识产权篇。在研究过程中,也有学者认为即使设置知识产权编,也不一定废止知识产权单行法。这种看法实际上和国外民法典编纂思路并不完全相同。通常来说,国外民法典如果设置知识产权编,则会废止知识产权单行法,如俄罗斯。有些国家在立法中将民法典知识产权编删除,但同时又制定知识产权单行法,如越南。这说明,知识产权编和知识产权单行法之间实际上是替代关系,否则就没有必要在民法典之中单独设置知识产权编。

---

① 张玉敏、王智斌:《论我国民法典设置知识产权编的理由及基本构想——以概括式立法为目标模式》,《甘肃社会科学》2005年第5期。

② 朱谢群:《也论民法典与知识产权》,《知识产权》2015年第10期。

第二节　知识产权法典模式

所谓知识产权法典模式，是指以知识产权法典统一知识产权领域立法的法典化模式。通常认为，这种立法最能反映知识产权法法典化的成果。

一、知识产权法典模式的理论基础

之所以出现知识产权法典模式，从立法上看与国际知识产权公约发展有关。例如，1884 年，《保护工业产权巴黎公约》(简称《巴黎公约》)生效之后，许多国家开始制定工业产权法典。由于《巴黎公约》仅仅规定专利和商标内容，因此工业产权法典也主要规定专利和商标内容。1896 年，葡萄牙颁布《工业产权法典》。1926 年，西班牙也颁布《工业产权法典》。在葡萄牙和西班牙的影响下，一些拉丁语国家，如墨西哥、巴西、巴拿马、秘鲁和一些非拉丁语国家，如阿尔巴尼亚、波兰、肯尼亚等也采用了这种立法模式。2005 年，意大利颁布《工业产权法典》①。又如，1967 年，《建立世界知识产权组织公约》发布，并逐渐得到许多国家批准。在该公约的指引下，一些国家开始制定《知识产权法典》，如 1979 年斯里兰卡、1992 年法国、1997 年菲律宾、2005 年越南等②。虽然知识产权法典模式受到了国际公约集中规定知识产权的影响，但是知识产权法典模式之所以能够实现，显然具有一定的理论基础。例如，有学者认为："我国制定'知识产权法典'的可行性，则主要体现在降低知识产权立法成本和实现各类知识产权统一管理两个方面。"③

二、知识产权法典模式的立法思路

如果承认知识产权法典模式的合理性，那么知识产权法典应该如何展开。从国外来看，除了法国采用法律汇编的方式来组织知识产权法典之外，许多国家采用了法典形式。例如，2003 年 11 月 12 日，斯里兰卡通过新的《知识产权法典》，以取代 1979 年《知识产权法典》，该法典共 11 编，43 章 213 节，其总体结构

---

① 吴汉东：《民法法典化运动中的知识产权法》，《中国法学》2016 年第 4 期。
② 吴汉东：《民法法典化运动中的知识产权法》，《中国法学》2016 年第 4 期。
③ 吴汉东、刘鑫：《改革开放四十年的中国知识产权法》，《山东大学学报(哲学社会科学版)》2018 年第 3 期。

如下：第一编“管理”；第二编“著作权”，包括第1章“著作权”、第2章“相关权”；第三编“工业设计权”，包括第3章“工业设计的范围及定义”、第4章“保护工业设计的权利”、第5章“工业设计申请登记的条件和程序”、第6章“工业设计的保护期间”、第7章“工业设计所有人的权利”、第8章“工业设计权及申请权的转让及转移”、第9章“工业设计使用许可合同”、第10章“工业设计权的放弃和无效”；第四编“专利权”，包括第11章“发明的定义”、第12章“专利权的归属”、第13章“授予专利权的条件和程序”、第14章“专利权的保护期限”、第15章“专利所有人的权利”、第16章“专利申请权及专利所有权的转让和转移”、第17章“专利使用许可合同”、第18章“专利的放弃和无效”；第五编“商标权”，包括第19章“定义”、第20章“商标的可注册性”、第21章“商标注册申请的条件和程序”、第22章“注册商标的保护期限”、第23章“注册商标所有人的权利”、第24章“商标申请和注册的转让”、第25章“商标使用许可合同”、第26章“注册商标的放弃和无效”、第27章“注册商标的注销”、第28章“集体商标”、第29章“证明商标”；第六编（第30章）“商号”；第七编（第31章）“集成电路布图设计”；第八编（第32章）“不正当竞争和未公开信息”；第九编（第33章）“地理标志”；第十编（第34章）“咨询委员会的组成及其权力”；第十一编“杂则”，包括第35章“向总局长提出申请或向法院提起诉讼”、第36章“登记的代理人”、第37章“基金”、第38章“违法行为和处罚”、第39章“实施细则”、第40章“对1996年第10号省级高等法院法（特别规定）的修正”、第41章“对海关条例的修正”、第42章“法律的废止和专利、商标、工业设计的保存”、第43章“专业术语的解释”①。又如，菲律宾《知识产权法典》分5编，每一编包含若干章，每章包含若干节，一共有241条，具体结构如下：第一编“知识产权局”；第二编“专利法”，包括第1章“总则（定义）”、第2章“可专利性”、第3章“专利权的归属”、第4章“专利申请”、第5章“专利授予”、第6章“专利权的撤销”、第7章“对专利申请人的救济”、第8章“专利权人的权利以及侵权行为”、第9章“自愿许可”、第10章“强制许可”、第11章“权利的转让与转移”、第12章“实用新型的注册”、第13章“工业设计和集成电路布图设计”；第三编“商品商标、服务商标和商号法”；第四编“著作权法”，包括第1章“预备条款（定义）”、第2章“原始作品”、第3章“演绎作品”、第4章“不受保护的对象”、第5章“复制权或经济权利”、第6章“著作

① 曹新明、张建华：《知识产权制度法典化问题研究》，北京大学出版社2010年版，第81-83页。

权所有权”、第7章“著作权的转让或转移”、第8章“著作权限制”、第9章“保存和通知”、第10章“精神权利”、第11章“作品后继转让的收益权”、第12章“表演者、音像制作者及广播组织的权利”、第13章“音像制作者”、第14章“广播组织”、第15章“保护的限制”、第16章“保护的期限”、第17章“侵权”、第18章“适用范围”、第19章“诉讼机构”、第20章“其他条款”;第五编“杂则”①。此外,越南所制定的《知识产权法》分为6编18章,总体框架结构为:第一编“总则”;第二编“著作权及相关权”,包括第1章“著作权及相关权的保护条件”、第2章“著作权和相关权保护的内容、限制和期限”、第3章“著作权所有人和相关权所有人”、第4章“著作权和相关权的转让”、第5章“著作权和相关权注册证书”、第6章“著作权、邻接权领域的代理、咨询和服务机构”;第三编“工业产权”,包括第7章“工业产权的保护要求”、第8章“发明、外观设计、布图设计、商标和地理标志的注册”、第9章“工业产权所有人、权利范围和限制”、第10章“工业产权的转让”、第11章“工业财产的代理”;第四编“植物品种权”,包括第12章“植物品种的保护条件”、第13章“植物品种权的成立”、第14章“植物品种权的内容和限制”、第15章“植物品种权的转让”;第五编“知识产权保护”,包括第16章“知识产权保护总则”、第17章“知识产权侵权行为的民事救济措施”、第18章“知识产权侵权行为的行政和刑事救济措施,智力财产进出口控制”;第六编“附则”②。从上述立法思路来看,其虽然在内容上涉及范围有差异,但是均将有关知识产权内容全部纳入立法之中。

由于我国尚未开展知识产权法典编纂,因此许多学者提出了自己的设想。例如,吴汉东认为,关于知识产权制度的法典化,主张分两步走:第一步,民法典仅对知识产权作一般规定,但单行法依然保留。第二步,在民法典之下编纂知识产权法典。其中,民法典中关于知识产权的一般性规定,涉及知识产权的性质、范围、效力、利用、保护以及与其他法的关系等原则性条款,可作为知识产权法典的总则;此外,可整合、汇集各知识产权单行法规,将上述具体制度作为知识产权法典的各个专章③。在此基础上,许多学者进一步对知识产权法典的结构进行了探讨。例如,曹新明在研究中先起草了两种模拟范式,又起草了专家

① 曹新明、张建华:《知识产权制度法典化问题研究》,北京大学出版社2010年版,第98-99页

② 曹新明、张建华:《知识产权制度法典化问题研究》,北京大学出版社2010年版,第116-118页。

③ 吴汉东:《国际化、现代化与法典化:中国知识产权制度的发展道路》,《法商研究》2004年第3期。

试拟稿。其中，知识产权法典模拟范式一为：第一编“总则”；第二编“文学产权”，包括第一章“著作权”、第二章“相关权”、第三章“集体管理组织”；第三编“工业产权”，包括第四章“发明专利权”、第五章“实用新型权”、第六章“外观设计权”、第七章“商业标志权”、第八章“商业秘密权”、第九章“布图设计权”、第十章“植物品种权”；第四编“其他权利”，包括第十一章“域名权”、第十二章“传统知识保护”、第十三章“生物多样性保护”、第十四章“制止不正当竞争”；第五编“行政、司法与救济”，包括第十五章“知识产权法院”、第十六章“知识产权局”、第十七章“知识产权救济”；第六编“过渡规定”①。而知识产权法典模拟范式二为：第一编“总则(一般规定)”；第二编“保护范围”；第三编“权利的取得”，包括第一章“版权与相关权的取得”、第二章“专利权的取得”、第三章“商业标志权的取得”、第四章“布图设计权的取得”、第五章“植物品种权的取得”、第六章“其他权利的取得”；第四编“权利的内容”，包括第七章“实施权”、第八章“禁止权”、第九章“其他权利”；第五编“保护期、撤销与无效”，包括第十章“保护期”、第十一章“撤销”、第十二章“无效宣告”；第六编“权利的限制”，包括第十三章“合理使用”、第十四章“强制许可”、第十五章“权利穷竭”、第十六章“其他限制”；第七编“权利的利用”，包括第十七章“许可使用合同”、第十八章“权利转让合同”、第十九章“权利质押合同”、第二十章“投资合同”、第二十一章“其他利用”；第八编“行政、司法与救济”，包括第二十二章“知识产权法院”、第二十三章“知识产权局”、第二十四章“知识产权救济”；第九编“附则”②。此外，“中华人民共和国知识产权法典(试拟稿)”的结构为：第一编“总则”；第二编“文学产权”，包括第一章“著作权”、第二章“相关权”；第三编“专利权和专有权”，包括第三章“专利权”、第四章“专有权”；第四编“商业标志权”，包括第五章“商标权”、第六章“企业名称权”、第七章“地理标志权”、第八章“域名”；第五编“制止不正当竞争”③。从上述立法思路来看，试拟稿除了总则之外，基本上按照知识产权种类以及与知识产权有关的事项进行分类。这种立法思路充分考虑了立法现实，而没有如模拟范式那样完全学理化。

总体来说，知识产权法典意味着将所有与知识产权有关领域的立法都纳入同一部法典之中。

---

① 曹新明：《中国知识产权法典化研究》，湖北人民出版社2020年版，第149-150页。
② 曹新明：《中国知识产权法典化研究》，湖北人民出版社2020年版，第151-152页。
③ 曹新明：《中国知识产权法典化研究》，湖北人民出版社2020年版，第252-260页。

三、知识产权法典与民法典、单行法的关系

尽管知识产权法典从立法上而言并不难,但是在立法技术上仍然需要考虑以下两个问题:

一是知识产权法典与民法典的关系。由于两者均是法典,因此从理论上而言,彼此之间相互界分。民法典不规定知识产权问题,知识产权法内容不规定于民法典之中。虽然有学者认为民法典可以原则性地规定知识产权内容,但是由于知识产权法涉及民法典各部分,因此,一旦制定知识产权法典,就应该区分民法典和知识产权法典,这样使民法典体系更为严谨。这样做,并不意味着民法典对知识产权法典没有指导作用,由于知识产权法的许多内容本身是民事权利的发展,因此民法典相关内容对于解决知识产权法问题仍然具有重要意义。虽然《民法通则》乃至于《中华人民共和国民法总则》对知识产权的规定从历史来看有一定的发展,但是从各国立法实践来看,一旦制定知识产权法典,其基本上不在民法典中规定知识产权内容。这样才能实现知识产权法典具有真正法典地位的目标。

二是知识产权法典与单行法的关系。知识产权法典和单行法之间的关系是替代还是互补关系?从各国来看,知识产权法典是对单行法的替代,而不是互补。而从我国学者的研究来看,其通常认为知识产权法典制定的同时,可以保留单行法。这种认识实际上忽视了法典制定的意义。之所以要制定法典,其原因在于单行法本身存在体系化的难题,而法典化则是解决这一难题的重要方式。如果一边制定法典,一边保留单行法,则必然会带来法典和单行法之间的协调问题。这种协调不仅是不同法律形式之间的协调,而且涉及同一法律形式的协调。这样,知识产权法典的制定反而增加了立法协调的难度。因此,如果制定知识产权法典,则应当废止单行法。

第三节　知识产权基本法模式

所谓知识产权基本法模式,是指以知识产权基本法作为知识产权立法的一般法的法典化模式。严格意义上说,这种模式在本质上不属于法典化模式,因为其立法没有法典名称。但是由于这种模式又会囊括所有知识产权内容,因此其具有法典化色彩。

一、知识产权基本法模式的理论基础

知识产权基本法模式的出现，严格来说并不是对知识产权立法的集中规定，而是对知识产权政策的法律化。这种法律化目标是推动知识产权的发展。在这方面，除了日本之外，还有韩国。“韩国于2009年出台《韩国知识产权强国实现战略》；2011年，颁布并实施《韩国知识产权基本法》。”①这种做法在我国地方知识产权保护立法中普遍存在。从理论上来看，之所以要制定知识产权基本法，其主要有两个理论基础：一是政治哲学中的“积极国家观”；二是市场经济学中的“政府主导型模式”②。显然，这种认识与国家知识产权政策具有密切的关系。

二、知识产权基本法的立法思路

随着知识产权基本法模式的出现，在我国也出现了要求制定知识产权基本法的呼声。对此，我国学者也进行了研究。例如，吴汉东提出，知识产权基本法的文本内容，可采取“总则”与“专章”的结构。“总则”作为“一般规定”，是对知识产权基本法的立法取向、价值目标、一般准则的专门表述，包括如下主要规范内容：立法宗旨条款；调整对象条款；基本原则条款；法律效力条款。专章作为基本制度，是知识产权基本法的主要构成，包括主体责任制度、运用和促进制度、保护制度、涉外关系法律适用制度等，具有直接适用的规范价值。主体责任条款主要规定政府主体、社会主体、企业主体。运用和促进条款主要规定知识产权创造、知识产权政策导向、知识产权风险防范、知识产权交易市场、知识产权评价系统、知识产权服务业、国防知识产权。保护条款主要规定协同保护机制、司法保护、行政保护、纠纷解决机制、网络环境治理、新兴客体保护。涉外关系条款主要规定国际合作、国际援助、国际贸易调查制度、跨境电商监管③。又如，有学者提出，仅在民法典中有关民事权利的章节中规定知识产权的范围，而将知识产权的共同性内容单独立法，制定一部知识产权通则，同时通过知识产权各单行法保留其中带有个性的制度④。为此，该学者进一步提出了一个知识

---

① 吴汉东：《试论“民法典时代”的中国知识产权基本法》，《知识产权》2021年第4期。
② 吴汉东：《试论“民法典时代”的中国知识产权基本法》，《知识产权》2021年第4期。
③ 吴汉东：《试论“民法典时代”的中国知识产权基本法》，《知识产权》2021年第4期。
④ 李雨峰：《知识产权立法的另类模式》，《电子知识产权》2005年第8期。

产权通则建议稿，共 24 条，包括立法目的，基本原则，禁止权利滥用，知识产权的归属，知识产权的效力，知识产权与有关载体的分离，知识产权的行使，外国人知识产权在中国的保护，外国人在中国知识产权的行使，损害赔偿额的确定，财产保全，证据保全，被许可人的诉讼地位，违法所得、侵权品和侵权器具的处理，诉讼时效，级别管辖，地域管辖，证据的认定，合同责任，行政处罚，知识产权纠纷的调解、仲裁与诉讼，刑事责任，与特别法的关系，生效时间①。从立法思路来看，我国学者所提出的知识产权基本法制定思路同日本、韩国知识产权基本法不同，其更多地体现了知识产权法通则性规定，而不是知识产权政策的法律化。

三、知识产权基本法与民法典、单行法的关系

若采用知识产权基本法模式，则其也面临着与民法典和单行法之间的关系处理问题。对此，需要进行专门论述。

一是知识产权基本法与民法典的关系。由于知识产权基本法的定位存在一定的差异，因此知识产权基本法与民法典的关系在处理时比较特殊。一般认为，知识产权基本法虽然集中规定知识产权法，但是并不影响民法典对知识产权的规定。例如，吴汉东认为："两部法律概为调整与知识产权有关社会关系的基础性法律，但调整对象及其调整方法有所区别，因此分别归类于公法与私法领域。在我国，作为民事基本法的《民法典》，全面规范民事关系，在知识产权领域发挥着基础规范作用，指引、调整、规范各类主体的具体实践。民法法典化，使得知识产权基础性法律有了明确的规范边界，知识产权基本法可以形成自己的立法宗旨，构建与民事基本法有别的法律框架。概言之，知识产权基本法应该规定该法自有的规范内容，也可以规定《民法典》尚未涉及的规范内容。"②对此，我们要注意的是，如果知识产权基本法仅仅是知识产权政策法律化，则并不存在与民法典之间的关系问题。如果知识产权基本法属于知识产权通则形式，则可能和民法典有关系，在这种情况下，民法典可以不涉及知识产权问题，否则就存在重复之嫌，因为民法典本身就具有通则的含义。如果知识产权基本法采用知识产权法典分编方式，则其与民法典之关系，应该类似于知识产权法典与

---

① 李雨峰：《知识产权通则：立法进程中的一种尝试》，《法学论坛》2006 年第 1 期。
② 吴汉东：《试论"民法典时代"的中国知识产权基本法》，《知识产权》2021 年第 4 期。

民法典之间的关系。

二是知识产权基本法与单行法的关系。对此，吴汉东认为："两种法律是为上位法与下位法的关系，前者为后者提供立法指引，其规范对后者具有补充适用功能。诸如著作权法、专利法、商标法，概为单行法的专门立法模式。如前所述，我国《民法典》采取链接式方法规定知识产权，实质上是'去法典化'的立法选择。在知识产权单行法长期分设的情形下，构造各法域共同适用的'一般规定'，以统一、协调相关法律的差异、矛盾以至冲突，可由知识产权基本法来承担。'一般规定'既是各知识产权法抽象出来的共同规范，也是知识产权法区别于其他财产法的特别规范，其条款内容主要涉及权利的行使、利用和保护，这些也是未来知识产权基本法需要考虑的立法重点。"①这里仍然需要区分知识产权基本法的立法属性：如果其属于知识产权政策的法律化，则两者可以并行；如果属于知识产权通则，则两者也可以并行；如果属于知识产权法典，则单行法不应存在。

① 吴汉东：《试论"民法典时代"的中国知识产权基本法》，《知识产权》2021 年第 4 期。

第四编

数字法法典化研究

所谓数字法，是指以数字技术为基础形成的法律体系。其中，数字技术是一种与电子计算机相关的技术，可以利用计算机技术或者通信技术对数据进行处理。因此，从某种意义而言，数字法也可以视为数据法。随着数字技术的不断发展，数字立法数量也在不断增加，甚至出现了数字市场立法或者数字经济立法等针对数字领域进行综合性立法的现象，从而体现了法典化现象。所谓数字法法典化，是对数字法进行综合性立法的简称。本编主要围绕数字立法进一步探讨数字法体系化乃至法典化的发展规律。

第十三章　数字法法典化缘起

数字法的出现，具有特定的历史背景。网络空间的形成，对法律的发展产生了深刻的影响，产生了网络法、信息法、数字法等与线上空间相关的法律体系。这种法律体系不断发展，形成了相对特殊的法律领域，进一步伴随着体系化和法典化。特别是数字法的出现，也带来了数字法体系化乃至法典化现象。本章对数字法法典化产生和发展的条件进行一定的探讨。

第一节　数字法法典化的历史条件

数字法的出现首先离不开数字化。正是因为数字化的存在，才有数字立法的发展，进一步为数字法法典化奠定基础。数字化虽然与计算机技术、互联网技术、移动通信等信息技术发展有关，但是要实现数字化实际上需要一定的历史条件，否则数字化就不可能出现。

一、大数据的出现

随着网络的发展，网络数据逐渐成为互联网平台的重要内容。随着网络空间数据数量的增加，开始进入大数据时代。所谓大数据，顾名思义，是指巨大的数据。通常认为大数据具有五个特点，即 volume（海量化）、variety（多样化）、velocity（时效性）、veracity（真实性）和 value（低价值密度）[①]。大数据的出现，使得数据出现了爆发性的发展，进而形成了一个新兴的产业，即大数据产业。数据也由此成为一种重要的生产资料，数据的产生、流动、交易日益成为数字化时代的普遍现象，从而引发了数字处理技术的发展，进而使社会越来越数字化。

---

① 胡笑梅、张子振：《管理信息系统》，机械工业出版社 2021 年版，第 154 页。

二、数字技术的发展

数字技术是随着互联网的迭代而发展出来的与计算机相联系的技术。其是指通过一定的方式将各种信息(如文字、图片、声音、图像或者其他形式)转化为计算机可以识别的语言,并进行运算、加工、存储、传递、还原的技术。由于数字技术需要借助计算机对信息进行编码、压缩、还原等,因此其可以称为数码技术、计算机数字技术或者数字控制技术。随着数字技术的发展,其实际上已经形成了一系列技术组合,如大数据、云计算、人工智能、物联网、区块链和5G技术等。数字技术的出现改变了组织和个人的思维模式和行为习惯,从而对原有法律产生深刻的影响。

三、数字化社会的形成

随着数字技术越来越深入地介入社会生活,社会越来越数字化,逐渐形成数字化社会,如数字政府、数字经济、数字社会等。一是政府数字化。随着数字技术的发展,政府决策、管理和服务也开始发生新的变革,运用数据进行决策,运用数据进行管理,运用数据进行服务,不断提升政府在经济调节、市场监管、社会治理、公共服务、生态环境等领域的数字应用能力。二是经济数字化。随着数字技术的发展,经济领域也开始广泛采用数字技术,通过将数字技术运用于企业管理、企业服务和企业研发等领域,从而推动经济运行的数字化,并逐渐形成了数字经济形态,如新的制造模式、新的销售模式、新的消费模式等等。三是社会数字化。随着数字技术的发展,社会的生产方式和生活方式发生了新的变化,线下和线上之间逐渐高度融合,从而不断重新塑造社会结构和社会行为,逐渐形成了现实社会和虚拟社会之间的互动。所有这些现象均意味着数字化社会的形成,其必然对法律体系运行产生不同于以往社会的新要求。无论是立法、执法、司法和普法,数字化社会极大地推动了法律运行的数字化展开。

第二节　数字法法典化的法律条件

数字法法典化还需要第二个条件,就是数字立法。随着数字技术的发展,其所带来的风险也与日俱增,这就需要通过法律对其进行规范。目前,数字法治日益成为法治建设的重要组成部分,从而为数字法法典化奠定了一定的法律条件。

一、数字立法

随着数据的重要性日益提高，数字产业规模日益扩大，以数据为载体的法律关系需要得到立法的确认和调整。因此，各国开始专门对数字领域进行规范，特别是数据安全和数据权利在数字立法中备受重视。对此，许多学者对网络领域或者数字领域法律发展进行了探讨。有学者认为，数字时代我国网络法律体系建设应在立法目标、立法结构、法律调整手段、法律制度设计等方面抓紧构建体系化规则，进行前瞻性规划部署①。还有学者认为："在全面数字化的社会经济形态下，需要以更加连贯和系统的方式来发展法律，而不是应对式地出台各种碎片化法律，这些法律之间应当协调一致，贯彻相同价值理念。"②正是数字立法的发展，使得数字法律体系的发展成为可能。

二、数字执法

为了实现数据的充分运用，政府开始对数字领域进行监管，特别是针对平台的数据收集和使用行为开始进行安全审查和检查，防止数据这一重要资源被滥用和泄露。为了加强数字领域的管理力量，各国纷纷设立专门管理机构，形成统一的行政执法力量。我国也开始在组织机构上进行调整。例如，2023 年 3 月，中共中央、国务院印发《党和国家机构改革方案》，组建国家数据局，负责协调推进数据基础制度建设，统筹数据资源整合共享和开发利用，统筹推进数字中国、数字经济、数字社会规划和建设等，由国家发展和改革委员会管理。值得注意的是，在行政管理过程中，开始广泛采用数字执法系统，以加强行政执法数字化水平。正因为行政管理越来越数字化，因此其需要法律予以保障。对此，有学者指出："应当对数字政府构建中的风险进行规范管理，对数字政府改革作出法律确认，为公共行政应用数字技术设立条件界限。从事前、事中、事后全流程构建预防体系，从行政主体、行政行为、行政法律关系多层面构建法律规范体系，促进政府数字化与法治化的协同发展。"③

---

① 石月：《数字时代完善网络法律体系建设促进高质量发展》，《信息通信技术与政策》2023 年第 2 期。
② 高富平、侍孝祥：《数字经济与法律发展——数字社会法律体系的形成》，《数字法治》2023 年第 2 期。
③ 范夏欣、支振峰：《数字政府建设需完善法律保障体系》，《中国信息安全》2022 年第 8 期。

三、数字司法

随着数字技术在司法领域的广泛运用，数字司法日益成为司法改革的重要内容。各国法院纷纷运用数字技术开发案件管理系统，开展在线审判工作。对此，有学者认为，依据承载功能不同，电子法院包含以"服务论"为标志的外部电子法院与以"管理论"为标志的内部电子法院。前者以保障当事人便捷诉讼为中心，优化立案、证据提交、材料收受、参与审判等外部服务，亦即"数字诉讼"；而后者倾向于以推进司法行政信息化为宗旨，提升线上办公、案件管理、审判质效评估等内部管理水平，亦即"数字司法行政管理"①。也有研究者认为，我国数字司法发展应从五个方面展开，即完善在线诉讼常态化机制，优化互联网法院职能定位，强化数字治理规则制定权，推动人工智能的深度应用，探索数字法院运行新模式②。数字司法的发展为法律实施提供了更有效率的平台。

四、数字普法

随着数字技术的发展，普法也日益走向数字化。数字普法是运用数字技术开展普法的新形态。对此，众多研究予以关注。有学者认为："在大数据环境下，普法部门应以更加开阔的视野，创新网络普法模式，提升普法实效，实现普法工作的新发展。"③还有研究者认为，面对数字时代传统普法工作的挑战，要推动政府主导的普法工作数字化转型，引导支持网络普法自媒体健康发展，搭建普法资源高效配置的数字平台，开展精准普法助力工作创新④。由于数字技术的运用能够提供相对快捷的法律知识，而且有针对性地解决公众所需要咨询的法律问题，因此数字普法平台日益成为普法的重要力量。

第三节　数字法法典化的政治条件

数字立法要实现法典化，显然离不开立法者对数字法法典化的认识。从历

① 施珠妹、覃俊清：《数字司法："技术＋司法"的两类应用场域》，《人民法院报》2022 年 12 月 9 日。
② 何帆：《数字司法的时代之问与未来发展》，《数字法治》2023 年第 1 期。
③ 魏志荣、李先涛：《大数据环境下网络普法模式创新研究——基于需求与供给的视角》，《电子政务》2018 年第 8 期。
④ 周玉鑫：《数字时代的全民普法：语境分析与路径探寻》，《中国司法》2022 年第 7 期。

史来看，虽然互联网的发展带来了网络法的发展，但是在立法上却始终以专门立法为主，而没有出现法典化现象。从各国数字立法来看，虽然数字专门立法不多，但是数字立法的综合性立法非常明显。由于数字立法涉及现实立法在虚拟空间的运用问题，因此数字立法在立法时不能不具有一定的综合性。这种情况可能会使数字法法典化越来越明显。例如，针对我国数据法律体系，有学者认为："构建'1+3+N'数据法律体系，不断丰富和完善中国特色社会主义法治体系。'1'即一部数据领域基本法，研究制定面向2035年科技强国建设的制度安排，建议将反数据垄断和数据保护条款写入宪法，把'数权法'作为数据领域上位法列入全国人大'十四五'立法规划。'3'即三部数据领域单行法，在《网络安全法》基础上加快出台'数据安全法''个人信息保护法'。'N'即是数据领域若干配套法规制度，构建形成以宪法为根基，以专门性法律为主体，以配套法律法规为支撑的数据法律体系。"①从立法实践来看，我国中央立法机关越来越重视数字领域立法体系化和法典化，先后出台《中华人民共和国数据安全法》《中华人民共和国个人信息保护法》等专门性立法，并对有关法律进行修改完善。同时，我国地方立法机关也制定了大量的数字经济立法。这些立法的出现，说明数字法体系化和法典化越来越得到了立法者的广泛认同。

① 连玉明：《构建数据法律体系》，《北京观察》2021年第3期。

第十四章　国外数字法法典化研究

尽管各国越来越重视数字立法，但是总体来看，数字法法典化现象并不那么明显。这种情况可能与虚拟空间所适用的法律仍然以现实空间的法律为主有关。但是由于虚拟空间和现实空间存在一定的差异，因此各国也在不断加强数字立法，从而一定程度上推动了数字法法典化的发展。

第一节　美国数字法法典化研究

美国是互联网的发源地。随着网络产业的发展，美国逐渐进入数字时代，数字立法也随之展开，逐渐形成了数字法体系。总体来说，美国数字立法覆盖面广，但较为分散。例如，在数据立法方面，有学者认为："美国的现行数据立法模式是以'数据自由与行业自律为基础，同时以国家安全为例外'的分散立法模式。"①所以，在某种意义上说，美国数字法法典化色彩并不明显。

一、数据立法

美国联邦层面数据立法经历了一个发展过程，其广泛涉及计算机、网络、通信、隐私权、信息自由等方面。随着大数据的发展，美国进一步加大了数据方面的立法，在数据使用、数据开放、数字责任等方面加强专门立法，如《美国澄清海外合法使用数据法》《美国数据质量法》《美国开放政府数据法》《美国数字问责和透明法》《美国地理空间数据法》等。其中，《美国澄清海外合法使用数据法》是美国 2018 年 3 月签署生效的一部联邦法案，该法案的出台打破了以往跨国

---

① 武长海：《国际数据法学》，法律出版社 2021 年版，第 10 页。

数据类证据调取过程中遵循的数据属地管辖模式，构建了一套全新的以数据控制者实际数据控制权限为衡量依据的标准框架。该法案承认他国政府获取存储于美国境内数据证据的权利，并对数据控制者申请撤销和国际礼让原则等内容进行了规定[①]。2019年1月，美国《开放政府数据法》获得通过，并于7月正式实行，该法作出了新的开放性规定，如确定政府开放数据的审查、质量监管、首席数据官及委员会、报告及评估等制度，要求公开联邦政府数据目录、开放在线存储库等[②]。这些数据立法说明美国联邦立法进一步强化了美国数据利益的保护。

同时，“在各州层面，美国制定了数百个隐私和数据安全法规，涉及数据保护、数据处理、隐私政策、社会安全号码使用、数据泄露等多个领域”[③]。“美国各州立法聚焦以下条款：第一，是关于消费者的权利，涉及访问权、更正权、删除权、限制处理权、数据携带权、选择退出权、反对完全自动化决策的权利、私人诉权。第二，是关于企业的义务，涉及严格限制出售儿童个人数据、通知/透明度要求、数据泄露通知、强制性风险评估、禁止歧视、目的限制、处理限制、信义义务。第三，是关于数据经纪人、敏感信息、生物识别信息等内容的特别规定。同时，各州法律鲜少对数据的跨境传输有所规定。”[④]总体来看，美国各州数据立法也较为分散。

二、数字知识产权立法

美国非常重视数字知识产权立法。1998年美国就通过了《千禧年数字版权法》，该法案共包括五部分内容：第一部分是“世界知识产权组织版权条约以及表演和录音制品条约”1998年实施法案，是针对如何贯彻执行世界知识产权组织的两个条约而提出的；第二部分是网上版权侵权责任限制法案，创制了网络服务商在从事某些活动时的版权侵权的责任限制；第三部分是计算机维护竞争保证法案，创建了一个因维修或保养而激活电脑，从而复制计算机程序的豁免条款；第四部分包括6个混杂的条款，这些条款分别关系到版权办公室功能、远

① 郑琳：《美国〈澄清海外合法使用数据法〉及其影响与启示》，《现代情报》2021年第1期。

② 东方、邓灵斌：《政府数据开放的法律规制：美国立法与中国路径——基于美国〈开放政府数据法〉(OGDA)的思考》，《情报资料工作》2021年第5期。

③ 武长海：《国际数据法学》，法律出版社2021年版，第12页。

④ 武长海：《国际数据法学》，法律出版社2021年版，第28页。

程教育、版权法案中图书馆和短暂录音中的例外、网上网络广播录音以及电影权利转移案件中集体谈判协议义务的应用等方面的内容；最后一部分是船舶船体设计保护法案，创建了保护船体设计的新方法。此后又先后通过了《打击在线侵权和假冒法》(2010 年)、《停止在线盗版法》(2011 年)、《网络情报共享与保护法》(2011 年)、《数字贸易在线保护和实施法》(2012 年)等法案①。这些法案的通过为美国构建数字知识产权法律制度提供了依据。

三、平台垄断立法

美国在立法上主要沿用传统反垄断法律。随着数字产业的发展，美国也开始重视数字领域反垄断问题。一方面，在许多法律中增加反垄断条款。例如，2010 年，美国修改《千禧年数字版权法》，通过允许“越狱”和“解锁”，合理限制版权人大量使用技术措施，防止知识产权滥用，有效地促进技术创新，增加消费者福利②。另一方面，通过专门平台反垄断立法。2021 年 6 月 23 日，美国国会众议院司法委员会通过了 6 项关于反垄断立法的草案，包括《终止平台垄断法》《美国选择与创新在线法》《平台竞争和机会法》《通过启用服务切换(ACCESS)法》《收购兼并申请费现代化法》《州反垄断执法场所法》③。这说明，美国平台垄断立法也在不断完善。

四、人工智能立法

由于人工智能立法出现相对较晚，因此美国尚没有统一的人工智能立法。不过，美国对人工智能立法日益重视。有学者认为：“在美国，对人工智能监管的规范体系主要包含三个层面：一是联邦立法，二是州立法，三是联邦和州政府的监管指南和监管通告。”④也有学者认为：“美国联邦政府在算法治理方面发挥着越来越积极的作用。它所采取的行动包括白宫发布的各项政策和总统行政命令、联邦行政机关发布的新规章、国会新制定的法律、对已有立法所作的新的解释和适用以及联邦法院作出的判决。联邦政府的‘算法治理’既规制私人企

---

① 郭登杰、袁琳：《数字时代美国国家版权立法新趋势研究》,《新闻传播》2016 年第 6 期。

② 宾雪花：《美国修改〈数字千年版权法〉的反垄断法解读：以 iPhone 智能手机的“越狱”“解锁”事件为例》,《河北法学》2011 年第 10 期。

③ 武长海：《国际数据法学》,法律出版社 2021 年版，第 9 页。

④ 韩春晖：《美国人工智能的公法规制》,《国外社会科学》2022 年第 2 期。

业的行为，也规制联邦行政机关的行为。”[①]这些研究说明，人工智能立法在统一方面仍然有相当长的路程要走。

第二节　英国数字法法典化研究

从历史来看，英国数字立法受到欧盟立法的深刻影响。不过，英国数字立法发展较为迅速，特别是在数据方面，“英国形成了较为完善的数据立法体系，作为典型的英美法系国家，除了存在数据保护判例外，还逐渐形成包括法律、法规、行政命令等在内的数据治理法律体系，其中的内容涉及个人数据保护、信息公开等方面”[②]。总体来看，英国数字立法既有综合性立法，也有专门性立法。

一、综合性数字立法

所谓综合性数字立法，就是针对数字经济等领域进行整体性立法。在这方面，主要开展数字经济立法，如《数字经济法》等。《数字经济法》自 2010 年起施行，2017 年又进行了修订，从而形成《数字经济法（2010）》和《数字经济法（2017）》两个版本。《数字经济法（2010）》自 2010 年 6 月 8 日起施行。“其主旨在于促进本国相关产业的健康发展，维护著作权人的合法权利。该法案内容包含数字技术发展所涉及的 11 个主题共计 48 条，另含 2 个附件，针对数字版权保护、域名管理、数字内容管理等内容，分别对网络服务提供商和英国通信局的责任与义务作出明确规定。”[③]从结构上看，《数字经济法（2010）》主要包括英国通信管理局（Office of Communications，OFCOM）的职能、网络著作权侵权、互联网域名注册规则、第四频道电视公司（Channel Four Television Corporation）的职能、独立电视服务、独立广播服务、电视和广播服务规制管理规则、电磁波谱使用规则、视频游戏的相关规则、侵犯著作权和表演者权的处罚规则、电子出版物的公共借阅权 11 个主题以及 1 个附则[④]。《数字经济法（2017）》于 2017 年 4 月 27 日由上议院通过，并于同日获得王室同意，其中部分条款于法案通过当

---

① ［美］陆凯：《美国算法治理政策与实施进路》，《环球法律评论》2020 年第 3 期。

② 武长海：《国际数据法学》，法律出版社 2021 年版，第 48 页。

③ 朱喆琳：《论英国〈数字经济法〉的“三振机制”及其启示》，《西北大学学报（哲学社会科学版）》2016 年第 2 期。

④ 刘阳：《英国〈数字经济法（2017）〉的核心内容及启示》，《经济法论丛》2019 年第 1 期。

日生效。2017 年 7 月 12 日，英国政府制定《〈数字经济法(2017)〉第 1 号实施条例》，规定广播、消费者保护、数据保护、信息披露、电子通信、知识产权方面的诸条款分别于 2017 年 7 月 31 日、10 月 1 日和 2018 年 10 月 1 日生效。其后，英国陆续通过《数字经济法(2017)》的第 2-6 号实施条例，进一步明确了《数字经济法(2017)》其他条款的生效时间。从结构上看，《数字经济法(2017)》相对于《数字经济法(2010)》，不仅条文数由 48 条增加至 120 条，而且对立法结构进行了全面的调整。除仍保留附则(第 117～120 条)外，其主体内容形成了六大板块，具体包括：获取数字服务(第 1～3 条)；数字基础设施(第 4～13 条)；网络色情(第 14～30 条)；知识产权(第 31～34 条)；数字政府(第 35～81 条)；其他(第 82～116 条)。从内容上看，可以将其大致划分为数字服务获取及数字基础设施、网络色情与知识产权、数字政府及其他三大方面①。由此可见，英国《数字经济法》涉及面非常广泛，其虽然没有以法典命名，但是呈现了法典化色彩。

二、专门性数字立法

所谓专门性数字立法，就是针对数字领域某一领域进行专门性立法。在这方面，英国专门制定了《数据保护法》《通信数据法》等。其中，《数据保护法》于 1984 年制定，并于 1998 年和 2018 年修改。1984 年，英国议会通过首部《数据保护法》(Data Protection Act, DPA)，提出了个人数据保护的基础性原则，禁止数据主体未经注册持有个人数据，设立数据保护登记官(Data Protection Registrar, DPR)和数据保护法庭(Data Protection Tribunal, DPT)，分别作为法令执行的监管机构和申诉机构②。1998 年，修改《数据保护法》，该法明确规定，政府采集与公民自身或企业有关的信息，必须遵守资料保护的法律与相关程序，尽量减少重复收集，维护资料的安全，确保信息收集行为的合法性、收集目的的正当性、收集过程的科学性、信息内容的正确性、数据的完整性和准确性。除了部分涉及国家安全、商业机密或个人隐私的信息受到法律规范而不得公开外，其他政府信息应经过系统的处理后，尽量以电子化形式予以公开。同时，公民拥有获得与自身相关的全部信息、数据的合法权利，并允许公民修正个人资

① 刘阳：《英国〈数字经济法(2017)〉的核心内容及启示》，《经济法论丛》2019 年第 1 期。

② 李重照、黄璜：《英国政府数据治理的政策与治理结构》，《电子政务》2019 年第 1 期。

料中的错误内容[①]。2018 年，再次修改《数据保护法》，该法包括六部分。第一部分主要是界定数据保护的内容，具体包括个体信息定义、资料保障原则、数据主体的权利、自动决策、控制者和处理者的义务、个人数据的国际传输、为研究等目的进行处理的保障措施、国家安全豁免、情报服务处理、信息专员的角色与执法等。第二部分主要是明确数字验证服务，具体包括数字视频服务器(DVS)信任框架、DVS 寄存器、信息网关、信任标志等。第三部分主要是客户和业务数据的处理权利与约束，包括要求客户补充数据、执行数据法规、限制调查权、经济处罚等。第四部分主要是关于数字信息的隐私和电子通信规定、信托服务、信息共享、出生与死亡登记、健康和社会关怀的信息标准等内容。第五部分是有关监督管理的内容，包括信息委员会的职能、对生物识别数据的监督等。第六部分是最后条款，包括财政拨款、过渡条款、附表等[②]。显然，随着《数据保护法》的修改，其立法内容也在不断增加，从而使立法更加完善。

第三节　法国数字法法典化研究

随着信息社会的发展，法国也开始数字立法。其涉及面是非常广泛的，主要涉及数据开放领域、打击盗版领域、信息安全领域、个人隐私保护领域[③]。特别是在数据立法方面，法国制定了大量立法。“法国国内的数据立法路径为两种，一是国内自主立法，二是参照或转化欧盟数据法。为使法国国内数据法与欧盟数据法在内容和体系上保持一致，法国在直接适用欧盟数据条约、条例的同时，一方面通过参照欧盟数据条约、条例，另一方面通过转化欧盟数据指令，全面制定或修改国内数据法律规范。”[④]根据其立法内容，大致可以分为个人数据保护立法和数字经济促进立法两大方面。

一、个人数据保护立法

法国个人数据保护立法经过了一个比较长的历史发展过程。1978 年 1 月，

---

① 李章程、王铭：《英国电子政务建设进程概述》，《档案与建设》2004 年第 3 期。

② 徐德顺：《英国数据保护和数字信息法案及其启示》，《中国商界》2023 年第 5 期。

③ 马晓悦、黄思佳、李菲、寇媛媛：《法国数据治理：发展脉络、体系建设与经验启示》，《法国研究》2022 年第 4 期。

④ 武长海：《国际数据法学》，法律出版社 2021 年版，第 90 页。

法国颁布了第78-17号《法国信息技术、文件和自由法》,这是法国数据领域的第一部专门立法,也是法国在个人数据保护领域的基本法。此后,《法国信息技术、文件和自由法》先后被《法国数字经济信任法》《法国信息社会版权和邻接权法》《法国公众与政府关系法》《法国数字共和国法》等法律修改。《通用数据保护条例》(GDPR)生效后,为使法国个人数据保护法与GDPR在体系上保持一致,法国先后于2018年6月和12月颁布第2018-493号法令和第2018-1125号法令,从内容和形式上修改了《法国信息技术、文件和自由法》[①]。显然,法国个人数据保护立法修改频率是非常高的。

二、数字经济促进立法

随着数字经济的发展,法国进一步推动数字经济促进立法。2004年6月,法国颁布了第2004-575号《法国数字经济信任法》,以转化欧盟《电子商务指令》[②]的有关规定。2006年8月,法国颁布了第2006-961号《法国信息社会版权和邻接权法》,其出台是为了确认《世界知识产权组织版权条约》和欧盟《信息社会版权指令》[③]关于数字社会中版权和邻接权的规定,特别是认可关于技术保护措施合法性的规定。2015年10月,法国颁布了第2015-1341号《法国公众与政府关系法》,其是一部关于政府数据开放的专门立法。2019年7月,法国颁布了第2019-759号《法国数字服务税法》,对符合条件的大型数字企业征收税率为3%的数字税[④]。这些数字经济立法广泛涉及电子商务、知识产权、政府数据开放、数字服务税等方面,可以说非常全面。

第四节　德国数字法法典化研究

随着信息时代的到来,德国从20世纪60年代就开始开展数字立法。例如,在信息安全法律体系方面,"德国国内信息安全法律体系既有宏观的、一般

---

① 武长海:《国际数据法学》,法律出版社2021年版,第91页。

② 《2000年6月8日欧洲议会和欧盟理事会关于共同体内部市场的信息社会服务,尤其是电子商务的若干法律方面的第2000/31/EC号指令》,简称《电子商务指令》。

③ 《2001年5月22日欧洲议会和欧盟理事会关于协调信息中版权和相关权若干方面的第2001/29/EC号指令》,简称《信息社会版权指令》。

④ 武长海:《国际数据法学》,法律出版社2021年版,第92页。

性的综合性立法和规划，同时也有针对具体方面的信息安全问题而设置的专项立法，这些领域包括个人数据保护、网络犯罪、青少年保护等各个方面。其中综合性立法的代表是《信息和通信服务规范法》，而专项立法则包括《联邦数据保护法》《电信法》《信息自由法》《青少年媒体保护州际协议》《防止青少年有害信息传播法》《阻止网页登录法》等等"①。尽管德国实行联邦制，其数字立法大致也分为联邦层面和州层面，但是由于联邦数字立法相对较为完善，这里主要探讨联邦层面数字立法情况。在联邦层面，德国数字立法领域涉及面是非常广泛的，涉及民事、刑事、经济、社会、劳动等各部门领域。为了加强数字领域的保护力度，既有综合性立法，如《联邦数据保护法》，也有专门性立法，如《德国数字签名法》等，逐渐形成了联邦数字法律体系。其主要体现在以下两个方面。

一、数据保护立法

在数据保护立法方面，德国于 1977 年制定了《联邦数据保护法》。该法于 1990 年、2001 年、2003 年、2005 年、2006 年、2009 年、2015 年、2017 年经过数次修改。随着 2018 年欧盟 GDPR 的颁布生效，德国全面修改了《联邦数据保护法》。为了转化 GDPR 和《欧盟刑事司法领域个人数据保护指令》，2017 年 2 月，德国还制定了《欧盟个人数据保护通用条例适应法及刑事司法领域个人数据保护指令转化法(草案)》，并于同年 7 月生效②。从 2017 年版《联邦数据保护法》来看，"共 6 部分 48 条。第一部分为总则，共 11 条，阐释了一部分基本概念，其中第二条明确规定了公共机构和私法主体两个概念，这也是《联邦数据保护法》公私二元立法模式的基础，并引出了第二部分和第三部分分别对公共机构和私法主体进行规制的内容。第四部分就一些特殊情况进行了特殊规定，如作为官方和专业特殊秘密使用个人数据的情形，研究机构加工使用个人数据的情形，媒体对个人数据使用的情形等。第五部分为最后条款，说明构成行政违法和刑事犯罪的情况。最后的第六部分为过渡条款，阐明了法律的目前适用状况以及定义的延伸效力"③。显然，可以看出德国《联邦数据保护法》在体系上是非常全面的。

---

① 安会杰：《德国信息安全法律法规建设情况》，《中国信息安全》2013 年第 2 期。

② 武长海：《国际数据法学》，法律出版社 2021 年版，第 123 页。

③ 任文倩：《德国〈联邦数据保护法〉介绍》，《网络法律评论》2016 年第 1 期。

二、网络空间立法

在网络空间立法方面，德国先后制定了许多法律。1996年，德国颁布《德国电信法》，并于2004年6月重新颁行。1997年6月13日，通过《德国联邦信息与电信服务架构性条件建构规制法》，该法于1997年8月1日生效，包括三部独立的法律《德国电信服务使用法》《德国电信服务数据保护法》《德国数字签名法》。2001年，通过《德国联邦信息技术安全局法》。2007年2月26日，颁布《德国电子交易统一法》，该法于2007年3月1日生效，包括一部新法《德国远程媒体法》和《德国青少年保护法》《德国网络接口管制服务保护法》《德国电子签名法》三部旧法的修正案。同时，《德国信息与通信服务法》中的《德国电信服务法》和《德国电信服务数据保护法》被《德国电子交易统一法》所废止，但其主要内容在《德国远程媒体法》中得到保留。2009年8月20日，《德国加强联邦信息技术安全法》生效，并于2014年和2020年进行两次修改。2021年5月20日，德国议会通过了《德国电信和远程媒体数据保护和隐私法》[①]。从上述立法来看，德国的网络空间立法相对较为分散。

第五节　欧盟数字法法典化研究

随着欧洲一体化进程的展开，欧盟数字立法也不断展开。为了加强对数字经济的监管，提高欧盟数字化水平，欧盟在平台监管、数据治理、网络安全、人工智能等方面制定了大量立法。这些立法既有专门性立法，也有综合性立法，从而使数字法体系化更为明显。

一、平台监管立法

随着在线平台的不断发展，欧盟开始积极对平台进行监管，并制定了一系列指令和法律。2019年，欧盟出台了世界上第一部专门提高平台交易公平性和透明度的条例，即《提高商业用户使用线上中介服务的公平性和透明度的第2019/1150条例》[Regulation (EU) 2019/1150 of the European Parliament and of the Council of 20 June 2019 on Promoting Fairness and Transparency for

---

① 武长海：《国际数据法学》，法律出版社2021年版，第123-125页。

Business Users of Online Intermediation Services，即《P2B 条例》][1]。2020 年以后，欧盟又进一步制定《数字服务法》和《数字市场法》等法律，进一步强化对数字领域平台的管理。2022 年正式生效的《数字市场法》主要规范数字平台的竞争行为，明确应纳入监管的平台企业服务类型包括在线中介服务、搜索引擎、社交网络、数字通信服务、视频平台、虚拟助手、操作系统、云计算、在线广告服务等十类平台服务。而 2023 年正式生效的《数字服务法》则主要规范数字平台的内容，明确要求在线平台采取措施处理非法内容和监管机构认为有害的其他内容，并为用户提供渠道登记他们对内容审核的投诉。由此可见，《数字市场法》和《数字服务法》的出现，意味着欧盟数字市场开始构建统一数字规则。

二、数据治理立法

欧盟历来重视数据保护立法。1995 年，欧盟通过了《数据保护指令》。该指令旨在让成员国接受与个人数据有关的保护隐私和个人自由的共同标准，同时，又避免个人数据在成员国之间流动时遭到不当干扰[2]。2016 年，欧盟又制定《通用数据保护条例》，并于 2018 年生效。《通用数据保护条例》"共计 11 章，99 条。第一章（第 1～4 条）为一般规定集合条款，包括阐明该法的目标、适用范围、地域范围，以及本法中需要进一步廓清的定义，并列举了与个人数据处理相关的原则；第二章（第 5～11 条）指明处理数据合法性的条件及其处理方式、处理个人数据中同意的要件、信息社会服务适用于儿童同意的具体要件、特殊种类的个人数据处理、有关刑事定罪和罪行的个人数据处理，以及无须认证的处理；第三章（第 12～23 条）围绕数据主体权利，列举数据收集的权利、数据访问权、错误纠正权、被遗忘权、限制处理权、反对权、拒绝权和自主决定权等权利及其限制性规定；第四章（第 24～43 条）规定数据控制者和处理者的相对义务，包括处理活动的记录义务和监管机构的合作义务、处理过程的安全性保障、关于数据主体的个人数据交流等义务；第五章（第 44～50 条）为了确保本条例项下自然的保护等级不受到任何侵害，规定向第三方国家或国际组织进行个人数据传输的相关规定；第六章（第 51～59 条）规定独立的监管机构，包括监管机构的

---

① 王健、季豪峥：《我国电商平台交易公平性和透明度规则研究》，《经贸法律评论》2021 年第 4 期。

② 任晓玲：《个人数据保护立法推动技术创新——欧盟拟修订〈数据保护指令〉》，《中国发明与专利》2011 年第 1 期。

成立、职责和权力等内容；第七章（第60～76条）规定主导监管机构和其他机构之间的合作和协调、相互协助、联合处理、理事会争端解决机制等内容；第八章（第77～84条）为补救措施、责任和处罚部分条款；第九章（第85～91条）为特定数据处理相关条款；第十章（第92～93条）规定委托行为与执行行为；第十一章（第94～99条）为最终条款，规定与其他指令之间的关系、委员会报告义务以及生效适用等事项”①。随后，2018年11月又出台《非个人数据自由流动条例》。该条例旨在欧洲单一市场内消除非个人数据在储存和处理方面的地域限制，有助于在欧盟单一数字市场战略下，推动欧盟打造富有竞争力的数字经济。该条例所指的所谓的“非个人数据”主要包括机器生产和商业销售产生的数据②。2020年11月，欧盟委员会通过了《数据治理法》。此后，欧盟委员会于2022年2月公布了《数据法》。《数据治理法》和《数据法》分别规范公共部门与私人部门所持有数据的共享利用③。这些立法逐渐促成了欧盟数据立法的统一化。

三、网络安全立法

随着网络的进一步发展，欧盟也开始制定欧盟网络安全战略，完善网络安全法律体系。从立法来看，其主要通过政策、指令、法律等形式逐渐构建网络安全法律体系。2016年7月，欧盟出台了第一部欧盟层面的网络安全立法《网络与信息系统安全指令》。该指令全文共7章27条，包括了欧盟网络与信息系统安全有关的多重内容。一般规定的内容主要规定在第一章“一般规定”中，主要对于该指令的主要问题、适用范围与协调原则、核心术语与表述作了较为细致的规定。关于网络与信息系统安全国家框架的内容主要规定在第二章“网络与信息系统安全的国家框架”中，主要包括网络与信息系统安全的国家战略、联络点与响应小组、国家层面的协作等内容。关于网络与信息系统安全跨国合作的内容主要规定在第三章“合作”中，主要包括合作组织、计算机安全事件响应小组网络和国际合作联盟三部分。该指令第四章、第五章分别就基本服务运营者与数字服务提供者的网络与信息系统安全作了专门的规定，而且均围绕安全要

---

① 《欧盟〈一般数据保护条例〉》，胡嘉妮、葛明瑜译，许多奇校，《互联网金融法律评论》2017年第1期。

② 《欧盟非个人数据自由流动条例》，《新产经》2018年第11期。

③ 沈浩蓝：《欧盟数据治理的新发展》，《人民法院报》2022年11月4日第8版。

求与事件通知、实施与执行两个方面展开(第 18 条专门就数字服务提供者的管辖问题作出规定)[①]。2019 年,欧盟又制定了《欧盟网络安全法》。根据《欧盟网络安全法》(EU Cybersecurity Act)第 1 条,其目的是"确保内部市场的正常运作,同时旨在实现欧盟内部的高水平网络安全、网络弹性和信任"。为了实现这一目标,该条例包括两个主要部分:第一,它包含了欧盟网络和信息安全局(European Network and Information Security Agency, ENISA)常设机构的框架;第二,它授权欧盟委员会建立一个自愿的网络安全认证机制[②]。这些立法也为欧盟网络安全统一立法提供了基础。

四、人工智能立法

为了进一步推动数字经济发展,欧盟又围绕人工智能等领域进行了立法。2021 年 4 月,欧盟委员会提出《欧盟人工智能法》。其主要涉及人工智能的定义和适用范围、风险等级分类、全流程风险管理措施、监管沙盒、生成式人工智能等内容[③]。这就为欧盟人工智能立法提供了基本法律框架。

① 王肃之:《欧盟〈网络与信息系统安全指令〉的主要内容与立法启示——兼评〈网络安全法〉相关立法条款》,《理论月刊》2017 年第 6 期。

② 胡尼克、黎雷、杨乐:《中国与欧盟的网络安全法律原则与体系比较》,《信息安全与通信保密》2019 年第 9 期。

③ 陈富成、蔡宗秀:《欧盟〈人工智能法案〉解读》,https://www.anjielaw.com/view/article-info.html?id=1909,最后访问日期:2023 年 8 月 24 日。

第十五章　我国数字法法典化研究

随着数字产业的发展，我国数字经济已经成为社会生活的重要组成部分。伴随着数字经济的发展，数字立法也不断发展。从总体来看，我国数字立法主要有中央立法和地方立法两个层面，立法范围涉及电子交易、网络信息、数据安全、数字经济、人工智能等方面。

第一节　电子签名立法

所谓电子签名是指数据电文中以电子形式所含、所附用于识别签名人身份并表明签名人认可其中内容的数据。电子签名立法主要规范电子签名行为。2004 年 8 月 28 日，全国人大常委会通过《中华人民共和国电子签名法》（简称《电子签名法》），自 2005 年 4 月 1 日起施行。该法共五章，分为第一章"总则"、第二章"数据电文"、第三章"电子签名与认证"、第四章"法律责任"、第五章"附则"。2015 年，作出修正，第十七条增加一项，作为第一项，"（一）取得企业法人资格"；删去第十八条第二款。2019 年，又作出修正，删去第三条第三款第二项；将第三项改为第二项，修改为："（二）涉及停止供水、供热、供气等公用事业服务的"。由于电子签名关系到电子交易认证的统一性，因此其立法只限于中央立法。不过，随着数字时代的到来，电子签名适用范围也在逐步扩大。对此，有学者认为："《电子签名法》中关于电子签名的适用范围应予以拓宽，添加行政使用情景，相应条款可以表述为：在民商事、行政等活动中，当事人可以约定使用或者不使用电子签名、数据电文。相应地，第 28 条等相关表述也应作出调整。"①在这种情况下，需要考虑电子签名立法的适用统一性问题。

① 邢爱芬、付姝菊：《中国电子签名立法与实践问题研究》，《科技与法律（中英文）》2022 年第 3 期。

第二节　电子商务立法

所谓电子商务，是指通过互联网等信息网络销售商品或者提供服务的经营活动。随着电子商务形式的出现，我国不仅在中央层面制定《中华人民共和国电子商务法》，而且不少地方也就推动电子商务发展进行立法。

一、中央立法

2018年8月31日，全国人大常委会公布《中华人民共和国电子商务法》，并自2019年1月1日起施行。该法共七章，分为第一章“总则”、第二章“电子商务经营者”、第三章“电子商务合同的订立与履行”、第四章“电子商务争议解决”、第五章“电子商务促进”、第六章“法律责任”、第七章“附则”。其中，第二章分为两节：第一节“一般规定”、第二节“电子商务平台经营者”。由于电子商务发展不仅涉及电子商务行为的规范，而且涉及电子商务发展保障措施，因此该法为各地方电子商务立法提供了法律依据。

二、地方立法

地方电子商务立法大致分为地方性法规和地方政府规章两种立法形式。由于各地对电子商务发展定位不同，其立法模式具有一定的差异。

在地方性法规方面，电子商务立法主要有《汕头经济特区跨境电子商务促进条例》(2021年11月22日公布，2022年1月1日施行)、《浙江省电子商务条例》(2021年9月30日公布，2022年3月1日施行)、《杭州市跨境电子商务促进条例》(2017年1月13日公布，2017年3月1日施行)、《上海市促进电子商务发展规定》(2008年11月26日公布，2009年3月1日施行)。从上述立法来看，既有对电子商务发展的统一立法，也有对跨境电子商务的专门立法。从立法思路来看，其大多为电子商务促进立法，主要是为电子商务发展提供保障措施。不过，也有立法对电子商务行为进行规范。例如，《浙江省电子商务条例》对电子商务经营者行为作了全面规定，特别是对网络餐饮服务、即时配送、直播经营等平台经营活动进行了专门规定，明确了有关平台经营者及其相关人员的权利义务。

在地方政府规章方面，电子商务立法主要有《郑州市电子商务促进与管理办法》(2020 年 4 月 21 日公布,2020 年 6 月 1 日施行)、《汕头经济特区电子商务促进办法》(2012 年 11 月 21 日公布,并于 2013 年 1 月 1 日施行,后于 2016 年 12 月 3 日修改,此后因《汕头经济特区跨境电子商务促进条例》而废止)等。从立法模式来看,其主要针对电子商务促进和管理展开立法。例如,《郑州市电子商务促进与管理办法》分为第一章"总则"、第二章"促进与服务"、第三章"跨境电子商务"、第四章"监督与管理"、第五章"附则"。根据第二条的规定,电子商务,是指通过互联网等信息网络销售商品或者提供服务的经营活动。法律、行政法规对销售商品或者提供服务有规定的,适用其规定。金融类产品和服务,利用信息网络提供新闻信息、音视频节目、出版以及文化产品等内容方面的服务,不适用本办法。这就明确了电子商务立法的对象。

从上述立法来看,电子商务中央立法和地方立法各有侧重点,体现了对电子商务的不同认识。需要注意的是,由于电子商务和以往商务活动具有线上和线下的差异,因此电子商务立法的出现使商事法律体系构建出现了新的要求。正因为如此,有学者认为,应当从商法角度来认识电子商务法,即:在法律适用方面,电子商务法和商法是特别法与一般法的关系;在法律体系方面,电子商务法应当成为商法的部门法①。这就需要进一步考虑电子商务立法体系的完善问题。

第三节　网络信息立法

所谓网络信息,是指存在网络空间的信息。其既涉及自然人信息,也涉及各类法人和非法人信息。随着互联网的发展,网络信息形式越来越多样,数量越来越庞大,网络信息活动越来越频繁。这就需要对网络信息活动进行规范,并开展网络虚假信息的治理。对此,无论是中央还是地方,均开展了相关立法。

一、中央立法

我国很早就开始重视网络信息立法,先后以各种法律形式制定了相应立法,从不同角度对网络信息活动进行调整。

在法律层面,全国人大常委会加强网络信息保护立法。2012 年 12 月 28 日,全国人大常委会公布《全国人民代表大会常务委员会关于加强网络信息保

① 贺大伟、杨国志:《我国电子商务立法定位的审思与重构》,《广西社会主义学院学报》2017 年第 4 期。

护的决定》，并于同日施行。该决定规定：国家保护能够识别公民个人身份和涉及公民个人隐私的电子信息；任何组织和个人不得窃取或者以其他非法方式获取公民个人电子信息，不得出售或者非法向他人提供公民个人电子信息。同时，为了保护个人信息权益，规范个人信息处理活动，促进个人信息合理利用，2021年8月20日，全国人大常委会公布了《中华人民共和国个人信息保护法》（简称《个人信息保护法》），并自2021年11月1日起施行。该法共8章，主要分为第一章“总则”、第二章“个人信息处理规则”、第三章“个人信息跨境提供的规则”、第四章“个人在个人信息处理活动中的权利”、第五章“个人信息处理者的义务”、第六章“履行个人信息保护职责的部门”、第七章“法律责任”、第八章“附则”。其中，第二章分为三节，即第一节“一般规定”、第二节“敏感个人信息的处理规则”、第三节“国家机关处理个人信息的特别规定”。需要注意的是，《个人信息保护法》突出了个人信息保护的重要性，而没有涉及各类法人和非法人信息的处理问题。

在行政法规层面，国务院对网络服务作了规定。为了规范互联网信息服务活动，2000年9月25日，国务院公布《互联网信息服务管理办法》，并于2011年11月8日进行修改。该办法主要规定互联网信息服务类型、许可条件、限制条件、行政管理等事项。同时，2006年5月18日，国务院公布《信息网络传播权保护条例》，并于2013年1月30日进行修订，主要规定保护著作权人、表演者、录音录像制作者的信息网络传播权事项。

此外，部门规章和部门规范性文件进一步完善个人信息保护规范。例如，2013年7月16日，工业和信息化部以规章形式公布《电信和互联网用户个人信息保护规定》，并自2013年9月1日起施行。该规定分为第一章“总则”、第二章“信息收集和使用规范”、第三章“安全保障措施”、第四章“监督检查”、第五章“法律责任”、第六章“附则”。其主要规范电信业务经营者和互联网信息服务提供者收集和使用用户个人信息的活动。

从上述立法情况来看，尽管法律、行政法规、部门规章等对网络信息保护进行了规定，但是这些规定相对而言较为分散。

二、地方立法

随着国家个人信息保护立法的展开，地方也针对个人信息保护进行了立法。其大致有以下立法类型：

一是个人信息保护立法。这方面立法有《厦门市软件和信息服务业个人信息保护管理办法》(2012年12月3日公布,2014年4月1日施行,后被废止)。这种立法模式偏重于对个人信息的保护。例如,《厦门市软件和信息服务业个人信息保护管理办法》专门针对软件和信息服务业个人信息处理行为进行规范。不过,此种立法类型在《个人信息保护法》出台之后在地方立法中几乎未再出现。

二是网络虚假信息治理立法。这方面立法有《新疆维吾尔自治区防范和惩治网络传播虚假信息条例》(2016年12月1日通过)、《天津市网络虚假信息治理若干规定》(2020年12月1日通过)、《浙江省人民代表大会常务委员会关于网络虚假信息治理的决定》(2021年9月29日通过)等。这种立法模式主要针对网络虚假信息,用于防范和治理网络虚假信息传播。由于网络虚假信息治理通常属于社会治理范畴,因此在立法形式上,既有地方性法规,也有地方性决定。

三是网络信息安全管理立法。这方面立法有《西藏自治区网络信息安全管理条例》(2022年12月9日通过)等。这种立法模式主要针对网络信息安全行为,在本质上属于安全立法范围。例如,《西藏自治区网络信息安全管理条例》主要规范利用计算机网络制作、复制、发布、传播信息等活动及其监督管理事项。

从上述立法来看,虽然网络信息立法以个人信息保护为立法重点,但是其立法角度呈现出一定的多样性。而立法的多样性必然也会带来法律适用的复杂性。对此,在讨论个人信息保护立法时,有学者认为:"在以个人信息自决权为束点捋顺个人信息权利体系的基础上,需要进一步理顺各法律法规之间先后适用、上行下效的法律适用关系。"[①]这就必须进一步厘清网络信息立法体系。

第四节 数据立法

所谓数据,是指载有各种信息的记录。随着数字时代的到来,数据已经成

① 唐瑞芳:《个人信息保护的立法基础、规范意涵与体系构造:以我国〈个人信息保护法〉立法依据条款为考察》,《湖南社会科学》2022年第5期。

为数字产业和数字经济发展的重要资产。特别是随着数字中国建设的展开，数据越来越成为重要的立法对象。

一、中央立法

随着大数据的不断涌现，数据利用越来越频繁，并且越来越关系到国家安全。为了规范数据处理活动，2021 年 6 月 10 日，全国人大常委会公布《中华人民共和国数据安全法》，并自 2021 年 9 月 1 日起施行。其共 7 章，分为第一章“总则”、第二章“数据安全与发展”、第三章“数据安全制度”、第四章“数据安全保护义务”、第五章“政务数据安全与开放”、第六章“法律责任”、第七章“附则”。在此基础上，部门规章和部门规范性文件进一步针对各领域数据安全管理进行规范。例如，为了规范汽车数据处理活动，2021 年 8 月 16 日，国家互联网信息办公室、国家发展和改革委员会、工业和信息化部、公安部、交通运输部公布《汽车数据安全管理若干规定(试行)》，并自 2021 年 10 月 1 日起施行。从立法模式来看，中央立法偏重于数据安全，在本质上属于国家安全立法范围。尽管已经制定了一般性立法，但是各领域立法仍需要进一步完善。正因为如此，国务院针对网络数据安全专门进行立法，正在制定《网络数据安全管理条例》①。

二、地方立法

数据立法在数字立法中数量较多。从地方立法来看，无论是地方性法规还是地方政府规章，数据立法始终是地方数字立法的重要组成部分。

(一) 地方性法规

数据地方性法规按照立法层级不同，大致分为省级地方性法规和地级市地方性法规两种类型。由于不同地区立法机关对数据立法的认识存在一定的差异，因此其立法模式也各有不同。

1. 省级地方性法规

省级数据立法大致有三种立法模式：

第一种是数据一般性立法。这方面立法有《四川省数据条例》(2022 年 12 月 2 日公布，2023 年 1 月 1 日施行)、《重庆市数据条例》(2022 年 3 月 30 日，

① 赵精武：《完善网络数据安全保护立法体系　切实维护网络空间安全》，《审计观察》2022 年第 1 期。

2022年7月1日施行)、《上海市数据条例》(2021年11月25日公布,2022年1月1日施行)等。这种立法模式主要围绕数据展开立法,规范数据资源、数据运用、数据安全等内容。不过,各地立法在结构上仍然存在一定的差异。例如,《四川省数据条例》分为第一章“总则”、第二章“数据资源”、第三章“数据流通”、第四章“数据应用”、第五章“数据安全”、第六章“区域合作”、第七章“法律责任”、第八章“附则”。再如,《重庆市数据条例》分为第一章“总则”、第二章“数据处理和安全”、第三章“数据资源”、第四章“数据要素市场”、第五章“发展应用”、第六章“区域协同”、第七章“法律责任”、第八章“附则”。此外,《上海市数据条例》分为第一章“总则”、第二章“数据权益保障”、第三章“公共数据”、第四章“数据要素市场”、第五章“数据资源开发和应用”、第六章“浦东新区数据改革”、第七章“长三角区域数据合作”、第八章“数据安全”、第九章“法律责任”、第十章“附则”。其中:第二章分为2节,即第一节“一般规定”、第二节“个人信息特别保护”;第三章分为3节,即第一节“一般规定”、第二节“公共数据共享和开放”、第三节“公共数据授权经营”;第四章分为2节,即第一节“一般规定”、第二节“数据交易”。显然,各地立法均对数据一般事项进行规定,同时也会根据各地情况作出特殊规定,如区域合作、数据改革等,体现了地方数据立法的灵活性。

第二种是大数据立法。这方面立法有《广西壮族自治区大数据发展条例》(2022年11月25日公布,2023年1月1日施行)、《陕西省大数据条例》(2022年9月29日公布,2023年1月1日施行)、《辽宁省大数据发展条例》(2022年5月31日公布,2022年8月1日施行)、《黑龙江省促进大数据发展应用条例》(2022年5月13日公布,2022年7月1日施行)、《福建省大数据发展条例》(2021年12月15日公布,2022年2月1日施行)、《山东省大数据发展促进条例》(2021年9月30日公布,2022年1月1日施行)、《安徽省大数据发展条例》(2021年3月29日公布,2021年5月1日施行)、《吉林省促进大数据发展应用条例》(2020年11月27日公布,2021年1月1日施行)、《山西省大数据发展应用促进条例》(2020年5月15日公布,2020年7月1日施行)、《海南省大数据开发应用条例》(2019年9月27日公布,2019年11月1日施行)、《贵州省大数据安全保障条例》(2019年8月1日公布,2019年10月1日施行)、《天津市促进大数据发展应用条例》(2018年12月14日公布,2019年1月1日施行)、《贵州省大数据发展应用促进条例》(2016年1月15日公布,2016年3月1日施行)。这种立法模式主要围绕大数据展开立法,主要涉及大数据发展、大数据安全等方面。如《广西壮族自治区大数据发展条例》分为第一章“总则”、第二章“基础设施”、第三章“数据资源”、第四章“数据市场”、第五章“发展应用”、第六章“数据安全”、第七章“法律责任”、第八章“附则”。其中,第三章又分为4节,即第一节“一般规定”、第二节“数据收集归集”、第三节“数据共享”、第四节“数据开放”。从立法内容来看,各地立法侧重点有所不同,有的立法侧重于大数据产业共享发展,有的立法侧重于大数据安全保障,有的立法侧重于大数据资源利用,更多地呈现出综合性立法的特点。由于其既涉及政务数据,也涉及社会数据,从某种意义上来说,大数据立法等同于数据一般性立法,均是对数据产业或者大数据产业进行立法。

第三种是专门数据立法。这方面立法有《浙江省公共数据条例》(2022年1月21日公布,2022年3月1日施行)、《山西省政务数据管理与应用办法》(2020年11月27日公布,2021年1月1日施行)、《贵州省政府数据共享开放条例》(2020年9月25日公布,2020年12月1日施行)等。由于这些立法并不单纯使用“数据”或者“大数据”名称,而是使用专门数据名称,如“公共数据”“政务数据”“政府数据”,因此其立法思路似乎偏重于某一种数据类型。而从内容上来看,“公共数据”和“政务数据”大致相同,属于公共机构产生的数据,而“政府数据”则专门指行政机关所产生的数据,主要是针对公共机构或者行政机关所产生的数据的管理、共享和开放等事项。这样,这种立法模式偏重于数据管理事务。

2. 地级市地方性法规

地级市立法也有三种模式:第一种是数据一般性立法。这方面立法有《厦门经济特区数据条例》(2022年12月27日公布,2023年3月1日施行)、《苏州市数据条例》(2022年12月6日公布,2023年3月1日施行)、《深圳经济特区数据条例》(2021年7月6日公布,2022年1月1日施行)等。这种立法主要围绕数据进行立法,既涉及个人数据,也涉及公共数据,更关注数据要素市场和数据安全。在立法内容上既关注数据保护,也关注数据安全,体现了综合性立法特点。第二种是大数据立法。这方面立法相对较少,主要有《贵阳市大数据安全管理条例》(2018年8月2日公布,2018年10月1日施行,2021年6月7日修正)等。这种立法模式主要围绕大数据安全保障展开立法。第三种是专门数据立法。这方面立法有《抚顺市政务数据资源共享开放条例》(2022年12月7日公布,2023年3月1日施行)、《贵阳市健康医疗大数据应用发展条例》(2018年

10月9日，2019年1月1日施行，2021年6月7日修正）、《贵阳市政府数据共享开放条例》（2017年4月11日公布，2017年5月1日施行，2021年6月7日修正）、《沈阳市政务数据资源共享开放条例》（2020年8月14日公布，2020年10月1日施行）等。这种立法模式主要针对数据领域某一方面展开立法，如某一种数据类型或者某一类数据活动。

（二）地方政府规章

数据类地方政府规章大致也分为省级政府规章和地级市政府规章两类。由于政府规章数量较多，因此其在立法模式上也存在一定的差异。

1. 省级政府规章

省级政府对数据立法也有不同类型。

第一种类型是政务数据立法。这方面立法有《河北省政务数据共享应用管理办法》（2022年11月3日公布，2023年1月1日施行）、《湖北省政务数据资源应用与管理办法》（2021年1月25日公布，2021年4月1日施行）、《安徽省政务数据资源管理办法》（2020年12月30日公布，2021年3月1日施行）、《山东省电子政务和政务数据管理办法》（2019年12月25日公布，2020年2月1日施行）、《山西省政务数据资产管理试行办法》（2019年11月28日公布，2020年1月1日施行）、《辽宁省政务数据资源共享管理办法》（2019年11月26日公布，2020年1月1日施行）、《重庆市政务数据资源管理暂行办法》（2019年7月31日公布，同日施行）、《宁夏回族自治区政务数据资源共享管理办法》（2018年9月4日公布，2018年11月1日施行）、《福建省政务数据管理办法》（2016年10月15日公布，同日施行）等。这种立法模式主要围绕政务数据管理展开。从立法内容来看，包括政务数据范围、政务数据共享、政务数据应用、政务数据安全等事项。由于政务数据不仅包括行政机关所产生的数据，而且包括具有公共管理职能的组织所产生的数据，因此在本质上属于公共数据立法。

第二种是公共数据立法。这方面立法有《山东省公共数据开放办法》（2022年1月31日公布，2022年4月1日施行）、《江西省公共数据管理办法》（2022年1月12日公布，2022年3月1日施行）、《江苏省公共数据管理办法》（2021年12月18日公布，2022年2月1日施行）、《广东省公共数据管理办法》（2021年10月18日公布，2021年11月25日施行）、《浙江省公共数据开放与安全管理暂行办法》（2020年6月12日公布，2020年8月1日施行）、《上海市公共数据开放暂行办法》(2019 年 8 月 29 日公布,2019 年 10 月 1 日施行)、《上海市公共数据和一网通办管理办法》(2018 年 9 月 30 日公布,2018 年 11 月 1 日施行)等。这种立法模式基本上以公共数据作为立法名称,既包括行政机关所产生的数据,也包括具有公共职能的组织所产生的数据。从立法内容来看,其主要涉及公共数据采集、共享、开放、应用、安全等事项。这样,其试图通过立法来推动公共数据向社会开放。

第三种是专门数据立法。这方面立法有《江西省地理信息数据管理办法》(2017 年 12 月 26 日公布,2018 年 3 月 1 日施行)、《湖南省地理空间数据管理办法》(2017 年 3 月 3 日公布,2017 年 4 月 1 日施行)、《浙江省地理空间数据交换和共享管理办法》(2010 年 5 月 4 日公布,2010 年 7 月 1 日施行)、《青海省地理空间数据交换和共享管理办法》(2015 年 10 月 14 日公布,2015 年 12 月 1 日施行,2020 年 6 月 12 日修订,已废止)、《山东省健康医疗大数据管理办法》(2020 年 8 月 20 日公布,2020 年 10 月 1 日施行)、《海南省大数据管理局管理暂行办法》(2019 年 5 月 21 日公布,同日施行)等。从上述立法来看,除了对健康医疗大数据管理和大数据管理局管理之外,绝大多数立法均围绕地理信息数据而展开。这种立法模式主要选择数据领域某一方面展开,意在突出某一方面的重要性,属于专门性立法。

2. 地级市政府规章

地级市政府对数据立法也有三种类型。

第一种是公共数据立法。这方面立法有《江门市公共数据共享和开放利用管理办法》(2023 年 7 月 6 日公布,2023 年 8 月 15 日施行)、《滨州市公共数据管理办法》(2023 年 7 月 6 日公布,2023 年 8 月 15 日施行)、《武汉市公共数据资源管理办法》(2021 年 9 月 27 日公布,2021 年 11 月 15 日施行)、《济南市公共数据管理办法》(2020 年 9 月 30 日公布,2020 年 11 月 1 日施行)、《宁波市公共数据安全管理暂行规定》(2020 年 9 月 25 日公布,2020 年 12 月 1 日施行)、《无锡市公共数据管理办法》(2020 年 2 月 26 日公布,2020 年 5 月 1 日施行)、《成都市公共数据管理应用规定》(2018 年 6 月 6 日公布,2018 年 7 月 1 日施行)等。这种立法模式以公共数据为立法名称,主要规定公共数据管理,内容包括公共数据共享、开放、利用等事项。由于公共数据不仅有行政机关产生的数据,而且有具有公共管理和服务职能的组织产生的数据,因此其意在推动公共数据对外开放。

第二种是政府数据立法。这方面立法有《贵阳市政府数据共享开放考核暂行办法》(2018 年 6 月 27 日公布,2018 年 9 月 1 日施行,2020 年 12 月 23 日、2021 年 7 月 23 日和 2022 年 12 月 19 日修改)、《贵阳市政府数据资源管理办法》(2017 年 11 月 23 日公布,2018 年 1 月 1 日施行,2019 年 7 月 15 日、2020 年 12 月 23 日和 2022 年 12 月 19 日修改)、《贵阳市政府数据共享开放实施办法》(2018 年 1 月 12 日公布,2018 年 3 月 1 日施行,2019 年 7 月 15 日、2020 年 12 月 23 日和 2021 年 7 月 23 日修改)等。这种立法模式并不多见,其主要涉及政府数据管理、共享开放等内容。之所以此种立法数量较少,主要是其局限于行政机关所产生的数据管理。在实践中,公共机构种类繁多,其所产生的数据显然不是政府数据概念所能涵盖的。

第三种是政务数据立法。这方面立法有《中山市政务数据管理办法》(2020 年 5 月 15 日公布,2020 年 6 月 15 日施行)、《南京市政务数据管理暂行办法》(2019 年 8 月 7 日公布,2019 年 9 月 20 日施行)等。这种立法模式数量也不多。由于政务数据涵盖行政机关、具有公共管理和服务职能的组织所产生的数据,因此其在本质上属于公共数据立法。在实践中,其逐渐为公共数据立法所取代。

从上述立法来看,数据立法已经成为数字立法中最受关注的领域。不过,数据立法仍然存在诸多挑战。对此,有学者认为,我国地方数据立法面临两个方面的挑战:一方面,立法差异阻碍数据跨区域流动,另一方面,立法探索面临合法性与合理性双重考验①。这说明,数据立法需要注重地区差异,以促进立法的体系化发展。

第五节　数字经济立法

所谓数字经济,是指以数据产业为基础所产生的新型经济形态。随着数字经济的不断壮大,出现了数字经济立法。由于目前数字经济立法主要局限于地方立法,因此这里主要对地方数字经济立法进行分析。其大致也分为两类:

一是省级数字经济立法。这方面立法主要有《湖北省数字经济促进办法》(2023 年 5 月 10 日公布,2023 年 7 月 1 日施行)、《山西省数字经济促进条例》

① 宗珊珊:《我国地方数据立法的特征、挑战与展望》,《信息通信技术与政策》2022 年第 8 期。

(2022年12月9日公布,2023年1月1日施行)、《北京市数字经济促进条例》(2022年11月25日公布,2023年1月1日施行)、《江苏省数字经济促进条例》(2022年5月31日公布,2022年8月1日施行)、《河北省数字经济促进条例》(2022年5月27日公布,2022年7月1日施行)、《河南省数字经济促进条例》(2021年12月28日公布,2022年3月1日施行)、《广东省数字经济促进条例》(2020年12月24日公布,2021年3月1日施行)等。这种立法模式在立法名称上基本一致,体现了促进数字经济的共同要求。不过,从立法结构来看,差异较大。例如,《湖北省数字经济促进办法》分为第一章"总则"、第二章"数字基础设施建设"、第三章"数字产业化"、第四章"产业数字化"、第五章"数据资源开发利用保护"、第六章"数字技术创新"、第七章"保障和监督"、第八章"附则"。《山西省数字经济促进条例》分为第一章"总则"、第二章"数字基础设施"、第三章"数字产业化"、第四章"产业数字化"、第五章"治理数字化"、第六章"数据资源的利用与保护"、第七章"保障措施"、第八章"附则"。《北京市数字经济促进条例》分为第一章"总则"、第二章"数字基础设施"、第三章"数据资源"、第四章"数字产业化"、第五章"产业数字化"、第六章"智慧城市建设"、第七章"数字经济安全"、第八章"保障措施"、第九章"附则"。《江苏省数字经济促进条例》分为第一章"总则"、第二章"数字技术创新"、第三章"数字基础设施建设"、第四章"数字产业化"、第五章"产业数字化"、第六章"治理和服务数字化"、第七章"数据利用和保护"、第八章"保障和监督"、第九章"附则"。《河北省数字经济促进条例》分为第一章"总则"、第二章"数字基础设施建设"、第三章"数据资源开发利用"、第四章"数字产业化"、第五章"产业数字化"、第六章"数字化治理"、第七章"京津冀数字经济协同发展"、第八章"保障和监督"、第九章"附则"。《河南省数字经济促进条例》分为第一章"总则"、第二章"数字基础设施建设"、第三章"数字资源开发利用"、第四章"数字产业化发展"、第五章"产业数字化转型"、第六章"数字化治理和服务"、第七章"数字经济促进措施"、第八章"数字经济安全保障"、第九章"法律责任"、第十章"附则"。《广东省数字经济促进条例》分为第一章"总则"、第二章"数字产业化"、第三章"工业数字化"、第四章"农业数字化"、第五章"服务业数字化"、第六章"数据资源开发利用保护"、第七章"数字技术创新"、第八章"数字基础设施建设"、第九章"保障措施"、第十章"附则"。《浙江省数字经济促进条例》分为第一章"总则"、第二章"数字基础设施"、第三章"数据资源"、第四章"数字产业化"、第五章"产业数字化"、第六章"治理数字化"、第七章"激励和保障措施”、第八章“法律责任”、第九章“附则”。这些数字经济立法并不完全局限于数字经济领域，还涉及数据资源、社会治理和服务等方面。尽管数据资源、社会治理和服务等事项与数字经济发展具有密切的关系，但是由于数字经济立法目的在于推动数字产业发展，以形成新的经济形态，因此其不能在立法范围上无限拓展，否则无法突出数字经济立法的本意。

二是地级市数字经济立法。这方面立法主要有《南昌市数字经济促进条例》（2022 年 12 月 7 日公布，2023 年 1 月 1 日施行）、《深圳经济特区数字经济产业促进条例》（2022 年 9 月 5 日公布，2022 年 11 月 1 日施行）、《广州市数字经济促进条例》（2022 年 4 月 6 日公布，2022 年 6 月 1 日施行）、《汕头经济特区数字经济促进条例》（2023 年 8 月 14 日公布，2023 年 10 月 1 日施行）等。这些立法绝大多数以数字经济促进为立法名称，体现了对数字经济促进的要求。不过，从立法结构来看，其仍然存在立法扩大化现象。例如，《南昌市数字经济促进条例》分为第一章“总则”、第二章“数字基础设施建设”、第三章“数字产业化”、第四章“产业数字化”、第五章“治理数字化”、第六章“数据资源和数据安全”、第七章“保障措施”、第八章“附则”。《广州市数字经济促进条例》分为第一章“总则”、第二章“数字产业化”、第三章“工业数字化”、第四章“建筑业数字化”、第五章“服务业数字化”、第六章“农业数字化”、第七章“数字基础设施”、第八章“数据资源”、第九章“城市治理数字化”、第十章“发展环境”、第十一章“附则”。《汕头经济特区数字经济促进条例》分为第一章“总则”、第二章“数据基础设施”、第三章“数据要素”、第四章“数字产业化和产业数字化”、第五章“保障措施”、第六章“附则”。这些立法虽然重点在数字经济促进方面，但是仍然不同程度地涉及数据资源、社会治理等事项。值得注意的是，《深圳经济特区数字经济产业促进条例》在立法名称上增加了“产业”两字，显然有意对立法范围有所限缩。从立法结构上看，其分为第一章“总则”、第二章“基础设施”、第三章“数据要素”、第四章“技术创新”、第五章“产业集聚”、第六章“应用场景”、第七章“开放合作”、第八章“支撑保障”、第九章“附则”，这种安排体现了数字产业发展的基本规律。不过，由于数字经济和数字产业在某种意义上可以等同，因此在立法名称上将其并列，恐怕有所不妥。

从上述立法来看，数字经济立法也成为数字立法的热点。从实践来看，数字经济立法和数据立法存在一定的交叉，因此，在立法过程中可能需要进一步对立法边界进行界定。无论如何，需要“在国家层面创设规范与激励数字经济创新和发展的统一立法”①。这种做法无疑对数字经济立法体系化提出了新的要求。

第六节　人工智能立法

随着人工智能的发展，人工智能立法开始受到我国的关注。2023 年 7 月 10 日，国家互联网信息办公室、国家发展和改革委员会、教育部、科学技术部、工业和信息化部、公安部、国家广播电视总局公布了《生成式人工智能服务管理暂行办法》，并自 2023 年 8 月 15 日起施行。该办法分为第一章“总则”、第二章“技术发展与治理”、第三章“服务规范”、第四章“监督检查和法律责任”、第五章“附则”。在立法内容上，主要对生成式人工智能服务提供行为进行规范。由于人工智能类型众多，并且仍在发展之中，因此人工智能统一立法仍然任重道远。

① 刘伟：《政府与平台共治：数字经济统一立法的逻辑展开》，《现代经济探讨》2022 年第 2 期。

第十六章　数字法法典化展望

随着数字立法的展开，数字法法典化程度日益提高。然而，由于现实空间法律很大程度上能够覆盖虚拟空间，因此数字立法的正当性受到一定的限制。这种限制使得数字立法空间难以进一步扩展。然而，数字立法毕竟不同于其他立法，仍然具有自己的特点。这就需要进一步探讨数字法法典化的发展方向。

第一节　数字经济统一立法

随着地方数字经济立法的展开，中央层面数字经济立法统一开始受到关注。例如，在 2023 年两会期间，有全国人大代表提出："应充分吸收地方立法实践和学术研究成果，尽快启动立法程序，力争用 3 到 5 年，形成以'数字经济促进法'为核心，以网络安全法、数据安全法、电子商务法、个人信息保护法等为支撑，部门规章和地方条例为补充，具有中国特色的数字经济立法体系。"①2023 年 9 月 7 日，《十四届全国人大常委会立法规划》公布，其中，数字经济促进法列入第二类项目之中②。由于目前数字经济立法均属于地方立法，因此数字经济统一立法很有必要。

一、数字经济统一立法的必要性

从国内外立法来看，数字经济的确存在统一立法的现象。这种现象说明数

---

① 惠宁宁：《全国人大代表张天任：数字经济立法势在必行》，《法人》2023 年第 3 期。

② 《十四届全国人大常委会立法规划》，http://www.npc.gov.cn/npc/c2/c30834/202309/t20230908_431613.html，最后访问日期：2023 年 9 月 9 日。

字经济本身可以作为统一立法对象，因为如果其不能作为一个相对稳定的概念，那么就难以从立法上对其进行规范。对此，有学者指出，制定统一的数字经济促进法的必要性在于以下三个方面：一是我国数字经济多元立法的体系化需要；二是全方位深入推进数字产业化和产业数字化的需要；三是统筹并理顺中央立法与地方立法关系的需要①。值得注意的是，国外立法既使用数字经济概念，也使用数字市场概念。这说明数字经济统一立法的关键在于数字产业的发展已经形成一个相对独立的市场。由于这个市场与各产业之间均有一定的联系，因此有必要从中央层面规范数字经济的发展，防止出现各地立法割裂数字市场的可能性。

二、数字经济统一立法的思路

那么，数字经济统一立法在立法思路上如何展开？从各国数字经济统一立法来看，其大致有政策法或者行为法两大思路。所谓政策法，就是将数字产业政策在立法上进行确定。例如，有学者认为，产业政策法是规范和保障产业政策制定和有效实施的法律规范，是调整国家在产业政策制定和实施过程中发生的各种经济关系的法律规范的总称。其包括两种模式，即选择性产业政策法律制度（狭义的产业政策法）和功能性产业政策法律制度②。数字经济的发展离不开政策的支持，因此，通过立法确认数字经济政策成为数字经济立法模式的重要方式。而所谓行为法，就是针对数字经济中的各类行为进行规范。这种立法思路主要是针对各类主体而展开的。例如，针对个人信息保护，有研究认为应该通过立法限制不合理助推行为③。又如，有研究认为，应当以“选择退出”为视角完善个人信息立法④。不过，上述两种立法思路在运作过程中可能会综合出现，因而在立法过程中不可偏废。

三、数字经济统一立法的内容

要开展数字经济立法，就需要根据上述立法思路进一步安排立法内容。对

① 席月民：《我国需要制定统一的〈数字经济促进法〉》，《法学杂志》2022 年第 5 期。
② 马秀贞：《产业政策立法的逻辑进路》，《行政与法》2021 年第 4 期。
③ 汪全胜、王新鹏：《数据治理的行为法经济学转向：助推理论实现个人信息保护》，《哈尔滨工业大学学报（社会科学版）》2022 年第 4 期。
④ 袁培入、王译：《论电商平台用户画像行为立法之应有规制》，《桂海论丛》2021 年第 1 期。

此，有学者指出：科学制定统一的数字经济促进法，需要重点把握好五个问题：①关于结构设计与法律责任问题；②关于概念使用及其解释问题；③关于重点制度问题；④关于国际竞争合作问题；⑤关于立法协调问题①。还有的提出："一是在立法原则、调整对象、适用范围、基本原则上做好和已有法律的有效衔接；二是为各类创新提供制度保障，通过制度设计保护创新、激励创新，支持各类市场主体参与数字经济，形成支持创新浓厚的法治氛围；三是积极参与国际数据治理，要广泛参与国际合作，促进国际通信设施和数据的互联互通，在竞争中谋取战略主动权。"②显然，数字经济统一立法所涉及的面是非常广的。有研究者认为，从已公布的数字经济条例目录结构来看，章节数量在 8 至 11 个不等，主体内容涵盖总则、数字基础设施、数据资源、数字产业化、产业数字化、治理数字化、保障措施、附则等。其中：总则一般描述立法目的、适用范围、立法原则、各级政府职能和职责分工等；数字基础设施章节一般包括对数字基础设施建设重点、数字基础设施规划建设衔接、各种具体数字基础设施建设等方面的规定；数据资源章节一般包括对公共数据和非公共数据的开发利用、数据交易、数据标准、个人信息保护、数据安全等方面的规定；数字产业化章节一般针对重点数字产业发展；产业数字化章节侧重工业数字化、农业数字化、服务业数字化的发展，不同的省份根据本地特点，制定特色行业的相关规定；治理数字化章节涉及数字政府、数字政务服务平台、城市数字化治理等方面；保障措施章节一般包括资金、技术、人才等要素保障相关内容③。这些地方立法的内容无疑对数字经济促进统一立法具有重要的参考价值。

第二节　数字法律体系构建

由于数字领域涉及方方面面，因此要针对数字领域进行所有立法显然是不可能的。这就需要考虑数字法律体系的构建问题。从本质上来说，数字法属于领域法，不是部门法，因此，其更多地需要和现有法律体系相互联系。只有将现有法律体系在数字领域得以实施，才能推动数字法律体系的有效构建。

---

① 席月民：《我国需要制定统一的〈数字经济促进法〉》，《法学杂志》2022 年第 5 期。

② 惠宁宁：《全国人大代表张天任：数字经济立法势在必行》，《法人》2023 年第 3 期。

③ 毛骏：《各地"数字经济促进条例"立法进展、特点及展望》，《通信世界》2023 年第 8 期。

一、数字宪法

数字宪法主要关注数字权利和数字权力的宪法保障。对此，宪法学开始关注数字领域的问题。有学者认为，应该将私权力纳入宪制秩序之中①；也有学者关注数字权利的宪法保护②；还有学者提出数字人权问题③。这些研究对数字宪法问题进行了初步探讨。不过，宪法在数字领域中的运用，不仅应该考虑公权力，而且应该关注私权力，不仅应该考虑基本权利的保护，而且要关注基本权利的限制问题。由于我国现行宪法主要是在 1982 年《宪法》基础上修改而来，因此其在条文上未能直接涉及数字权力和数字权利等内容，但是这并不意味着宪法不能有效回应数字法律体系的发展。实际上，由于数字权力的不断扩张，在一定程度上影响到国家权力的运行和基本权利的保障，因此这就需要在数字立法中充分反映宪法原则和宪法精神，以使数字立法不断符合宪法的内在要求。

二、数字行政法

随着数字技术的发展，行政机关对数字领域的监管日益加强。这就需要考虑数字行政法的构建问题。对此，有学者认为，数字行政法正在形成和演化④。从目前立法来看，行政机关在数字领域的介入越来越深入，其必然影响到行政组织、行政管理、行政执法乃至行政救济等方面，因此，需要进一步深入研究数字行政法的体系性问题。在行政组织方面，要充分关注应对数字化挑战的行政组织机构调整课题，特别是对大数据行政管理组织的体制机制进行深入研究。在行政行为方面，要充分运用数字化手段开展行政活动，进一步提高行政管理效率。在行政程序方面，要推动数字行政管理平台发展，使行政程序环节平台化，加强行政机关与行政相对人之间的互动联系。在行政救济方面，要通过在线解决纠纷机制简化受理环节，及时解决各类纠纷，有效化解各种矛盾。因此，要实现行政领域数字化，必然要求加强数字行政立法。

---

① 杨学科：《数字私权力：宪法内涵、宪法挑战和宪制应对方略》，《湖湘论坛》2021 年第 2 期。

② 莫纪宏：《论数字权利的宪法保护》，《华东政法大学学报》2023 年第 4 期。

③ 龚向和：《数字人权的概念证立、本原考察及其宪法基础》，《华东政法大学学报》2023 年第 3 期。

④ 于安：《论数字行政法——比较法视角的探讨》，《华东政法大学学报》2022 年第 1 期。

三、数字经济法

立法对数字经济发展的促进使得数字经济法在数字法律体系中的发展更受关注。对此,不少学者开始从经济法角度进行研究。有学者认为应该从空间理论、主体理论和行为理论三个方面研究数字领域的经济法理论①。有的则认为经济法的治理模式应当将信息技术和法律规则相结合②。还有学者从本体论、发生论、价值论、规范论、运行论等方面讨论数字经济发展的经济法基础③。值得注意的是,针对数字经济发展所存在的立法需求,不少学者进一步提出了立法方向。有学者认为,需要制定一部"数据资源法"④。这说明,数字经济立法将是数字立法的重要课题。尽管我国数字经济促进立法已经取得了一定的发展,但是由于数字经济涉及数字服务、数字税、数字货币等问题,因此其需要进一步加强数字经济立法工作。

四、数字刑法

随着数字领域违法犯罪行为的增加,数字刑法问题也日益引起关注。尽管数字刑法更多地关注刑法在数字领域的适用问题,但是从刑事立法来看,数字刑法也在不断发展。对此,有学者认为,根据我国刑法及刑法修正案对现有网络空间犯罪的规定,大致可以分为两类:第一类是纯正的网络犯罪;第二类是不纯正的网络犯罪。前者包括非法侵入计算机信息系统罪、破坏计算机信息系统罪、拒不履行信息网络安全管理义务罪;后者包括利用计算机网络空间实施犯罪的提示性规定、非法利用信息网络罪。此外,不纯正的网络犯罪还有利用网络空间侵犯财产型犯罪,利用网络空间色情传播、贩卖型犯罪,利用网络空间其他类型犯罪⑤。这就意味着既要充分利用刑法既有规定,使之适用于数字领域,又要根据数字领域新形态开展数字刑事立法,以更好地应对新型犯罪行为。

---

① 张守文:《数字经济与经济法的理论拓展》,《地方立法研究》2021 年第 1 期。
② 刘怿、张粱:《数字经济兴起下经济法的变与不变》,《重庆工商大学学报(社会科学版)》2021 年第 4 期。
③ 张守文:《数字经济发展的经济法理论因应》,《政法论坛》2023 年第 2 期。
④ 申卫星、刘云:《数字中国建设需要一部"数据资源法"》,《数字法治》2023 年第 3 期。
⑤ 王洪校:《数字时代网络空间刑法规制研究》,《网络安全和信息化》2022 年第 7 期。

五、数字民法

随着数字时代的到来，民法也面临着新的课题。从《民法典》来看，其实际上已在一定程度上对数字问题进行了回应，在理论上也有诸多探讨。例如，有的学者提出，应该运用权利束进行分析①。还有的学者甚至进一步提出，民法应当从有形财产保护向无形财产保护发展，构建对数字权益的保护规则②。尽管民法对民事权利的保护规定非常详细，能够规范数字领域的民事行为，但是对于新型数字权益的保护，仍需要从立法上进一步完善。

六、数字国际法

由于互联网的发展，数字时代意味着全球数字化的展开，这必然对现有国际法产生新的影响。对此，有学者认为："为适应数字技术的发展以及非国家行为体功能地位的上升，现代国际法在国际造法和渊源、国际法律关系和实体规则、实施和遵守层面都面临着全方位转型升级的需要，主要表现为：网络空间国际造法在一定程度上呈现'国退民进'的态势，国际法渊源逐渐在社交媒体中兴起；非国家行为体的网络行动冲击着国家间法律关系，国际法实体规则面临内涵重塑和转型升级；数字技术为国际法的实施提供新的工具和方案。"③更多的学者关注中国参与数字国际法制定的情况。有学者提出，中国正在积极构建中国数字治理规则，这必然会影响到国际法各方面④。还有学者认为，中国应该弥合全球数字鸿沟，具体来说：一是本质上弥合，即构建网络空间命运共同体；二是立法上弥合，即引领数字开放与网络安全规则；三是执法上弥合，即开启跨境数字执法机制新模式⑤。随着数字国际法的发展，数字国际统一规则也必然成为数字法研究的重要课题。

---

① 王利明、丁晓东：《数字时代民法的发展与完善》，《华东政法大学学报》2023 年第 2 期。

② 王利明：《迈进数字时代的民法》，《比较法研究》2022 年第 4 期。

③ 黄志雄、罗旷怡：《论国际法的"数字化转型"——兼评〈国际法的数字挑战〉白皮书》，《武大国际法评论》2023 年第 3 期。

④ 于丰华：《全球数字规则构建：中国国际法的守正与创新》，《辽宁工业大学学报(社会科学版)》2023 年第 1 期。

⑤ 王淑敏：《全球数字鸿沟弥合：国际法何去何从》，《政法论丛》2021 年第 6 期。

第三节　数字法典制定

随着数字法法典化程度的提高，数字法领域是否可以形成如《民法典》那样的数字法典？对此，在理论上似乎可能性不大。不过，由于数字经济法、数字市场法等法律往往具有一定的综合性，因此其在某种意义上已经具备了法典化形态。这就有必要考虑未来数字法典制定的可能性和可行性。

一、数字法典制定的可能性

由于现有法律体系在很大程度上与数字空间有着密切的联系，因此在某种意义上，所有法律均可以适用于数字空间。在这种情况下，其似乎没有必要单独对数字空间进行立法。然而，由于数字领域的发展日新月异，特别是涉及互联网领域的数据在本质上属于不同于土地、劳动力等的生产要素，因此数字法典在某种意义上能够形成一定的独立性。这种独立性的关键在于确认数据本身的独特性。

二、数字法典制定的可行性

从数字立法来看，数字经济立法在数字立法中占有越来越重要的地位。国内外立法均存在围绕数字经济进行综合立法的实践。因此，未来可以参照数字经济立法，进一步构建数字法典形态，从而使数字法治发展具有一部基础性的立法。退一步而言，如果数字法典难以一蹴而就，可以先以数据为立法对象构建数据法典，因为“数据法是调整因数据的收集、存储、加工、使用、提供、交易和公开等数据活动产生的社会关系的法律规范总称。数据法的调整对象是因数据活动产生的各种社会关系，包括在数据活动过程中产生的人身关系、财产关系和数据管理关系”①。在某种意义上说，数字经济立法乃至数字立法在很大程度上是以数据为中心展开的，因此，通过数据法典的构建进而实现数字法典的目标或许是一个相对稳妥的立法方案。

---

① 张敏、杨红霞、郭思辰：《论数据法的调整对象和基本原则》，《西北工业大学学报（社会科学版）》2022年第3期。

后　记

随着《民法典》的颁布，法典化问题日益受到法学界的广泛关注。鉴于此，江苏省社会科学院法学研究所同仁经过讨论，决定组织一批同志深入研究法典化问题，以此作为长期以来对立法问题研究的纵深领域。考虑到所内同志各自专业不同，因此，只能选择若干与自己研究领域相关的法典化问题进行专题研究。这是《公法领域法典化专题研究》和《私法领域法典化专题研究》的写作缘由。

同时，在此说明一下，书名和内容有所出入的情况。一方面，书名涵盖了公法领域或者私法领域，另一方面，内容却仅限于若干专题。这主要考虑到目前法典编纂重点有限，只能展开初步研究，所以将其称为“专题”研究。其中，《私法领域法典化专题研究》一书共安排四个专题，其分工如下：

1. 侵权法法典化研究专题，徐静负责；
2. 婚姻家庭法法典化研究专题，徐奕斐负责；
3. 知识产权法法典化研究专题，钱宁峰、邹成勇负责；
4. 数字法法典化研究专题，钱宁峰、牛博文负责。

为了完成本书书稿，各专题负责人按照规定时间提交了初稿，并根据有关要求进行了修改，再由钱宁峰进行统稿，最后由徐静进行了汇编整理。由于法典编纂问题既是立法问题，也是部门法问题，因此若本书存在理解不到位之处，各专题写作者欢迎并感谢来自本书读者的批评指正。

本书的出版还要特别感谢江苏省社会科学院陈爱蓓副院长的理解和支持，同时，也非常感谢东南大学出版社陈佳编辑的包容和帮助。